思想的・睿智的・獨見的

經典名著文庫

學術評議

策劃　楊榮川

五南圖書出版公司 印行

經典名著文庫

學術評議者簡介（依姓氏筆畫排序）

- 丘為君　美國俄亥俄州立大學歷史研究所博士
- 吳惠林　美國芝加哥大學經濟系訪問研究、臺灣大學經濟系博士
- 宋鎮照　美國佛羅里達大學社會學博士
- 林玉体　美國愛荷華大學哲學博士
- 邱燮友　國立臺灣師範大學國文研究所文學碩士
- 洪漢鼎　德國杜塞爾多夫大學榮譽博士
- 孫效智　德國慕尼黑哲學院哲學博士
- 秦夢群　美國麥迪遜威斯康辛大學博士
- 高明士　日本東京大學歷史學博士
- 高宣揚　巴黎第一大學哲學系博士
- 張光宇　美國加州大學柏克萊校區語言學博士
- 張炳陽　國立臺灣大學哲學研究所博士
- 陳秀蓉　國立臺灣大學理學院心理學研究所臨床心理學組博士
- 陳思賢　美國約翰霍普金斯大學政治學博士
- 陳清秀　美國喬治城大學訪問研究、臺灣大學法學博士
- 陳鼓應　國立臺灣大學哲學研究所
- 曾永義　國家文學博士、中央研究院院士
- 黃光國　美國夏威夷大學社會心理學博士
- 黃光雄　國家教育學博士
- 黃昆輝　美國北科羅拉多州立大學博士
- 黃政傑　美國麥迪遜威斯康辛大學博士
- 楊維哲　美國普林斯頓大學數學博士
- 葉海煙　私立輔仁大學哲學研究所博士
- 葉國良　國立臺灣大學中文所博士
- 廖達琪　美國密西根大學政治學博士
- 劉滄龍　德國柏林洪堡大學哲學博士
- 黎建球　私立輔仁大學哲學研究所博士
- 盧美貴　國立臺灣師範大學教育學博士
- 薛化元　國立臺灣大學歷史學系博士
- 謝宗林　美國聖路易華盛頓大學經濟研究所博士候選人
- 簡成熙　國立高雄師範大學教育研究所博士
- 顏厥安　德國慕尼黑大學法學博士

經典名著文庫163

韓非子（下）

【以清・王先慎集解之《韓非子集解》爲依據版本】

韓非 原著
王先慎 集解
陳麗桂 導讀、題解

經典永恆・名著常在

五十週年的獻禮・「經典名著文庫」出版緣起

總策劃 楊榮川

五南，五十年了。半個世紀，人生旅程的一大半，我們走過來了。不敢說有多大成就，至少沒有凋零。

五南忝爲學術出版的一員，在大專教材、學術專著、知識讀本出版已逾壹萬參仟種之後，面對著當今圖書界媚俗的追逐、淺碟化的內容以及碎片化的資訊圖景當中，我們思索著：邁向百年的未來歷程裡，我們能爲知識界、文化學術界做些什麼？在速食文化的生態下，有什麼值得讓人雋永品味的？

歷代經典・當今名著，經過時間的洗禮，千錘百鍊，流傳至今，光芒耀人；不僅使我們能領悟前人的智慧，同時也增深加廣我們思考的深度與視野。十九世紀唯意志論開創者叔本華，在其〈論閱讀和書籍〉文中指出：「對任何時代所謂的暢銷書要持謹慎的態度。」他覺得讀書應該精挑細選，把時間用來閱讀那些「古今中外的偉大人物的著作」，閱讀那些「站在人類之巔的著作及享受不朽聲譽的人們的作品」。閱讀就要「讀原著」，是他的體悟。他甚至認爲，閱讀經典原著，勝過於親炙教誨。他說：

「一個人的著作是這個人的思想菁華。所以，儘管一個人具有偉大的思想能力，但閱讀這個人的著作總會比與這個人的交往獲得更多的內容。就最重要的方面而言，閱讀這些著作的確可以取代，甚至遠遠超過與這個人的近身交往。」

爲什麼？原因正在於這些著作正是他思想的完整呈現，是他所有的思考、研究和學習的結果；而與這個人的交往卻是片斷的、支離的、隨機的。何況，想與之交談，如今時空，只能徒呼負負，空留神往而已。

三十歲就當芝加哥大學校長、四十六歲榮任名譽校長的赫欽斯（Robert M. Hutchins, 1899-1977），是力倡人文教育的大師。「教育要教眞理」，是其名言，強調「經典就是人文教育最佳的方式」。他認爲：

「西方學術思想傳遞下來的永恆學識，即那些不因時代變遷而有所減損其價值的古代經典及現代名著，乃是眞正的文化菁華所在。」

這些經典在一定程度上代表西方文明發展的軌跡，故而他爲大學擬訂了從柏拉圖的《理想國》，以至愛因斯坦的《相對論》，構成著名的「大學百本經典名著課程」。成爲大學通識教育課程的典範。

歷代經典·當今名著，超越了時空，價值永恆。五南跟業界一樣，過去已偶有引進，但都未系統化的完整舖陳。我們決心投入巨資，有計劃的系統梳選，成立「經典名著文庫」，希望收入古今中外思想性的、充滿睿智與獨見的經典、名著，包括：

- 歷經千百年的時間洗禮，依然耀明的著作。遠溯二千三百年前，亞里斯多德的《尼各馬科倫理學》、柏拉圖的《理想國》，還有奧古斯丁的《懺悔錄》。
- 聲震寰宇、澤流遐裔的著作。西方哲學不用說，東方哲學中，我國的孔孟、老莊哲學，古印度毗耶娑（Vyāsa）的《薄伽梵歌》、日本鈴木大拙的《禪與心理分析》，都不缺漏。
- 成就一家之言，獨領風騷之名著。諸如伽森狄（Pierre Gassendi）與笛卡兒論戰的《對笛卡兒沉思錄的詰難》、達爾文（Darwin）的《物種起源》、米塞斯（Mises）的《人的行爲》，以至當今印度獲得諾貝爾經濟學獎阿馬蒂亞·

森（Amartya Sen）的《貧困與饑荒》，及法國當代的哲學家及漢學家余蓮（François Jullien）的《功效論》。

梳選的書目已超過七百種，初期計劃首為三百種。先從思想性的經典開始，漸次及於專業性的論著。「江山代有才人出，各領風騷數百年」，這是一項理想性的、永續性的巨大出版工程。不在意讀者的眾寡，只考慮它的學術價值，力求完整展現先哲思想的軌跡。雖然不符合商業經營模式的考量，但只要能為知識界開啟一片智慧之窗，營造一座百花綻放的世界文明公園，任君遨遊、取菁吸蜜、嘉惠學子，於願足矣！

最後，要感謝學界的支持與熱心參與。擔任「學術評議」的專家，義務的提供建言；各書「導讀」的撰寫者，不計代價地導引讀者進入堂奧；而著譯者日以繼夜，伏案疾書，更是辛苦，感謝你們。也期待熱心文化傳承的智者參與耕耘，共同經營這座「世界文明公園」。如能得到廣大讀者的共鳴與滋潤，那麼經典永恆，名著常在。就不是夢想了！

二〇一七年八月一日　於

五南圖書出版公司

目　次

【上冊】

【下冊】

導讀

國立臺灣師範大學國文學系教授　陳麗桂

《韓非子》在先秦諸子文獻典籍中，是相當特殊的。不僅因爲它撰寫體式繁複多類；更因它在許多篇章中，三句一例，五句一證，大量徵引史事、史例與歷史人物，先秦諸子無人能出其右，這使它成爲先秦諸子典籍中，使用史料數量最龐大，展現形態最繁複的著作，前此固無先例，後此卻影響了秦代《呂氏春秋》與漢代《淮南子》的編撰，這一切應當源於作者韓非的過人才氣與豐富學識。

壹、韓非的生平與著作

韓非在戰國哲學家中是出身最高的一位，約生於西元前二八〇年，卒於西元前二三三年，享年四十八歲。《史記》本傳說他是「韓之諸公子」，喜刑名法術之學，而歸本於黃老。爲人口吃，不善說話，而善著書。與李斯同事荀卿，李斯自認不如。韓非見韓國日益削弱，幾次上書勸諫韓王，韓王不能用。韓非痛心治國者不能修明法制，有效掌握權勢，統御臣下，富國彊兵；反而舉用浮誇不實之人，加於有功實者之上。尤其痛恨儒士用文亂法，俠士以武犯禁；人君平時寵任名聲浮濫之人，急難才用執干戈的戰士；廉直者不容於邪枉之臣，所養非所用，所用非所養。於是觀察歷史得失之變，作〈孤憤〉、〈五蠹〉、〈內外儲說〉、〈說林〉、〈說難〉等篇，十餘萬言。秦始皇得之，驚爲天人，致函韓國，要求交出韓非。韓王平時不能用韓非，臨急，只好交出韓非。韓非至秦，李斯、姚賈害之，告秦始皇，韓非終究爲韓，不會爲秦。秦始皇於是將韓非下獄，李斯害怕秦王後悔，派人送毒藥給監獄中的韓非，勸其自殺。秦始皇後悔，想赦免韓非，韓非已死於獄中。[1]

韓非的著作，根據《史記》所述，有〈孤憤〉、〈五蠹〉、〈內外儲說〉、〈說林〉、〈說難〉等，共十餘萬言。從《漢書·藝文志》已有著錄看來，今傳《韓非子》五十五篇，應是劉向校理內府秘書時，彙整所得。因爲班固《漢志》源自劉歆《七略》，而《七略》正是整理自劉向的《別錄》。

貳、《韓非子》的版本

《韓非子》一書，最早在《漢書·藝文志》子部法家類著錄有《韓子》五十五篇，王應麟《漢書·藝文志考證》所著錄相同。《隋書·經籍志》、《舊唐書·經籍志》、《唐書·藝文志》、《宋史·藝文志》、晁公武《郡齋讀書志》、陳振孫《直齋書錄解題》、《四庫全書總目》及《簡明目錄》則記載有《韓子》二十卷，都在子部法家類。自孫人和的《孫氏祠堂目錄》以下，若盧文弨《群書拾補》、吳山尊《重刊韓非子》、顧廣圻《韓非子識讀》，都稱《韓非子》，卷數亦爲二十卷。可見《韓非子》一書歷代雖有佚文，篇卷數則無殘脫，或作五十五篇，或作二十卷，無歧異。

至其版本，較早應有宋乾道年間黃三八郎本（簡稱乾道本）、元至元三年何犿本（已失傳）、明萬曆十年趙用賢本（以宋刊本與何犿本相校）、明周孔教大字本、清王先愼以宋本與趙本相對校之集解本。而清光緒元年浙江書局二十子中之《韓非子》，係據吳山尊本翻印，堪稱善本。[2]

後人之校注，根據《魏書．劉昞傳》之記載，劉昞曾注過《周易》、《韓子》等書；其後，元何犿稱：「舊本有李瓚注」，李瓚爲唐大中朝的進士；再後是清王先愼的《韓非子集解》，集解本正

---

1 漢．司馬遷撰，劉宋．裴駰集解，唐．司馬貞索引，張守節正義《史記集解》（臺北：藝文印書館景清乾隆武英殿刊本），頁八六〇。

2 以上有關《韓非子》的版本，詳參王先愼《韓非子集解．序》（臺北：世界書局，二〇一八年十月一版），頁二一—五。以下所引《韓非子》原典，悉依此本，但標頁碼，不另詳注。

是二十卷五十五篇。近代則以陳奇猷《韓非子集釋》爲代表，然陳奇猷於集釋出版後十餘年，重新考研《韓非子》體系，又蒐羅許多新資料，如各類書、經、史、子、《昭明文選》等舊注所引《韓非子》文，以及近年出土，若馬王堆帛書《老子》、《黃帝四經》、《戰國策》及包山簡等古佚文獻，幾近重撰地，大事增補改易原集釋內容及書名，成《韓非子新校注》，詳贍爲歷來諸家之冠。

參、《韓非子》的思想

作爲法家思想的集大成者，韓非站在法家先賢的基礎上，堅持法治、主張明法尊君，力農耕戰、富國強兵。唯較之前賢，《韓非子》有更豐富的內容、具體的主張、嚴整的結構，與細膩的思維。他遠承春秋以來管仲、李悝、吳起等法家先驅的精神與思想，近襲商鞅、愼到、申不害的法、勢、術論，取精用宏，將它們作了有機地結合跟補強，完成了他那勢、術、法緊密結合的高妙政論。從今傳《韓非子》五十五篇中的理論，可以清楚看出其體系周密完備的法家大論。而要理解《韓非子》的思想，得先了解法家。

一、《韓非子》思想的淵承——法家思想的特質

儘管儒、墨、道、法等諸子學派的分類，主要是漢代劉歆、班固以後的典籍歸分手法。迄至韓非的戰國晚期諸子中，以學派名稱者，仍只有儒、墨兩家；[3]但先秦諸子百家之所以被歸分爲幾個學派，仍然有其彼此相近或明顯區隔的思想與理論依據。就法家而言，從管仲、李悝、吳起、商鞅、愼到、申不害到韓非，時代儘管略有先後，思想和政治主張也各有偏重之焦點，卻呈現出一定的交集，有著共同的目標與宗旨，煥發著某些類近的氣質，這是法家的基本教義。這些教義大致可分爲幾項：

㈠尊君明法

周代封建制度是以貴族爲核心建構起來的，封建貴族在自己的封地和采邑上有絕對的自主權，他們是封君，也是地主，天子的權威是建立在諸侯的擁護之上的。中央對地方，除了有井田與

3 《韓非子．顯學》說：「世之顯學，儒墨也」，王先愼《韓非子集解》，頁三五一。

兵賦的規定外，並無直接管轄權。自平王東遷以後，王室威勢衰微，貴族生命腐化，封建制度解體，五霸七雄遞興，縱橫交錯，王室地位更加陵夷。侯國亦然，魯有三桓，晉有六卿。其後三家分晉，田氏篡齊，君權不彰。法家站在中央集權的立場，主張廢封建，裁抑貴族，解放君權，企圖建立一個強有力的中央政府，來維持政治社會秩序，法家因此要尊君。

他們不但要摧毀以貴族爲核心，親親爲依據的封建禮制傳統，也企圖建立一套絕對客觀的新價值體系；在這套體系中，尊尊親親的公共資源分配原則被打破，一種更爲客觀的新價值標準與遊戲規則被訂定了出來，那就是「法」。

㈡富國強兵、勵農戰

法家積極進取，求強大。爲了臻至強大，首先就必須有豐富的資源與足夠的力量，富強因此是法家的首要目標。法家相信，只有富國強兵，才有足夠的本錢去做好領導統御，達到他們的理想與目的。因此，法家不似儒、墨兩家，講道德，重仁義。他們相信，只有強化自身的實力和現實條件，才能擁有發言權，有效發號施令，一切的仁、義、禮教，也才有落實的可能。管仲主張「通貨積財」、「倉廩實則知禮節，衣食足則知榮辱」，[4]都是這個意思。法家的基本目標就是圖強稱霸。

爲了達到富強的目的，他們鼓勵農戰，農以富國養兵，戰以強兵，富國養兵須勵農。李悝主張盡地利之教，吳起主張遷徙疏遠的公族去開墾荒地，充實邊防。法家因此常有屯田之策，兵農合一，糧草可以不假外求。基本上都是富國強兵、圖強稱霸目標下的具體策略。

(三)反傳統

法家在先秦諸子中是現實感最強烈的一家，他們不待百年，不期千古，講時效，重實際，要求在有效期限內當下立竿見影。他們身處東周時期封建制度解體，禮崩樂壞，社會面臨轉型之際，因應情勢，去完成轉型。爲了摧毀封建宗法尊尊親親的公共資源分配原則，歷史因素被降到最低，時代要求被列爲首要，他們要求客觀、公平，不相信有任何一種管理策略和原則可以千年萬代永遠有效；韓非說：

> 聖人不期修古，不法常法，論世之事，因爲之備。（《韓非子·五蠹》）[5]

---

4 見《管子·牧民》，（日）安井衡纂詁《管子纂詁》（臺北：河洛圖書出版社，一九七六年三月），頁一。

5 王先慎《韓非子集解》，頁三三九。

不同時代有不同時代的狀況和需求，應該順應不同的時代情況，做不同的因應與調整。〈五蠹〉也說：「事因於世，而備適於事。」[6]在政治上，他們不但要廢封建、立郡縣，裁抑貴族，解放君權；在經濟上，也主張廢井田、開阡陌，一方面擴大耕地面積，將分封的采邑收歸中央，為進一步的君主專制體制鋪路。吳起甚至要裁汰疏遠的貴族，讓他們到邊疆去開墾荒地，既充實糧餉，又強化邊防。另一方面，又創立了依田畝情況收稅的稅畝制，取代西周長久以來八家共耕一區公田的井田制度。

㈣變法維新

他們主張建立一種更為客觀的新價值標準，去開展新的格局。商鞅因此要變法。李悝的廢井田、盡地利之教，基本上也是一種維新的變革。而「法」是必須因應著新的情勢需要不斷調整的，商鞅說：

治世不一道，便國不法古。故湯武不循古而王，夏殷不易禮而亡，反古者不可非，而循禮者不足多。[7]

西周以來的禮樂風教時代已經過去，歷史上成功立業的聖主，莫不革新求變。韓非說：

聖人之治民，法與時移，則禁與能變。[8]

過去周代以「禮」，今後法家要以「法」爲統治者唯一而最高的統治準則；〈五蠹〉說：「明主之國，無書簡之文，以法爲教。」[9]法家族群之所以以「法」爲稱，主要就是他們唯「法」是尚。

6 王先慎《韓非子集解》，頁三三九。
7 見《史記．商君列傳》引商鞅說，漢．司馬遷撰，劉宋．裴駰集解，唐．司馬貞索隱，張守節正義《史記集解》，頁八九一。
8 見〈心度〉，王先慎《韓非子集解》，頁三六六。
9 王先慎《韓非子集解》，頁三四七。

二、《韓非子》的思想體系

㈠思想基礎：人性趨利避害

法家的各種政術與策略，基本上都是站在性惡的觀點上架構、設定的。就因爲認定人性先天上有弱點與缺失，才需要設定各種方法、機制去防範。一切對勢、術、法的重視與講求，基本上都是站在這樣的基點上開展出來的，韓非亦然。此外，韓非是荀卿的學生，荀卿主性惡，韓非或亦有所因承。但荀子說「性惡」，並非斷定人性本惡，而是認爲，「性」是「本始材樸」，是先天上自然而未有後天加工修飾的生理本能反應。飢而欲食、渴而欲飲、夫妻男女之交，本無所謂善惡。但一味無節制去循「性」滿足，必然造成需求的膨脹、慾望的擴充，便極易流於惡，轉爲惡。因此，需透過「禮」的規範與分配，去加以防範、疏導，使趨於理想。韓非等法家卻不然，他們緊盯著人性和其他生類一樣，有趨利避害的天生本能，局部而片面地加以強調、論證，專門就自私、自利、計較一端去看待、處理人性問題。

韓非說：「夫民之性，惡勞而樂逸」[10]，「大安利者就之，危害者去之，此人之情也」[11]。上古時候男不耕，女不織，民不爭，那是因爲人口少，自然資源足夠享用。自從文明逐漸開發以後，「人民眾而貨財寡，事力勞而供養薄」，物質資源不夠分配，便開始爭。[12]造成管理上極大的麻煩，這是人類本然的天性。就以關係最近的親人而言，韓非說：

父母之於子也，產男則相賀，產女則殺之……慮其後便，計之長利也。（〈六反〉）[13]

人爲嬰兒也，父母養之簡，子長而怨。子盛壯成人，其供養薄，……子父至親也，而或譙或怨者，皆挾相爲而不周於爲己也。夫賣庸而播耕者，……非愛主人也，曰：如是，羹且美，錢布且易云也……皆挾自爲心也。故人行事施予，以利之爲心，則越人易和；以害之爲心，則父子離且怨。（〈外儲說左上〉）[14]

---

10 見〈心度〉，王先慎《韓非子集解》，頁三六五。

11 見〈姦劫弒臣〉，王先慎《韓非子集解》，頁六九。

12 見〈五蠹〉，王先慎《韓非子集解》，頁三四〇。

13 王先慎《韓非子集解》，頁三一九。

14 王先慎《韓非子集解》，頁二〇四—二〇五。

子女幼時父母照應不周，子女長大成人，因怨懟而反哺澆薄；家中僱傭操作，僱主寄望其力作，主人供給美食，受僱者努力操作，以換取待遇。韓非認爲，這不是情感多少問題，而是現實自我本位的利益考量，人性就是這樣。事實上，不計過往，無怨悔孝養之子女，亦大有人在，韓非卻選擇偏仄情況來論證，認爲親子如此，一般人際關係也一樣：

醫善吮人之傷，含人之血，非骨肉之親也，利之所加也。故輿人成輿，則欲人之富貴；匠人成棺，則欲人之夭死也。非輿人仁而匠人賊也，人不貴則輿不售，人不死則棺不賣。情非憎人也，利在人之死也。（〈備內〉）[15]

放大到政治層面來看，就更現實了，〈姦劫弒臣〉說：「君臣之相與也，非有父子之親也」，完全是利祿的連結；韓非說：

臣主之利相與[16]異者也。……主利在有能而任官，臣利在無能而得事；主利在有勞而爵祿，臣利在無功而富貴；主利在豪傑使能，臣利在朋黨用私。（〈孤憤〉）[17]

各有各的盤算與考量。莫說人臣，當面對利益時，即使國君的親人也一樣，韓非說：

萬乘之主，千乘之君，后妃、夫人、適子爲太子者，或有欲其君之蚤死者。……君不死則勢不重，情非憎君也，利在君之死也。（〈備內〉）[18]

說得令人毛骨悚然，其關鍵同樣不純粹是情感問題，而是現實的利益考量。韓非認爲，這就人性的普遍狀態，因而論斷：

15 王先慎《韓非子集解》，頁八三—八四。

16 「相與」本作「與相」，《集解》引顧廣圻之見，以為「與」當在「相」字下，今從校改。王先慎《韓非子集解》，頁五九。

17 王先慎《韓非子集解》，頁五九。

18 王先慎《韓非子集解》，頁八三、八四。

利之所在，民歸之；名之所彰，士死之。（〈外儲說左上〉）[19]

面對這種發乎本性的心態，韓非說，只有對症下藥，避開情感問題，根源性地從「利害」處著手，才能管理得順當。他說：

凡治天下，必因人情，人情者有好惡，故賞罰可用；賞罰可用，則禁令可立，而治道具矣。（〈八經〉）[20]

〈外儲說左上〉也說：「利所禁，禁所利，雖神不行；譽所罪，毀所賞，雖堯不治。」違背了人心、人性的需求，一切都枉然。只有設定賞、罰去管理，才切實而有效。法家在先秦哲學家中，現實感是最強烈的，韓非如此認定人性，基本上是要爲其「法」的統治在人性上尋求有力的支撐點。只有肯定人性的本質是自私自利，好利惡害，賞罰的有效性才能得到保證。

總之，韓非和荀子雖都主張性惡，功能旨趣卻大不相同。荀子的性惡，是爲了彰顯禮義的教化功能；韓非的性惡，卻是爲了保證賞罰的統治功效。

㈡君臣之道：尊君卑臣

有鑑於東周以來，以貴族爲核心，尊重地方爲原則的封建體制崩解，中央罩不住地方，諸侯各國交征離析，篡逆四起。法家認爲，中央的威勢要強，首先就需要一個能代表公權力的強有力領導，來統御一切，那就是人君。其次，需要訂定一種具體明確，且絕對公平客觀的共同準則，以便一體奉守，那就是「法」，法家因此都尊君、明法。其一切的思想理論都是站在一統專制，維護君權君威的立場上建立起來的。在法家看來，領導統御者就是公權力的總代表與執行者。公權力要伸張，領導統御者的權力就必須受到絕對的維護與保證，尊君因此是重要的基本前提，韓非亦然；他說：

> 道不同於萬物，德不同於陰陽，衡不同於輕重，繩不同於出入，和不同於燥濕，君不同於群臣，凡此六者，道之出也。道無雙，故曰一。是故明君獨道之容，君臣不同道。

19 王先慎《韓非子集解》，頁一九六。

20 王先慎《韓非子集解》，頁三三〇。

君者，壤地也；臣者，草木也。必壤地美，然後草木碩大，亦君之力也，臣何力之有？（〈難二〉）[22]

（〈揚權（搉）〉）[21]

在政治領域中，人君就代表「道」，就是「道」。「道」是根源，至高至上，至尊無形。只是，人君雖是政治的根源與主體，一切政治事務的操作，卻全賴臣來執行，臣是君政治操作的工具。反之，人臣的一切政治動作機會，則需靠人君來給予，利祿爵位全賴人君來封賜。臣似草木，君是其立根、成長與養分供給的土壤。因此，君本臣末、君尊臣卑、君靜臣動、君逸臣勞。〈心度〉說：「明君操權而上重，一政而國治。」[23]〈愛臣〉說：

萬物莫如身之至貴也，位之至尊也，主威之重，主勢之隆也，……此君人之所當識也。[24]

一切「法」的訂定、「勢」的強調、「術」的防範與督核，都是針對著這一目標與宗旨而設想。作為公權力總代表的人君，無論如何必須高高在上，才能推動一切。〈八經〉說：「大臣有行則尊君，百姓有功則利上。」[25]〈忠孝〉說：

臣事君，子事父，妻事夫。三者順，則天下治；三者逆，則天下亂，此天下之常道也……。[26]

尊君和孝父、從夫一樣，都是天經地義的事。韓非說，不可以讓「愛臣太親」、「人臣太貴」、「人臣太富」（〈愛臣〉），[27]〈人主〉篇也有重複的叮囑。問題是，君臣關係完全是後天的結

---

21 王先慎《韓非子集解》，頁三一。該篇篇名本作「揚權」，王先慎《集解》引孫詒穀云：「《文選・蜀都賦》劉逵注，韓非有〈揚搉〉篇，今搉作權，誤。」顧廣圻云：「《廣雅》：揚搉，都凡也。」今從校改。說見《集解》頁二九。本書以下所引該篇篇名，因悉標作「〈揚權（搉）〉」，不一一作註。

22 王先慎《韓非子集解》，頁二七五。

23 王先慎《韓非子集解》，頁三六五。

24 王先慎《韓非子集解》，頁一六。

25 王先慎《韓非子集解》，頁三三八。

26 王先慎《韓非子集解》，頁三五八—三五九。

27 王先慎《韓非子集解》，頁一六。

合，沒有任何先天憑藉，〈姦劫弒臣〉說：「君臣之相與也，非有父子之親也。」[28]依循人性的本然，便只有利害問題。而君臣之間的需求不同，利害相反；韓非說：

臣主之利相與異……主利在有能而任官，臣利在無能而得事；主利在有勞而爵祿，臣利在無功而富貴；主利在豪傑使能，臣利在朋黨用私。（〈孤憤〉）[29]

霸王者，人主之大利也。……富貴者，人臣之大利也。（〈六反〉）[30]

上下各有盤算，爲利益而交征不可避免，韓非引黃帝之言說：

「上下一日百戰。」下匿其私，用試其上；上操度量，以制其下。（〈揚榷〉）[31]

而君臣關係既然如壤土與草木，如何既使土壤肥沃厚實，人君尊威強大；又要草木不枝不蔓，臣下不會成群結黨，要權姦欺，必須時時修剪管理；〈揚權（榷）〉說：

爲人君者，數披其木，毋使木枝扶疏，……毋使木枝外拒，……毋使枝大本小。枝大本小，將不勝春風；不勝春風，枝將害心。（〈揚權（搉）〉）32

總之，領導統御的重點在人臣的管理，韓非說：

吏者，民之本綱者也，故聖人治吏不治民。（〈外儲說右下〉）33

28 王先慎《韓非子集解》，頁七三。
29 王先慎《韓非子集解》，頁五九。
30 王先慎《韓非子集解》，頁三一九—三二〇。
31 王先慎《韓非子集解》，頁三四。
32 王先慎《韓非子集解》，頁三五。
33 王先慎《韓非子集解》，頁二五〇、二五八。

從事政治，必先做好人臣管理。這牽涉到「法」的賞罰褒貶、「勢」的保固，尤其是「術」的運作。韓非說：

> 所謂明君者，能畜其臣者也；所謂賢臣者，能明法辟，治官職，以戴其君者也。（〈忠孝〉）[34]

基本上，君臣權職當區分。詳細的說，韓非對人臣有一些職務規範和條件要求；他說：

> 人臣處國無私朝，居軍無私交，是故不得四從。其府庫不得私貸於家，此明君之所以禁邪。不載奇兵，非傳非遽。載奇兵革，罪死不赦。此明君之所以備不虞者也。（〈愛臣〉）[35]

在〈姦劫弒臣〉、〈有度〉和〈說疑〉中，韓非一再標舉法家理想中的好臣子，所謂的「忠臣」（「足貴之臣」）和「霸王之佐」說：

伊尹得之，湯以王；管仲得之，齊以霸；商君得之，秦以強。此三人者，皆明於霸王之術，察於治強之數，而不以牽於世俗之言。適當世明主之意，則有直任布衣之士，立爲卿相之處；處位治國，則有尊主廣地之實；此之謂足貴之臣……所謂忠臣也。（〈姦劫弒臣〉）[36]

后稷、皋陶、伊尹、周公旦、太公望、管仲、隰朋、百里奚、蹇叔、舅犯、趙衰、范蠡、大夫種、逢同、華登，此十五人者爲其臣也，皆夙興夜寐，卑身賤體，竦心白意，明刑辟、治官職以事其君；進善言、通道法而不敢矜其善；有成功立事而不敢伐其勞；不難破家以便國，殺身以安主。以其主爲高天泰山之尊，而以其身爲壑谷釜洧之卑，主有明名廣譽於國，而身不難受壑谷釜洧之卑。……此謂霸王之佐也。（〈說疑〉）[37]

34 王先愼《韓非子集解》，頁三五八。
35 王先愼《韓非子集解》，頁一七。
36 王先愼《韓非子集解》，頁七五。
37 王先愼《韓非子集解》，頁三〇八—三〇九。

賢者之爲人臣，北面委質，無有二心，朝廷不敢辭賤，軍旅不敢辭難，順上之爲，從主之法，虛心以待令而無是非也。故有口不以私言，有目不以私視，而上盡制之。爲人臣者，譬之若手，上以脩頭，下以脩足，清暖寒熱，不得不救；[38]鏌邪傅體，不敢弗搏。……先王之法曰：「臣毋或作威，毋或作利，從王之指；毋或作惡，從王之路。」（〈有度〉）[39]

這就是韓非理想中的君臣關係與賢臣形象：明法審令，盡心竭力，無我無私，匍匐在下，一切尊威盡在君，一切榮耀歸於君。其中對伊尹、管仲、商君尤所推崇，一再地被抬舉讚譽。因爲他們既雄才大略，萬分能幹，又能愼守君尊臣卑、君逸臣勞的大原則。

反之，在〈姦劫弒臣〉和〈說疑〉中，他也同時開列了法家所疵議的劣臣，所謂的「姦臣」（「擅主之臣」）、「無益之臣」、「不令之臣」和「亡國之臣」。「姦臣」（「擅主之臣」）是：只知「順人主之心，以取親幸之勢……主有所善，臣從而譽之；主有所憎，臣因而毀之。」弄得「群下不得盡其智力以陳其忠，百官之吏不得奉法以致其功」。[40]妨礙同僚的盡忠與致功。

「無益之臣」是指如豫讓之類刺客，智伯在時，不能「明法術……領御其眾，以安其國」；等到智伯覆亡，才來殘刑殺身、以死相報，完全沒意義。伯夷、叔齊、許由、續牙、晉伯陽、秦顚

頡、衛僑如、狐不稽、重明、董不識、卞隨、務光、伯夷、叔齊等十二位隱逸之士也一樣，

上見利不喜，下臨難不恐，或與之天下而不取，有萃辱之名，則不樂食穀之利。……或伏死於窟穴，或槁死於草木，或飢餓於山谷，或沉溺於水泉。41

功祿既不受，賞罰兩不吃，天子不能臣，諸侯不能友，終老一生，既無補於政，也無益於世，看不出半點價值，這叫「無益之臣」，也叫「不令之民」。（分見〈姦劫弒臣〉與〈說疑〉）42

---

38 此句本作「不得不救入」，王先慎以為，「入」是衍文；「不得不救」與「不敢弗搏」相對為文。今從校改。《韓非子集解》，頁一一四。

39 王先慎《韓非子集解》，頁一一四。

40 以上所引，分見王先慎《韓非子集解》，頁六八—三九、七五—七六、三〇七—三〇八。

41 王先慎《韓非子集解》，頁三〇七。

42 分見王先慎《韓非子集解》，頁七五—七六、三〇八。

至於像周滑之、鄭王孫申、陳公孫寧、儀行父、荊芋尹、申亥、隨少師、越種干、吳王孫額、晉陽成泄、齊豎刁、易牙等十二人，都是

思小利而忘法義，進則揜蔽賢良以陰闇其主，退則撓亂百官而爲禍難，皆輔其君、共其欲，苟得一說於主，雖破國殺眾不難爲也。

只爲一己之私，即使禍害同僚，敗政亡國，也在所不惜，這叫「諂諛之臣」。（〈說疑〉）[43]最惡劣的是有扈氏的失度，讙兜氏的孤男，三苗的成駒，桀的侯侈，紂的崇侯虎，晉的優施等六人，他們：

言是如非，言非如是，內險以賊其外，小謹以徵其善，稱道往古、使良事沮，善擅其主、以集精微，亂之以其所好，此夫郎中左右之類者也。

顛倒是非黑白，陰險奸詐，虛僞作假，專門投以所好，蠱惑人君，成事不足，敗事有餘，這叫「亡國之臣」。[44]

韓非要的是：能在法令的規範下，正面而積極地投入政治工作；有眞本事與能力，又能依循

政治常軌去富國強兵、治世治民的，才是賢臣。舉凡不在法令規範之中，標新立異，自以爲是的行徑與人物，都不值得稱譽和推崇。韓非最推崇的是「智術之士」與「能法之士」，前者「遠見而明察」，能助人主「察姦」；後者「強毅而勁直」，能助人主「矯姦」。一個好臣子就是要能「效度數之言，上明主法，下困姦臣，以尊主安國」。（以上詳見〈孤憤〉）[45]

(三)明法審令：法治與德治、賢治

人心、人性既然以利害爲基點，欲管理「人」，便當對症下藥，由利害著手，透過法令，去公開規定。韓非說：

> 布帛尋常，庸人不釋；鑠金百鎰，盜跖不掇。不必害則不釋尋常，必害則不奪百鎰。

---

43 王先慎《韓非子集解》，頁三〇九—三一〇。

44 以上詳〈說疑〉，王先慎《韓非子集解》，頁三〇七。

45 王先慎《韓非子集解》，頁五五。

（〈五蠹〉）[46]

只因前者利雖小，害也小；後者利雖大，害更大。一個人的道德品格如何形成？公德心如何養成？在韓非看來，不過是法令敦促而成、防範而成的，絕非如儒家所說，是自我規範、提升而來，法治當然比德治實際而切要。〈五蠹〉說：

今天有不才子，父母怒之，弗爲改；鄉人譙之，弗爲動；師長教之，弗爲變。夫以父母之愛、鄉人之行、師長之智，三美加焉而終不動其脛毛。州郡之吏操官兵，推公法，而求索姦人，然後恐懼，變其節，易其行矣。（〈五蠹〉）[47]

火形嚴，故人鮮灼；水形懦，故人多溺。（〈內儲說上〉）[48]

嚴家無悍虜，而慈母有敗子。（〈顯學〉）[49]

〈六反〉亦重複這樣的論述。韓非因此斷定：

民固嬌於愛，聽於威（〈五蠹〉）[50]

威勢之可以禁暴，而德厚之不足以止亂。（〈顯學〉）[51]

只有透過法治，針對人性的癥結處下針砭，才能有立竿見影的療效。〈姦劫弒臣〉說：

夫嚴刑者，民之所畏也；重罰者，民之所惡也。故聖人陳其所畏以禁其邪，設其所惡以防其奸，是以國安而暴亂不起。吾以是明仁義愛惠之不足用，而嚴刑重罰之可以治國

46 王先慎《韓非子集解》，頁三四三。
47 王先慎《韓非子集解》，頁三四三。
48 王先慎《韓非子集解》，頁一六六。
49 王先慎《韓非子集解》，頁三五五。
50 王先慎《韓非子集解》，頁三四三。
51 王先慎《韓非子集解》，頁三五五。

也。……善爲主者，明賞設利以勸之，使民以功賞而不以仁義賜；嚴刑重罰以禁之，使民以罪誅而不以愛惠免。52

用他在乎的去獎勵他，用他害怕的去嚇止他，才能直截有效。法令的訂定與執行因此是治政的第一要務。

㈣韓非論法

在法家治政三寶——法、勢、術中，「勢」與「術」所管理的對象，主要都是臣，「法」卻是臣、民一體規範。

1. **法以尊君強國，依循人性而設定**

韓非說，強國尊君，首先須從法令著手：

凡國博君尊者，未嘗非法重而可以至乎令行禁止於天下者也。（〈制分〉）53

有術之主，信賞以盡能，必罰以禁邪，（〈外儲說左下〉）54

法家期於普遍易行，有成效，不希冀尖端難能，法令的訂定應普遍而容易遵行。韓非說：「明主立可爲之賞，設可避之罰。」（〈用人〉）[55]賞罰正是最切合人性而且普遍易行。韓非說：

明主之道……設民所欲以求其功，故爲爵祿以勸之；設民所惡以禁其姦，故爲刑罰以威之。（〈難一〉）[56]

民者好利祿而惡刑罰，上掌好惡以御民力，事實宜不失矣。（〈制分〉）[57]

---

52 王先慎《韓非子集解》，頁七四。

53 王先慎《韓非子集解》，頁三六六。

54 王先慎《韓非子集解》，頁二一六。

55 王先慎《韓非子集解》，頁一五二。

56 王先慎《韓非子集解》，頁二六七。

57 末句本作「事實不宜失矣」，王先慎引王先謙之說，以為「不宜」乃「宜不」之失，今從校改。說見《集解》頁三六七。

法令依循人性，設定一套固定的客觀標準，則不論誰來操作，同樣有效，是不是賢君，無關緊要，這就叫必然而普遍。〈守道〉說：

> 立法非所以備曾、史也，所以使庸主能止盜跖也。……不恃比干之死節，不幸亂臣之無詐也，恃怯之所能服，握庸主之所易守。

不過，治民的責任既然主要在人臣，則韓非所一再叮囑人君的賞罰問題，主要當然聚焦在對人臣政治行爲的管理與考核。韓非說：

> 明主之所導制其臣者，二柄而已矣。二柄者，刑、德也。何謂刑、德？曰：殺戮之謂刑，慶賞之謂德。爲人臣者畏誅罰而利慶賞，故人主自用其刑德，則群臣畏其威而歸其利矣。（〈二柄〉）[58]
>
> 明主使其群臣不遊意於法之外，不爲惠於法之內，動無非法。（〈有度〉）[59]
>
> 君明……正賞罰而非仁下也。爵祿生於功，誅罰生於罪，臣明於此，則盡死力而非忠君也。君通於不仁，臣通於不忠，則可以王。（〈外儲說右下〉）[60]

功名所生，必出於官法；法之所外，雖有難行，不以顯焉。（〈八經〉）61

透過法令的規範與依循，君臣之間可以排除仁義恩德的情感牽扯，一切照章演練，可以有更公正簡易的操作與良好的互動。

2. 法的義界與特質

韓非上承商鞅，明確定義「法」的性質與功能，說：

法者，憲令著於官府，賞罰必於民心。賞存乎愼法，而罰加乎姦令者也。（〈定法〉）62

58 王先愼《韓非子集解》，頁二一六。
59 王先愼《韓非子集解》，頁二一五。
60 王先愼《韓非子集解》，頁二四九。
61 王先愼《韓非子集解》，頁三三八。
62 王先愼《韓非子集解》，頁三〇四。

法者，編著之圖籍，設之於官府，而布之於百姓者也。（〈難三〉）63

「法」指政府所定，公佈於外，俾全民共守的成文規條，同於子產與范宣子的刑書，乃至於儒、墨所言之「法」，不過韓非言「法」，卻比他家更細緻。

(1)法是決定是非善惡的唯一依據

韓非說：「有術之國，去言而任法」（〈制分〉），64「託是非於賞罰，屬輕重於權衡」。65不依法管理，錯謬橫生：

賞善罰暴，舉善之至者也；賞暴罰賢，舉惡之至者也。（〈八經〉）66

(2)公平而客觀

這是法最珍貴的特性，也是法治最重要的價值所在。韓非說：

法不阿貴，繩不撓曲。法之所加也，智者不能辭，勇者弗敢爭，刑過不避大臣，賞善不遺匹夫。故矯上之失，詰下之邪，治亂決繆，黜羨齊非，一民之軌，莫如法；屬官威民，退淫殆，止詐僞，莫如刑。（〈有度〉）[67]

「法」爲防「私」而設，〈詭使〉說：「道私者亂，道法者治。」〈飾邪〉說：

夫摇鏡則不得爲明，撫衡則不得爲正，法之謂也。……夫懸衡而知平，設規而知圓，萬全之道也。[68]

63 王先愼《韓非子集解》，頁二一九〇。
64 王先愼《韓非子集解》，頁三六八。
65 王先愼《韓非子集解》，頁一五六。
66 王先愼《韓非子集解》，頁三三一。
67 王先愼《韓非子集解》，頁二六。
68 王先愼《韓非子集解》，頁九二。

公正無私是「法」最基本的要求，也是最可貴的特質。大家功賞過罰，沒有特例，沒有彈性，一體共遵。

(3)**明確可靠，寧重勿輕**

韓非說：

賞莫如厚而信，使民利之；罰莫如重而必，使民畏之；法莫如一而固，使民知之。（〈五蠹〉）69

賞譽薄而謾者，下不用也；賞譽厚而信者，下輕死。（〈內儲說上〉）70

法令不論賞、罰都要訂得明確而高強度，人民才會有感，執行起來才有效；執法尤其要有信用，令出必行。〈難三〉說：

今有功者必賞，賞者不得君，力之所致也；有罪者必誅，誅者不怨上，罪之所生也。民知誅罰之皆起於身也，故疾功利於業，而不受賜於君。71

法令推行得澈底而有效，人民會覺得，是賞是罰，根源都在自己，與執政者無關，既無怨，也無恩，一切全從自己身上去要求與考量。

但爲了維護公權力的尊嚴，賞、罰二者相形之下，寧可重罰輕賞，也不要重賞輕罰；霹靂手法，正所以呈顯菩薩正道，韓非說：

夫嚴刑重罰者，民之所惡也，而國之所以治也；哀憐百姓、輕刑罰者，民之所喜，而國之所以危也。故聖人爲法於國者，[72]必逆於世，而順於道。（〈姦劫弒臣〉）[73]

69 王先慎《韓非子集解》，頁三四三。

70 王先慎《韓非子集解》，頁一五九。

71 王先慎《韓非子集解》，頁二八五—二八六。

72 此句本作「聖人為法國也」，高亨云：「法」下當有「於」字；《藏》本「聖」前有「故」字，今皆從校改，說見陳奇猷《韓非子新校注》（上海：上海古籍出版社，二〇〇〇年十月），頁二八九。

73 王先慎《韓非子集解》，頁七十二。

重刑少賞，上愛民，民死賞。多賞輕刑，上不愛民，民不死賞。……。行刑，重其輕者，輕者不至，重者不來，此謂以刑去刑。罪重而刑輕，刑輕則事生，此謂以刑致刑，其國必削。（〈飭令〉）[74]

公孫鞅之法也重輕罪。重罪者人之所難犯也，而小過者人之所易去也，使人去其所易，無離其所難，此治之道。夫小過不生，大罪不至，是人無罪而亂不生也。（〈內儲說上〉）[75]

賞太多，太容易，人民視爲理所當然，不稀罕；罰太輕，人民沒感覺，不在乎。物以稀爲貴，只有不輕賞，他才會珍惜；罰得重，讓他痛，才會有感而畏懼，不敢再犯。賞罰二者，強度都要夠，才有效果；但相形之下，寧重罰，無輕賞。赦免尤其嚴重侵犯法令尊嚴，絕對不可；韓非和商鞅一樣，反對赦免；〈主道〉說：

明君無偷賞，無赦罰。賞偷則功臣墮其業，赦罰則奸臣易爲非。是故誠有功，則雖疏賤必賞；誠有過，則雖近愛必誅。[76]

總之，法令的尊嚴不打折扣，只有重罰不赦，嚴守法令的尊嚴，才能達到更好的防罪、止姦效果。

(4)強制性、警戒性

「法」不只是如禮之規範而已，它還帶有侵犯性的強制作用。〈五蠹〉說：

> 垂泣而不欲刑者，仁也；然而不可不刑者，法也。先王勝其法，不聽其泣。[77]

前者是儒家執法，帶著濃厚的道德情感因素；但，情感在法令之前必須低頭，重情容易徇私。後者是法家的執法，排除一切道德因素，帶著強烈的強制性。韓非又說：

---

74 王先慎《韓非子集解》，頁三六四—三六五。
75 王先慎《韓非子集解》，頁一六七。
76 王先慎《韓非子集解》，頁二一〇。
77 王先慎《韓非子集解》，頁三四二一。

> 重刑者，非爲罪人也。明主之法揆也，治賊，非治所揆也；治所揆也者，是治死人也。刑盜，非治所刑也；治所刑也者，是治胥靡也。故曰：重一姦之罪，而止境内之姦，此所以爲治。（〈六反〉）78

治之已然的處罰，是替死人報仇，或對犯罪者實施懲罰而已，是「法」消極的作用。「法」更積極的功能還在於殺一儆百，防範未然。

3. 法與時變

基於對法令尊嚴的維護，韓非認爲，法令訂定之後，要澈底信守，不可因執法者一時的意念，而朝令夕改。他說：

> 好以智矯法，時以行集公，法禁變易，號令數下者，可亡也。（〈亡徵〉）79

但，基於崇功尚用的立場，與重視時效的功能，韓非更認爲，普天之下，古往今來，沒有任何一種軌則、制度或規章，可以千秋萬世永遠通行而不敗的，韓非說：

治民無常，唯法爲治。[80]法與時轉則治，治與世宜則有功。故民樸，而禁之以名則治；世知，維之以刑則從。時移而法不易者亂，能眾[81]而禁不變者削。故聖人之治民，法與時移而禁與能變。（〈心度〉）[82]

法家的出現，本來就是對東周封建禮制的反動。韓非子在〈五蠹〉裡大肆敷論人類歷史文明的演

78 王先慎《韓非子集解》，頁三二一—三二二。

79 王先慎《韓非子集解》，頁七九。

80 此句本作「唯治為法」，《集解》據王先謙改作「唯法為治」，陳奇猷以為不須改，此句意謂：「治民無不變，唯治而立法」。今從之。說見《韓非子新校注》，頁一一七九。

81 此兩句，前句本作「法不易者亂」本作「治不易者亂」，王先謙以為當作「法不易者亂」。而下句本作「能治眾」，王先謙以為「治」字當衍，「能眾」及下「能耕」、「能戰」是也，今悉從校改。說見王先慎《韓非子集解》，頁三六六引。

82 王先慎《韓非子集解》，頁三六六。

進：從上古的伏羲、燧人，到中古的鯀、禹，近古的桀紂、湯武，以迄「今之世」的戰國，社會文明由粗樸到開發，都是不斷進化而來。一世有一世的需求，一代有一代的風氣：

上古競於道德，中古逐於智謀，當今爭於氣力。（〈五蠹〉）[83]

〈八說〉也重複同樣的說法。因此，引領一代風氣的聖人，無一不是「事因於世，而備適於事」，[84]正視當代需求，做必要的轉變、調整與開創，沒有一個時代是停滯不變的。韓非說：「古今異俗，新故異備」，[85]調整與改變是每一個階段必然的需求與狀態。作爲治政最切要的「法」也一樣。韓非等法家從來不相信有任何一種制度或軌則可以千年萬代永世通行。身處當代，若仍堅持故態，不能與時俱進，必然違世逆俗、格格不入，變法維新因此是法家的必然。

4. 商君未盡於法

韓非儘管承襲商鞅的重要法論，但對商鞅以戰場軍功作爲進爵的依據與規定，卻有不同看法。基本上他認爲，「術」是人主所執，「君無術則弊於上」；「法」是人臣所師，「臣無法則亂於下」。商鞅之「法」與申不害之「術」皆帝王之具，一樣重要。卻也認爲，「申子未盡於術，商君未盡於法」，二人的術、法，都存在著一定的缺失，未盡善。

以商君的「法」而言，明定官爵之升遷與斬首之功相稱。韓非認爲，這有如令斬首者爲醫匠，驢頭不對馬嘴，不倫不類。因爲治官是智能的事，而斬首是勇力的事，工匠是巧手，醫生善配藥，彼此性質功能差很大，無法相同。若「官爵之遷與斬首之功相稱」，等於「以勇力之所加，治智能之官」，讓殺人的勇士去做醫師、工匠，肯定醫不好病，蓋不好房子，反之亦然。此其一。

其次，商鞅只強調「法」，沒透過「術」去深入了解臣下，結果必然官箴大壞，弊端叢生，〈定法〉說：

> 公孫鞅之治秦也，設告相坐而責其實，連什伍而同其罪，賞厚而信，刑重而必，是以其民用力勞而不休，逐敵危而不卻，故其國富而兵強。然而無術以知姦，則以其富強也

---

83 王先慎《韓非子集解》，頁三四一。

84 王先慎《韓非子集解》，頁三四一。

85 王先慎《韓非子集解》，頁三四二。

資人臣而已矣。……故戰勝則大臣尊，益地則私封立，主無術以知姦也。商君雖十飾其法，人臣反用其資。故乘強秦之資，數十年而不至於帝王者，法不勤飾於官，主無術於上之患也。86

只知嚴刑峻法，國富兵強，而不注意臣下利己的私心，其結果，國家強大的資源全都不知不覺落入臣下的懷囊中。因此「法」與「術」二者須有機結合，相輔相成，這是韓非集法家思想大成的堅持。

(五)韓非論勢

法家中首先言「勢」的是慎到。其所謂「勢」，主要指的是人君附加在名位上所擁有的賞罰生殺以及公共資源分配權。這些權力，是領導統御者先天上優越的統御條件。慎子說，人君當能穩實掌握，並充分利用。一旦丟失或旁落，便會陷入被架空和覆亡的危險。

韓非基本上贊成慎子之見，《韓非子》不但有〈難勢〉專篇論述「勢」，在〈備內〉、〈功名〉、〈外儲說左下〉、〈外儲說右上〉、〈外儲說右下〉、〈難一〉、〈難三〉、〈八經〉、〈五蠹〉各篇也有相關的散論。〈難勢〉開宗明義便引慎子的話說：

飛龍乘雲，騰蛇遊霧，雲罷霧霽，而龍蛇與螾螘同矣，則失其所乘也。賢人而詘於不肖者，則權輕位卑也；不肖而能服於賢者，則權重位尊也。堯爲匹夫不能治三人，而桀爲天子能亂天下，吾以此知勢位之足恃，而賢智之不足慕也。夫弩弱而矢高者，激於風也；身不肖而令行者，得助於眾也。堯教於隸屬而民不聽，至於南面而王天下，令則行，禁則止。由此觀之，賢智未足以服眾，而勢位足以詘賢者也。87

這一段話大致是《愼子．威德》篇的話，它應該是愼到，也是韓非「勢」論的總綱，凸顯出幾層涵義：㈠優越的材質若沒有客觀情勢作憑藉，發揮不了功能，顯現不出價值。㈡「勢」駕馭「德」，不是「德」決定「勢」。萬物都一樣，影響力的大小，決定在其所處位置的高低與情況的好壞：處位高，情況好，影響力也大；反之，一切就要改觀。對於領導統御而言，客觀地位條件優

86 以上所述韓非矯補商鞅之「法」理論，詳〈定法〉，王先慎《韓非子集解》，頁二〇四—二〇六。

87 「詘賢」本作「缶賢」，《集解》引俞樾，以為「缶」乃「詘」字之誤。說見王先慎《韓非子集解》，頁二九七。今從校改。

越於主觀才德，這是現實的必然。這就是「勢」。㈢倚勢統治，輕鬆容易。負責領導統御事件的人君，必須了解這種客觀的必然，妥善牢實穩固自己的權勢地位。韓非的「勢」論，基本上循著這幾個重點開展。

1.「勢」尊於「才」，任「勢」施治

韓非說：

夫有材而無勢，雖賢不能制不肖。故立尺材於高山之上，下臨千仞之谿，材非長也，位高也。桀爲天子，能制天下，非賢也，勢重也；堯爲匹夫，不能正三家，非不肖也，位卑也。千鈞得船則浮，錙銖失船則沈，非千鈞輕而錙銖重也，有勢之與無勢也。故短之臨高也以位，不肖之制賢也以勢。（〈功名〉）88

其所謂「勢」，就政治而言，是指的周代封建制度下，繼位者附加在名位上的一切權力，這是它執行領導統御的先天資源，和他的名位綁在一起，卻和他的才德不必相關；是「勢」決定統治與被統治，韓非說：

凡明主之治國也，任其勢。（〈難三〉）[89]

民者固服於勢，寡能懷於義。（〈五蠹〉）[90]

君執柄以處勢，故令行禁止。柄者，殺生之制也；勢者，勝眾之資也。（〈八經〉）[91]

孔子雖尊為聖人，影響範圍只及七十餘人，且為下；哀公上為人君，故令行禁止，這就是「勢」的必然結果。（詳〈五蠹〉）[92]

2. 「才」難能而稀得，「勢」絕對而易行

愼到所以重「勢」，是清楚看到，「才」難得，可遇而不可求，「勢」則必然而足恃，政治管

88 王先愼《韓非子集解》，頁一五五。

89 王先愼《韓非子集解》，頁二八九。

90 王先愼《韓非子集解》，頁三四二。

91 王先愼《韓非子集解》，頁三三〇。

92 王先愼《韓非子集解》，頁三四二—三四三。

理必須捨難得而用必然。〈難勢〉說：

夫堯、舜、桀、紂千世而一出，是比肩隨踵而生也，世之治者不絕於中。……今廢勢背法而待堯、舜，堯、舜至乃治，是千世亂而一治也。抱法處勢而待桀、紂，桀、紂至乃亂，是千世治而一亂也。且夫治千而亂一，與治一而亂千也，……相去亦遠矣。夫棄隱栝之法，去度量之數，使奚仲為車，不能成一輪。無慶賞之勸，刑罰之威，釋勢委法，堯、舜戶說而人辯之，不能治三家。夫勢之足用亦明矣。[93]

3. 「勢」不可失

韓非說：「國者，君之車也；勢者，君之馬也。」人君治天下，眞如上馬駕車，追速馳遠，一路上，同行的臣下眾多，他們與人君本因「勢」結合，「縛於勢而不得不事」（〈備內〉）。[94]因此，人君必須好好掌握車馬的主控權，不能優柔軟弱，才不會被群體甩車，徒步追跑，弄得狼狽不堪。韓非說：

不處勢以禁擅愛之臣，[95]而必德厚以與天下齊行以爭民，是皆不乘君之車，不因馬之利，釋車而下走者也。（〈外儲說右上〉）[96]

換言之，人主以一對眾，一路上必須隨時提高警覺，一有不對，及早發現。絕對不能隨便把主控權交出來，讓同行的臣下與你並肩共駕，或群體勾結，算計你，到時候，統治與被統治的情況會翻轉過來，韓非再三叮囑：

善持勢者早絕其姦萌。（〈外儲說右上〉）[97]

---

93 王先慎《韓非子集解》，頁三〇〇。

94 王先慎《韓非子集解》，頁二三四。

95 「禁擅愛之臣」本作「禁誅擅愛之臣」，王先慎以為「誅」字衍，「禁擅愛之臣」與「禁侵陵之臣」相對，今從校改。說見《韓非子集解》，頁二三四。

96 王先慎《韓非子集解》，頁二三四。

97 王先慎《韓非子集解》，頁二三一。

夫以王良、造父之巧，共轡而御，不能使馬，人主安能與其臣共權以爲治？以田連、成竅之巧，共琴而不能成曲，人主又安能與其臣共勢以成功乎？（〈外儲說右上〉）[98]

大臣比周，蔽上爲一，陰相善而陽相惡，以示無私，相爲耳目，以候主隙；人主掩蔽，無道得聞，有主名而無實，臣專法而行之，……偏借其權勢則上下易位矣，此言人臣之不可借權勢也。（〈備內〉）[99]

總之，方向盤必須由人君來掌握，主控權應交在人君手裡。

4. 自然之「勢」與人設之「勢」

對於愼到的「勢」論，韓非顯然是不滿意的，他說，愼到把「勢」講得太單一簡易了；〈難勢〉說：

勢者，名一而變無數者也。勢必於自然，則無爲言於勢矣。吾所爲言勢者，言人之所設也。今日堯、舜得勢而治，桀、紂得勢而亂，吾非以堯、桀爲不然也。雖然，非一人之所得設也。夫堯、舜生而在上位，雖有十桀、紂不能亂者，則勢治也；桀、紂亦生而在上位，雖有十堯、舜而亦不能治者，則勢亂也。故曰：「勢治者，則不可亂；而勢亂者，則不可治也。」此自然之勢也，非人之所得設也。若吾所言，謂人之所得設也而已矣。……若吾所言勢，中也；中者，上不及堯、舜，而下亦不爲桀、紂，抱法處勢則治，背法去勢則亂。[100]

韓非雖推闡愼子之「勢」，卻認爲，光有這種先天自然的「勢」，是不夠的。古來人君無不擁有這種「勢」，但權力被架空，覆國敗亡的例證比比皆是，可見它不足以保證領導統御圓滿成功。循愼到所說自然之勢，容易流於遇賢則治，遇不肖則亂。眞正可靠的「勢」，應該是讓任何中才君主來倚處，都能得到絕對而普遍的效果，這就需要學習如何讓這種自然之「勢」，有效發揮其功能；亦即懂得如何憑藉人爲的主動力量去有效掌控自然之「勢」，保證其統御權位絕對不丟

---

98 王先慎《韓非子集解》，頁二五一。

99 王先慎《韓非子集解》，頁二五一。

100 王先慎《韓非子集解》，頁二九九—三〇〇。

失，韓非說，這叫「人所得設之勢」。換言之，也就是對自然之「勢」的有效堅守與運作。那必須懂得有機地結合「法」和「術」，「藉法固勢」、「抱法處勢」，運「術」操「勢」。則「法」是權威的，人君牢固倚「勢」握「法」，自然威權不失；「術」靈活多方、虛無高妙，人君倚「勢」操「術」，其「勢」自然隨「術」而虛靈，不易探取。身爲法家集大成的韓非，將愼到所指權力本身的「勢」，提升至權力的靈活運用與操作，使成一種高妙的政治藝術，這就牽涉到申不害所說「術」的問題了。

㈥韓非論「術」

「法」是靜態的條文規範，「勢」是本然的條件與資源，「術」卻是似靜實動的觀測、判斷與操作，必須高妙而靈活。其施作對象主要是人臣，它是人君用以統御督核人臣的手法與要領。人君管理人臣，基本上當然要依「法」執行賞罰，韓非說：

> 人主之大物，非法則術也。法者，編著之圖籍，設之於官府，而布之於百姓者也。術者，藏之於胸中，以偶眾端而潛御群臣者也。故法莫如顯，而術不欲見。（〈難三〉）

「法」須公開明確規定，「術」卻是暗中窺伺、觀測。韓非說：「有術之君不隨適然之善，而行必然之道。」[102]要「主用術……官行法」，[103]二者有機結合，才能有必然可期的效果。因此用「術」首先就須能執「法」公正，不可有所偏愛袒護。要做到「以罪受誅，人不怨上……以功受賞，臣不德君」（〈外儲說左下〉）。[104]但除此之外，面對臣下可能有的不軌與心機，身爲人君，應該有至高洞澈的本領，這叫「術」。「術」的內容如何？韓非因承申不害，至少有幾項：寓實於虛，操作於無形；不聽一面，多方周聽參驗，深入觀測防姦；還要懂得因循用眾，不專斷剛愎、親力親爲；更要準確地因材器使、嚴謹核實。以〈主道〉、〈大體〉、〈南面〉各篇爲核心，韓非暢論其「尊君」大前提下的完美君術。

---

101 王先慎《韓非子集解》，頁二九〇。
102 見〈顯學〉，王先慎《韓非子集解》，頁三五五。
103 見〈和氏〉，王先慎《韓非子集解》，頁六七。
104 王先慎《韓非子集解》，頁二一六。

1. 虛靜無爲，以闇見疵

司馬遷說申不害「學本於黃老」、韓非「喜刑名法術之學，而其歸本於黃老」，主要指他們深囿莫測的察姦君術基本上是從老子的「虛靜無爲」、「無爲而無不爲」之道中提煉出來的，是道家哲學的法家權謀應用與深化。韓非認爲，人君是公權力的代表，而「道」是一切有形無形現象事物的根源，人君要施政，管理人、事、物，應該有效掌握根源之「道」。〈主道〉說：

> 道者、萬物之始，是非之紀也。是以明君守始以知萬物之源，治紀以知善敗之端。[105]

這個「道」，就是「靜退」，就是「虛靜」。〈主道〉說：

> 人主之道，靜退以爲寶。君無見其所欲，君見其所欲，臣將自雕琢；君無見其意，君見其意，臣將自表異。故去好去惡，臣乃見素；去舊去智，臣乃自備。[106]

人君居萬人之上，動見瞻觀，一旦有風吹草動，勢必引發群體效應。因此，人主要沉穩淡定，不要隨便綻露喜怒好惡，以免讓臣下掌握其心靈狀態，投以所好，隱其所惡，或產生後續的群體效應。韓非說：

越王好勇，而士多輕死；楚靈王好細腰，國中多餓人。（〈二柄〉）[107]

上有所好，下必有甚焉者，這是一層顧慮。姦欺者甚至掩飾、包裝自己，人主永遠只能看到想看到的，看不到不想看到的。但看不到，並不表示不存在，只是被隱藏掩蓋而已。於是，一切姦欺不軌由此走入暗處發展。人臣私下結黨營私，人主大權旁落，被架空、蒙蔽而不自知。因此，人君應該領悟道家虛無的道理，隱藏起自己的意念行跡，讓臣下無從捉摸，才能保住領導統御的尊威與優勢。相較於「法」的固定、公開，讓大家看清楚、有概念，施行起來才能準確、快速而有效；

105 王先慎《韓非子集解》，頁一七。
106 以上兩則引文，分見王先慎《韓非子集解》，頁二〇、一八。
107 王先慎《韓非子集解》，頁二八。

「術」卻需暗裡操作，虛隱無形，執行起來才能靈活高妙。〈主道〉說，人君應該：

見而不見，聞而不聞，知而不知，知其言以往，勿變勿更，以參合驗焉……掩其跡，匿其端，下不能原；棄其智，絕其能，下不能意。……大不可量，深不可測。108

以暗窺明，不動聲色，讓臣下讀不到你的心電圖，才能洞悉臣下的實情而不被蒙蔽。韓非說：

君見惡則群臣匿端，君見好則群臣誣能。人主欲見，則群臣之情態得其資矣。（〈二柄〉）109

道在不可見，用在不可知，虛靜無為，以闇見疵。（〈主道〉）110

明主其務在周密。是以喜見則德濆，111怒見則威分。故明主之言隔塞而不通，周密而不見。（〈八經〉）112

虛靜以待令，令名自命也，令事自定也。虛則知實之情，靜則知動者正。（〈主道〉）113

這樣才能使「姦無所失」。總之，是要君暗臣明，君靜臣動、君無為臣有為，才能充分了解並掌握臣下的動靜，卻令臣下無由捉摸或姦欺，「寂乎其無位而處，漻乎莫得其所。明君無爲於上，群臣竦懼乎下。」（〈主道〉）[114]達到莫測高深，無上尊威的統治效果。這是申韓之術的第一要義。

2. 參伍周聽，察端參驗

韓非儘管以「虛靜無爲」爲君術的最高修爲；但在「虛靜無爲」的背後，卻不是無所是適，眞無作爲，而是眼觀四面、耳聽八方，廣拓資源地嚴重關切、密切注意的；〈備內〉說：

---

108 王先慎《韓非子集解》，頁一九。
109 王先慎《韓非子集解》，頁二九。
110 王先慎《韓非子集解》，頁一九。
111 「德瀆」本作「得償」，意不可通，顧廣圻以為，「償」當作「瀆」。今從校改。說見王先慎《韓非子集解》，頁三三五。
112 王先慎《韓非子集解》，頁三三五。
113 王先慎《韓非子集解》，頁一八。
114 王先慎《韓非子集解》，頁一八。

> 明王不舉不參之事，不食非常之食，遠聽而近視，以審內外之失。省同異之言，以知朋黨之分；偶參伍之驗，以責陳言之實。執後以應前，按法以治眾，眾端以參觀，……則姦邪無所容其私。[115]

所謂「參伍」，就是多面、多方，不經由單一管道之意。人君聽聞臣下之道，要似知不知地全然被動，淡定地多方多次聽觀臣下言行，從中去掌握實情，這叫「虛靜無爲」、叫「參伍」。換言之，身爲明君，「虛靜無爲」的背後，其實是以靜制動地，密切注意臣下的相關訊息，隨時比對參劾，以防範自己誤聽、誤信、誤判，賞罰失當。〈揚權（搉）〉說：

> 凡聽之道，以其所出，反以爲之入。……聽言之道，溶若甚醉，脣乎齒乎，吾不爲始乎；齒乎脣乎，愈惛惛乎。彼自離之，吾因以知之。是非輻湊，上不與構。虛靜無爲，道之情也；參伍比物，事之形也。參之以比物，伍之以合虛。[116]

但在虛靜地參伍周聽，確知實情之後，緊隨著，當然是公正無誤的賞罰判定；韓非說：

明君之道，……決誠以參，聽無門户，故智者不得詐欺；計功而行賞，程能而授事，察端而觀失，有過者罪，有能者得，故愚者不得任事。（〈八說〉）117

反之，

不合參驗而行誅，不待見功而爵祿，……不以功伐決智行，不以參伍審罪過，而聽左右近習之言。（〈孤憤〉）118

115 王先慎《韓非子集解》，頁八四。
116 王先慎《韓非子集解》，頁三三一。
117 末句「不得任事」本作「不任事」，王先慎以為「不」下當有「得」字，與上「不得作欺」文一律。今從校改。說見《韓非子集解》，頁三三五。
118 王先慎《韓非子集解》，頁五七、五九。

必然造成「無能之士在廷，而愚污之吏處官」，官箴大壞。總結這一切，韓非在〈八經〉中細繪了人君所應灑下的嚴密周聽參驗之網，說：

參伍之道：行參以謀多，揆伍以責失；行參必折，揆伍必怒。不折則瀆上，不怒則相和。折之微，足以知多寡；怒之前，不及其眾。觀聽之勢，其徵在也，[119]誅謁而罪同。[120]言會眾端，必揆之以地，謀之以天，驗之以物，參之以人。四徵者符，乃可以觀矣。參言以知其誠，易視以考其澤。[121]執見以得非常。一用以務近習，重官以懼遠使，[122]舉往以悉其前，即邇以知其內，置疏以知其外，[123]握明以問所闇，詭使以絕黷泄，倒言以嘗所疑，論反以得陰姦，設諫以綱獨爲，舉錯以觀姦動，明說以誘避過，卑適以觀直諂，宣聞以通未見，作鬥以散朋黨，深一以警眾心，泄異以易其慮。似類則合其參，陳過則明其固，知罪辟罪以止威，陰使時循以省衰，漸更以離通比，下約不侵其上。[124]相室約其廷臣，廷臣約其官屬，兵士約其軍吏，遣使約其行介，縣令約其辟吏，郎中約其左右，后姬約其宮媛，此之謂條達之道。[125]

總之，是使盡各種力氣，開拓各種管道，鋪天蓋地，隨時無處不在地撒下天羅地網去觀聽、防範臣下言行。這是韓非之「術」的第二要義。

119 此句本作「比周而賞異也」。王先慎引盧文弨說，「也」字衍，今從校改，說見《韓非子集解》，頁三三四。

120 此句本作「誅毋謁而罪同」，王先慎以為「毋」字衍，案「誅謁而罪同」與「比周而賞異」相對，因從校改，說見《韓非子集解》，頁三三四。

121 「考其澤」本作「改其澤」，義不可通，王先慎以為，當改作「考」。說見《韓非子集解》，頁三三四。

122 此舉本作「重言以懼遠使」，乾道本「言」作「官」，顧廣圻、王先慎從之，因從校改。說見《韓非子集解》，頁三三四。

123 「置疏」本作「疏置」，俞樾以為，當作「置疏」，與「及邇」對稱。說見《韓非子集解》，頁三三四。因從校改。

124 「不侵其上」本作「以侵其上」，義正相反。陳奇猷以為，本句意思當為上級約束下級，使不侵其上級，「以」當作「不」。今從校改。說見陳奇猷《韓非子新校注》，頁一〇七一。

125 王先慎《韓非子集解》，頁三三四—三三五。

3. 棄己去智，因循用衆

人君不只應隱藏起自己的好惡，喜怒和心靈狀態，還應守愚守拙，不與臣下競智爭能，代下司職，讓臣下充分展現其才幹，君靜臣動，君逸臣勞。君無爲，臣有爲，才能達到事半功倍的統御成效。〈有度〉說：

> 夫爲人主而身察百官，則日不足、力不給。且上用目，則下飾觀；上用耳，則下飾聲；上用慮，則下繁辭。先王以三者爲不足，故捨技能而因法術、審賞罰。126

身爲人君，不論有多大的才幹，都不可能有太多的精力和時間，以一敵百千地去親力親爲。韓非說：

> 天下有信數三：一曰智有所不能立，二曰力有所不能舉，三曰彊有所不能勝。故雖有堯之智，而無衆人之助，大功不立。有烏獲之勁，而不得人助，不能自舉。有賁、育之彊，而無法術，不得長生。故勢有不可得，事有不可成。故烏獲輕千鈞而重其身，非其身重於千鈞也，勢不便也；離朱易百步而難眉睫，非百步近而眉睫遠也，道不可也。故

明主不窮烏獲，以其不能自舉；不困離朱，以其不能自見。因可勢，求易道，故用力寡而功名立。（〈觀行〉）[127]

任何人縱然有再多過人的才情，也肯定有無法跨越的短缺，那還往往是客觀情勢的無能避免，必須正視和面對。領導統御尤其是重大工程，單憑一人材力，無法跨越的短缺肯定更多。因此與其以一抵千萬，親力親爲，舉步維艱；不如收斂起才能，當裁判，依規則與參賽者的表現，下公道的判決，「言已應則執其契，事已增則操其符。符契之所合，賞罰之所生」，[128]不必下場親賽。既能保持尊高的身分，又能讓臣下各居其位，竭盡其能，完成使命；人君則盡收其功，坐享其成，這才是高智慧而精簡省力的統御術。如此，人君一人可合集千百人臣的能量。韓非說，明君當：

126 王先慎《韓非子集解》，頁二一四—二一五。
127 王先慎《韓非子集解》，頁一四六。
128 詳〈主道〉，王先慎《韓非子集解》，頁二一〇。

> 有智而不以慮，使萬物知其處；有行而不以賢，觀臣下之所因；有勇而不以怒，使臣下盡其武。是故，去智而有明，去賢而有功，去勇而有強。群臣守職，百官有常，因能而使之，使智者盡其慮，而君因以斷事，故君不窮於智；賢者敕其材，君因而任之，故君不窮於能；有功則君有其賢，有過則臣任其罪，故君不窮於名。故不賢而為賢者師，不智而為智者正。臣有其勞，君有其功，此之謂賢主之經。（〈主道〉）[129]
>
> 不自操作而知拙與巧，不自計慮而知福與咎，是以不言而善應，不慮而善增。（〈主道〉）[130]

總之，人君當做的是：把握重點，調整好自己的姿態，居高臨下的去管理，判是非，定功過，給予必要的獎懲與賞罰，「不親細民……不躬小事」，[131]才能輕鬆有效地應對多方。〈揚權（搉）〉說：「事在四方，要在中央；聖人執要，四方來效。」[132]人君居高臨下，一呼百應，這才是高效成功的領導統御，是韓非之術的第三要義。

4. **刑名參同，循名責實**

身處在名、實淆亂的戰國時代，名、實問題的討論是各家共同的課題。各家站在自己的角度，述說自己的名實論，名家有名辯，墨家有墨辯，儒家孔、荀也談「正名」，其一致的觀點都是要求名、實相符，端肅嚴謹的法家尤然。〈揚權（搉）〉說：

> 用一之道，以名爲首。名正物定，名倚物徙。故聖人執一以靜，使名自命，令事自定。不見其采，下故素正。因而任之，使自事之。因而予之，彼將自舉之。正與處之，使皆自定之。上以名舉之，不知其名，復脩其形。形名參同，用其所生。[133]

就事論事，不必有額外的花樣，是法家重要的堅持，用人任官也一樣。人君治官，需先妥善

129 王先慎《韓非子集解》，頁一八—一九。
130 王先慎《韓非子集解》，頁二〇。
131 王先慎《韓非子集解》，頁三〇。
132 王先慎《韓非子集解》，頁三〇。
133 王先慎《韓非子集解》，頁三〇。

安排「名」（位）問題。暗裡的守愚、潛隱，虛靜無爲，窺覷臣下實情，洞悉姦欺，都是人君私下自我的能力要求；明的，仍須對臣下的職責名位有一套公平公開、具體適切的安排原則與考核方案。讓臣下在一定的機制下，擁有各自的名分與定位，去自我要求與管理。爲此，申不害提出了「因任而授官，循名而責實」的刑名術，韓非承襲之，〈二柄〉說：「人主將欲禁姦，則審合刑名。」[134]〈姦劫弒臣〉說，聖人之術「循名實而定是非，因參驗而審言辭。」[135]何謂「審合刑名」、「循名實而定是非」？〈揚權（搉）〉說：

夫物者有所宜，材者有所施，各處其宜，故上下無爲。使雞司夜，令狸執鼠，皆用其能，上乃無事。[136]

簡單地說，每個人的才能各異，人君治官，首先須準確判斷臣下的才能，分別授予適當的官位，不張冠李戴，使「有言者自爲名，有事者自爲形」，[137]恰當擁有各自的名位與職分，治政才能精簡省力而高效。

具體地說，〈二柄〉說：

> 爲人臣者陳而言，君以其言授之事，專以其事責其功。功當其事，事當其言，則賞；功不當其事，事不當其言，則罰。故群臣其言大而功小者則罰；非罰小功也，罰功不當名也。群臣其言小而功大者亦罰；非不說於大功也，以爲不當名也，害甚於有大功，故罰。[138]

人君從臣下言行中判斷其才能，依臣下才能，授予適當官位，使每人所分職位與其才幹相符，且一人一官，一官一職，「一人不兼官，一官不兼事」（〈難一〉），[139]這叫「因任授官」。因爲「人不兼官」，所以職務單一分明，容易嫻熟；因爲「官不兼事」，所以「官不爭」，無爭功搶勞、推

---

134 王先愼《韓非子集解》，頁二一七。
135 王先愼《韓非子集解》，頁七〇。
136 王先愼《韓非子集解》，頁三〇。
137 詳〈主道〉，王先愼《韓非子集解》，頁一八。
138 王先愼《韓非子集解》，頁二一七—二一八。
139 王先愼《韓非子集解》，頁二六七。

諉塞責的情況發生。〈用人〉說：

明君使事不相干，故莫訟；使士不兼官，故技長；使人不同功，故莫爭。[140]

〈定法〉引申子之言說：「治不逾官，雖知弗言。」[141]〈二柄〉舉韓昭侯因典冠爲昭侯披衣防寒而一併處罰典冠與典衣的事件，論證各有其職「治不逾官」的絕對嚴肅性。〈揚權（搉）〉也說要「審名以定分，名分以辯類。」[142]

其次是業績考核。名位職分確定後，人君再依臣下所居處的名位，要求他交出實際的政績，以爲賞罰的依據，這叫「循名實而定是非」、「循名責實」。

依申、韓之意，任官用人好比排座位，先依高矮排座，依次入座，再對座點名，清楚明爽，輕鬆容易，一點也不會有點錯名，或誤判勤惰的事情發生，這就是韓非承自申不害的刑名考核術。這樣的任官制，比起商鞅一律以軍功爲任官封爵的依據，更能精確地適才適任，任合其能，可以修正商鞅以軍功爲爵祿依據所可能產生的驢頭不對馬嘴之弊。這樣的人才安置與管理，〈揚權（搉）〉說「君操其名，臣效其形，形名參同，上下和調。」[143]才是眞正的名（職位）、實（政績）相符。這是韓非之術的又一要項。

5. 知八姦，明五壅

韓非種種應對臣下的「術」，主要就是防範臣下姦欺、蒙蔽和架空自己。因此，重臣和姦欺、蒙蔽是韓非最爲在意的問題。他在許多篇章中，都一再提醒人君「重臣」之可怕與嚴重，再三防戒「重臣」。韓非說：

> 大臣甚貴，偏黨衆強，壅塞主斷，而重擅國。（〈亡徵〉）144
>
> 重人也者，無令而擅爲，虧法以利私，耗國以便家，力能得其君，此所謂重人也。（〈孤憤〉）145

---

140 王先慎《韓非子集解》，頁一五二。
141 王先慎《韓非子集解》，頁三〇五。
142 王先慎《韓非子集解》，頁三三一。
143 王先慎《韓非子集解》，頁三三一。
144 王先慎《韓非子集解》，頁八〇。
145 王先慎《韓非子集解》，頁五五。

舉凡朋黨比周、蒙蔽其君、違法擅權之臣，都是「重臣」，都是「姦」。在〈八姦〉和〈主道〉中，韓非具體明確地指出人臣姦欺人主的各種可能狀況與管道，而有所謂「八姦」、「五壅」，提醒人主嚴加防範；更在〈亡徵〉、〈八經〉、〈說疑〉、〈難三〉、〈內儲說下〉、〈愛臣〉等各篇中，一再重複著類似的叮嚀，而有所謂「五姦」、「三難」、四「擬」、「六姦」、六「亂」。韓非說：

愛臣太親，必危其身；人臣太貴，必易主位；……千乘之君無備，必有百乘之臣在其側，以徙其民而傾其國；萬乘之君無備，必有千乘之家在其側，以徙其威而傾其國。是以姦臣蕃息，主道衰亡。是故諸侯之博大，天子之害也；群臣之太富，君主之敗也。（〈愛臣〉）146

所謂「八姦」，147 韓非說，第一姦是「同床」的貴婦，亦即人主之后妃、姬妾。她們朝夕處於人君之側，在燕處飽醉的情況之下，人君完全放鬆防備，她們的一言一語，一顰一笑即可能傾國傾城，人臣利用他們作姦干政很方便。

第二姦是「在旁」的優笑侏儒，包括近侍太監、倡優侏儒等弄臣。這些人「觀察顏色以先人主之心」，經常圍繞在人君身旁，博寵悅心，早就練成一身察言觀色的特殊本領，也有較多較好的機會，可以看到人主卸下武裝後的另一個眞實面貌，進讒作姦的機會比一般人多得多，也方便許多。

第三姦是「父兄」，這是指「側室公子，大臣廷吏」。「側室」指庶子；他們往往是人君的宗室親屬，是人主所愛所親。人臣透過他們，可以取得較方便的管道去關說，而遂其所願。

第四姦是「養殃」，韓非說：

> 人主樂宮室臺池，好飾子女狗馬，以娛其心，此主之殃。

人君居深宮之中，養尊處優，不免嗜好逸樂玩好。人臣於是加重賦稅，收斂民財，無所不用其極去滿足人主的私慾。終至民怨四起，亡國滅種。

第五姦是「民萌」，韓非說：

---

146 王先愼《韓非子集解》，頁一六。

147 以下所引「八姦」之說，悉見〈八姦〉，王先愼《韓非子集解》，頁三六－三九。

爲人臣者，散公財以樂人民，行小惠以取百姓，使朝廷市井皆勸譽己，以塞其主，而成其所欲。

人臣慷公家之慨，散發公共資源，巴結百姓，以博取好感，來爲自己宣傳造勢，這是假公濟私，收買人心，去達到自己的目的。甚至不只在國內想盡辦法，威脅利誘，搞碼頭；還假借國外力量，自抬身價，來爲自己造勢，唬騙人君，以博取爵位利祿，〈說疑〉說：

爲人臣者，破家殘賥，內構黨與，外接巷族以爲譽，從陰約結以相固也，虛相與爵祿以相勸也。曰：「與我者將利之，不與我者將害之。」眾貪其利，劫其威。彼誠喜，則能利己；忌怒，則能害己。眾歸而民留之，以譽盈於國，發聞於主，主不能理其情，因以爲賢。148

這是先在國內經營，造聲譽、搞碼頭；然後擴大規模，搞國際版：

> 使譎詐之士，外假為諸侯之寵使，假之以輿馬，信之以瑞節，鎮之以辭令，資之以幣帛，使諸侯淫說其主，微挾私而公議。所為使者，異國之主也，所為談者，左右之人也。主說其言而辯其辭，以此人者天下之賢士也。內外之於左右，其諷一而語同，大者不難卑身尊位以下之，小者高爵重祿以利之。[149]

總之，是利用國君輕信不察的弱點，大耍心機，搞權謀，以掌握權勢。這些都將嚴重威脅、損害人君的威望與權勢。

第六姦是「流行」，韓非說：

> 人主者固壅其言談，希於聽論議，易移以辯說。為人臣者，求諸侯之辯士，養國中之能說者，使之以語其私，為巧言之文，流行之辭，示之以利勢，懼之以患害，施屬虛辭，

148 王先慎《韓非子集解》，頁三一〇。

149 王先慎《韓非子集解》，頁三一一。

以害其主。

人主剛愎自用，不聽論諫之言，卻信服辯士的巧言遊說。人臣於是投其所好，專養能言巧說的辯士，讓他們爲自己說話，或讓人四處散佈謠言，造成強大的輿論力量，作自己的後盾，以左右人君。他們或展現有利情勢，或借用禍害威脅人君，或以不實言論傷害人主。較之「民萌」，更過分了。

第七姦是「威強」，韓非說：

爲人臣者聚帶劍之客，養必死之士，以恐嚇其群臣百姓而行其私。

這類人臣更強勢、囂張。私蓄武力，排除異己，要脅人君，甚至在朝中公然展示威勢，搞碼頭，進行搶權之實。

第八姦是「四方」，這類人臣

重賦斂，盡府庫，虛其國以事大國而用其威，求誘其君。甚者舉兵以聚邊境，而聚斂於內；薄者數內大臣，以震其君，使之恐懼。

這類人臣，傾盡國家財力，勾結強國諸侯，讓他們作自己的後盾，來威脅人君。這已不只是姦欺，簡直是賣國的亂臣賊子了。

以上這八姦，或暗或明，或小或大，防不勝防，韓非提醒人君要步步爲營，小心觀測，以免養癰遺患，萬劫不復。

「八姦」之外，太子嗣君的繼立問題，牽涉到「在旁」的姬妾爭寵，嫡庶之爭，更可能是動搖國本的大問題，韓非尤其再三殷切誡囑。〈愛臣〉說：「主妾無等，必危嫡子；兄弟不服，必危社稷」。[150]〈亡徵〉在所提到的四十七種「可亡」之徵中，就有五徵，涉及嗣君繼立，與父兄宗室強勢爭權兩類；〈說疑〉的四「擬」，〈難三〉的二、三兩「難」，也都是「八姦」第一姦「在旁」與第三姦「父兄」問題的輻射與衍生；韓非說：

150 王先慎《韓非子集解》，頁一六。

物之所謂難者，藉人成勢，不使侵害己，可謂一難也；貴妾不使二后，二難也。愛孽不使危正適，專聽一臣而不敢偶君，此則可謂三難也。（〈難三〉）[151]

輕其適正，庶子稱衡，太子未定而主即世者，……太子已置，而娶於強敵以爲后妻，則太子危……出君在外而國更置，質太子未反而君易子……大臣兩重，父兄眾強，內黨外援以爭事勢者，……婢妾之言聽，愛玩之智用，外內悲惋而數行不法。（〈亡徵〉）[152]

孽有擬適之子，配有擬妻之妾，廷有擬相之臣，臣有擬主之寵，此四者國之所危也。故曰：內寵並后，外寵貳政，枝子配適，大臣擬主，亂之道也。（〈說疑〉）[153]

不只如上的「同床」、「父兄」，連第六、七、八姦的「流行」、「威強」、「四方」也一樣所在多有，韓非說：

> 人臣有五姦，而主不知也。爲人臣者，有侈用財貨賂以取譽者，有務慶賞賜予以移眾者，有務朋黨徇智尊士以擅逞者，有務解免赦罪獄以事威者，有務奉下直曲、怪言偉服瑰稱、以眩民耳目者。（〈說疑〉）[154]
>
> 內以黨與劫弒其君，外以諸侯之權矯易其國，隱正道，持私曲，上禁君，下撓治。

（〈說疑〉）[155]

姦臣者，召敵兵以內除，舉外事以眩主，苟成其私利，不顧國患。（〈內儲說下〉）[156]

這些就是〈八姦〉所說的「流行」、「威強」、「四方」。繼〈八姦〉之後，〈八經〉更把焦點集中在其中六姦，[157]說：

姦之所生六也：主母，后姬，子姓，弟兄，大臣，顯賢。

---

151 王先慎《韓非子集解》，頁二八四。
152 王先慎《韓非子集解》，頁七九。
153 王先慎《韓非子集解》，頁三一三。
154 王先慎《韓非子集解》，頁三一三。
155 王先慎《韓非子集解》，頁三一二。
156 王先慎《韓非子集解》，頁一七九。
157 以下所引「六姦」，悉見〈八經〉，王先慎《韓非子集解》，頁三三一。

推究其衍生根源，不外一個「因」——夤緣攀附，韓非說：

臣有二因，謂外內也。外曰畏，內曰愛。所畏之，求得；所愛之，言聽。此亂臣之所因也。（〈八經〉）

如何防範？韓非說：

無尊妾而卑妻，無孽適子而尊小枝，無尊嬖臣而匹上卿，無尊大臣以擬其主也。（〈八經〉）

任吏責臣，主母不放；禮施異等，后姬不疑；分勢不貳，庶適不爭；權籍不失，兄弟不侵；下不一門，大臣不擁；禁賞必行，顯賢不亂；外國之置諸吏者，結誅親暱重帑，則外不籍矣；爵祿循功，請者俱罪，則內不因矣。外不籍，內不因，則姦宄塞矣。（〈八經〉）

總之，是一切依循法制，無私、無親、無愛，沒有暗盤與例外，關閉一切可能的側徑與便道，才能不橫生意外的枝節。

除了八姦之外，韓非還叮囑人君，五種極可能使臣下越權侵位，造成下情不上達的情況，叫作「五壅」。〈主道〉說：人君施政極可能興生五種阻礙，導致大權旁落而不自知。[158]

第一**壅是「臣蔽其主，則主失爲」**

身爲人君，對領導統御的相關事務，須有通盤了解，不可有陰暗死角疏漏不及，以免留給臣下私自運作的空間。終至星火燎原，大權流失旁落而不自知，甚至篡逆興生，權奪位失。

第二**壅是「臣制財利，則主失德」**

人君若輕易把財政大權交給臣下，讓臣下掌握龐大的公共資源，即可能導致公器私用，假公濟私。上則結黨營私，下則收買人心，仍有不足，則聚斂百姓，弄得民心怨恨、背離，讓人主去概括承受。

第三**壅是「臣擅行令，則主失制」**

人主發號施令的生殺大權，所謂的「勢」，要牢牢固守，不可輕易放失，聽任臣下代行職

158 以下所引「五壅」之說，悉見〈主道〉，王先慎《韓非子集解》，頁一九—二〇。

事。否則大權旁落，情況失控，覆水難收。

第四壅是「臣擅行義，則主失明」

人臣旁對同僚，下對百姓，超越職權地行義做好人，自我標榜其德，以贏得同僚百姓的稱讚頌揚，不但遮掩人君的光芒，無形中還可能奪取人君的尊威，久而久之，亦可能取代其尊位，這也是站在尊君立場，擁護君權、君威的法家所忌諱。

第五壅是「臣得樹人，則主失黨」

這類人臣，大概大權在握，公然在朝中組班底、搞碼頭，弄得人君孤助寡與，竄逆之事也應是指日可待了。

以上不論「八姦」還是「五壅」，基本上都是圍繞在人君四周，天天都可能上演的戲碼，人君應該知所警惕，隨時防微杜漸，以免長久被姦欺、蒙蔽、侵犯而不自知。大患臨至，後悔不及。

6. 申子未盡於術

韓非儘管以、「刑名」修正商鞅之「法」依軍功授爵位之病，以「人所得設之勢」增強慎到「自然之勢」，又因承、推崇申不害「因任授官」、「循名責實」的刑名術，卻也同樣批判且深化申子之「術」。韓非基本上當然贊同申不害「人不兼伎」、「人不兼官」的大原則；但對其人各一職，了不干涉，澈底實踐後的「治不踰官，雖知弗言」卻是有意見的。他在〈定法〉裡左批商君之法的同時，也右批申子之術的「雖知弗言」。因爲按照申子的暗裡虛靜操作之「術」，人君虛靜之餘，更重要的是，必須旁觀周聽，利用各種非正面管道，去取得多方訊息，以窺探臣下陰暗面的實情。若人臣各個「治不踰官，雖知弗言」，則人主側面、背面的多方資訊，將何從而來？韓非在〈八經〉中說：「伍官連縣而鄰，謁過賞，失過誅。」[159]鼓勵臣下以同僚過失向上告謁。若依申子之言，人人「雖知弗言」，這會讓人主亡失察姦的管道。前述〈說疑〉、〈八姦〉、〈亡徵〉、〈八經〉、〈主道〉、〈愛臣〉各篇中那些細密的周聽參驗、察姦通壅網，正是韓非修矯申子刑名術「雖知弗言」的集大成之見。

(七)反儒、墨，非俠、辯

在先秦諸子的論著中，往往有綜合批論當代各家學術的篇章，《孟子‧滕文公下》有洪水猛獸段，闢楊、墨；《荀子》有〈非十二子〉；《莊子》有〈天下〉篇，它們或述、或斥、或批他家

---

159 王先愼《韓非子集解》，頁三三五。

之說。及至漢代，都還承襲這種風氣：太史公《史記．自紀》引述其父司馬談之〈論六家要旨〉全文；《淮南鴻烈》末篇〈要略〉後半亦追述先秦各家之學的淵源與大要；班固《漢志》不但上承襲劉向、劉歆，將諸子分為九流十家，還以古王官之學為其源頭，站在漢代儒學一尊的基點，批判各家優劣。其中除《莊子．天下》站在齊是非的基本立場，對各家之說多論述，無批斥外，其餘各家對他家之學皆有偏頗之譏。韓非子亦然，卻和班固及各家相反，他的關切焦點在政治實務，不在學術。在〈五蠹〉、〈顯學〉等篇中，他譏刺當代所推崇的各家、各族群：儒、道、墨、名、俠、縱橫、工商，乃至聖賢、烈士，只要不合兵、法兩家集權農戰、富國強兵需求，不在國家法令規範之下的行為或言論，皆所詆斥。為的是摧毀封建舊體制，建立新時代的政治價值與秩序。儒家所代表的傳統禮教、道德思維，時代最久遠，基盤最廣大，當然成為焦點目標。

他站在法家富國強兵、崇功尚實、應時求變、堅持客觀價值標準——法的立場，對流行於戰國當時的特殊社會現象與新興士民族群，提出了嚴峻的批判。認為他們或虛浮不實、或落伍過時、或標新立異，阻礙國家社會的發展，卻總是獲得人君讚賞，在社會上形成不當的風氣。這些族群，包括了儒、墨、游俠、辯士、不仕的隱者、工商謀利之徒、逃避兵役者，甚至烈士。他們都在法令之外，自己另有一套價值標準，嚴重混淆是非。韓非在〈五蠹〉篇裡統稱他們為「蠹」，譏刺他們說得動聽，行為撼人，卻虛浮不實。不事生產報國，卻侵蝕國家社會公共資源，撼動法令尊嚴，還阻礙正向族群法術之士的晉身機會。稱之爲「蠹」，其憤懟可知。尤其是已蔚爲當代「顯學」的儒、墨，所謂的文學道德之士。在〈孤憤〉、〈顯學〉、〈五蠹〉、〈八說〉、〈六反〉、〈飾邪〉、〈忠孝〉等各篇中，對他們的主張和作爲，抨擊尤爲嚴厲。

〈五蠹〉說：

儒以文亂法，俠以武犯禁，而人主兼禮之，此所以亂也。其談言者務爲辯而不周於用，行身者競於爲高而不合於功，智士退處巖穴、歸祿不受，……其學者則稱先王之道，以籍仁義，盛容服而飾辯說，……。其言古者，爲設詐稱，借於外力，以成其私而遺社稷之利。其帶劍者，聚徒屬，立節操，以顯其名而犯五官之禁。其患御者，積於私門，盡貨賂而用重人之謁，退汗馬之勞。其商工之民，修治苦窳之器，聚弗靡之財，蓄積待時而侔農夫之利。此五者，邦之蠹也。160

160 以上所引〈五蠹〉，分見王先愼《韓非子集解》，頁三四四、三四六、三五〇。

今修文學、習言談，則無耕之勞而有富之實；無戰之危、而有貴之尊。161

所謂「習言談」、「務爲辯」者不僅指名家，主要還是指談「從橫」的說客。韓非子不但在開宗明義〈初見秦〉與〈存韓〉兩篇中，舉戰國實例批判「從橫」之誤國，〈忠孝〉也說：

世人多不言國法而言從橫。諸侯言從者曰：「從成必霸」，而言橫者曰「橫成必王」，……虛言非所以成治也。王者獨行謂之王，是以三王不務離合而正，五霸不待從橫而察，治內以裁外而已矣。162

這些族群有一個共同的特點：都是不力農務本、不耕戰殺敵；既無助於富國強兵，又不費力氣，卻可以享有優厚的待遇和資源。他們或憑藉逞口舌之能，講些不切世用的大論；或不合時代尚「力氣」的需求，務要推尊「上古」尚「德」時代的先王之道，標榜不切實際的道德大論；或公然聚眾要狠，挑戰法令；或製作不牢靠的不急器物，謀取不當財富，買官賣爵，贏取富貴；或貪生怕死，想盡辦法逃兵役。行徑不一，結果都一樣：既無益於國，無助於治，完全顛覆法家所設定的功名利祿獲取軌則，卻往往能打動人君的心，或博得社會的認可。相較於辛勤的農民和出生入死的戰士，他們是不勞而獲者。壞了公共規矩，帶壞風氣，只會給國家帶來貧亂。〈五蠹〉說：

> 今境內之民皆言治，藏商、管之法者家有之，而國愈貧，言耕者衆，執耒者寡也；境內皆言兵，藏孫、吳之書者家有之，而兵愈弱，言戰者多，被甲者少也。故明主用其力，不聽其言；賞其功，必禁無用；故民盡死力以從其上。夫耕之用力也勞，而民爲之者，曰：可得以富也；戰之爲事也危，而民爲之者，曰：可得以貴也。[163]

其中，對於儒、墨及其所標榜尚賢崇德的價值觀，身爲大儒荀卿的弟子，韓非抨擊卻特別強

---

161 「三王……五霸……」兩句，本作「三王不務離合而止，五霸不待從橫無察」，意不可解。陳奇猷引劉文典，以為當作「三王不務離合而正，五霸不待從橫而察」，意始順達。說見陳奇猷《韓非子新校注》，頁一一六一。因從校改。

162 王先慎《韓非子集解》，頁三六一。

163 王先慎《韓非子集解》，頁三四七。

烈。因爲這兩類族群自春秋戰國以來，已經發展成爲當時政治社會上聲勢最浩大的士民族群，形成所謂「顯學」。儒家擁護周代封建禮教，則古稱先，推仁義，尚賢智、講道德；墨家除了在涉及公共資源的分配與儒家分歧外，其餘則古稱先，推仁義，尚賢智，表面上看，與儒家有相當的共識。但韓非說，實際上，他們各自所側重的內容焦點並不相同。即使他們族群各自的主張，弟子以下，也有相當分歧，並不一致、確定，如何作爲普遍奉守的行爲準則？〈顯學〉說：

> 世之顯學，儒、墨也。儒之所至，孔丘也；墨之所至，墨翟也。……孔、墨之後，儒分爲八，墨離爲三，取舍相反，[164]而皆自謂眞孔、墨，孔、墨不可復生，將誰使定世之學乎？孔子、墨子俱道堯、舜，而取舍不同，皆自謂眞堯、舜，堯、舜不復生，將誰使定儒、墨之誠乎？[165]

此其一。其次，儒、墨所謂的賢智、仁義本身也是很有問題的；〈難一〉說：

> 夫仁義者，憂天下之害，趨一國之患，不避卑辱，謂之仁義。……仁義者，不失人臣之

禮，不敗君臣之位者也。[166]

這是法家的「仁義」，以尊君、護國，不辭其死爲前提；和儒者的仁義，大不相同。〈姦劫弒臣〉說，儒者的「仁義」道德，不外「施與貧困」、「哀憐百姓，不忍誅罰」；〈問辯〉說：

亂世之聽言也，以難知爲察，以博文爲辯；其觀行也，以離群爲賢，以犯上爲抗。[167]

這樣的賢智、仁義、惠愛，是小仁小義，情感用事，既愚昧，自以爲是，又往往「在民萌之

---

164 此句本作「取舍相反不同」，王先慎以為，「相反」與「不同」，義相重複，因刪去「不同」。說見《韓非子集解》，頁三五一。

165 王先慎《韓非子集解》，頁三五一。

166 王先慎《韓非子集解》，頁二七〇。

167 王先慎《韓非子集解》，頁三〇二。

眾，而逆君上之欲」，特立獨行，以下犯上，觸犯法治政令的規範，與韓非心目中法家的賢智、仁義、惠愛，相差太遠。〈姦劫弒臣〉說：

> 世之愚學，皆不知治亂之情，讘誺多誦先古之書，以亂當世之治。智慮不足以避穽井之陷，又妄非有術之士。聽其言者危，用其計者亂，此亦愚之至大，而患之至甚者也。俱與有術之士，有談說之名，而實相去千萬也。[168]

不僅仁義、賢智，舉凡儒墨所標榜的道德內容，韓非都認爲不切世用。儒墨所推崇的典範聖王堯舜，乃至忠臣烈士的孝悌、忠烈事蹟，韓非也一概加以否定。〈忠孝〉說：天下人都肯定孝悌忠順，也都肯定效法堯、舜之道的孝悌忠順，事實上，「堯爲人君而君其臣，舜爲人臣而臣其君，湯、武爲人臣而弒其主、刑其尸」，完全悖逆君臣之道，他們不是禪讓，而是篡奪；推崇堯、舜、禹都是「廢常上賢」、「舍法任智」，只會致亂。韓非心目中：

> 所謂明君者，能畜其臣者也；所謂賢臣者，能明法辟、治官職以戴其君也。[169]

父有賢子，君有賢臣，只有壞處，沒有好處。

其次，對於世俗所稱譽的烈士，韓非也是不以爲然的。認爲他們特立獨行，甚麼都不在乎；既不顧家庭，斷絕後嗣，也遺棄社會，只會標新立異，說些空虛模糊的話，做些無用的事，根本無益於治。170

韓非心目中的法家「賢智」，是有遠見、能察姦的「智術之士」，與強毅勁直、能矯姦的「能法之士」，不是那些眼中無法、無君、無社會、無國家的特立獨行之士；〈孤憤〉說：

智術之士，必遠見而明察；……能法之士，必強毅而勁直，……智術之士，明察聽用，且燭重人之陰情；能法之士，勁直聽用，且矯重人之行。171

168 王先慎《韓非子集解》，頁七二。

169 王先慎《韓非子集解》，頁三五八。

170 王先慎《韓非子集解》，頁三五九—三六〇。

171 王先慎《韓非子集解》，頁五五。

他們一無依憑，只靠篤篤實實，奉法無私、知術明察的眞本事去說服人君，當然敵不過那些能言善道，朝中有人，依附權勢（「重人」與「當塗之人」）者，更能獲得人君的信任與器重。結果不是被壟斷仕進機會，就是下場淒慘。在〈孤憤〉裡，韓非對此有很沉痛的抨擊，他說那些法術之士與國君既不親愛，也無故澤，光憑法術之言，單槍匹馬，就要去矯正「人主阿辟之心」，不論就好惡、就關係、就時間、就地位、就人數，五樣條件沒有一樣有勝算。更何況人君周遭還圍繞著一群利益既得者，法術之士哪來的晉身機會？其結果是：

> 其可以罪過誣者，以公法而誅之；其不可被以罪過者，以私劍而窮之。是明法術而逆主上者，不僇於吏誅，必死於私劍矣。[172]

這就是法家先賢摧枯拉朽的結果，不是頭破血流，就是車裂、腰斬，下場都很淒慘的原因，而那還是被重用過的。總之，正人摒棄，瓦釜雷鳴，這不是少數個案問題，它造成整個社會是非黑白顚倒、政治風氣與社會價值的扭曲翻轉，韓非對此萬分怨懟，〈六反〉說：

> 畏死遠難，降北之民也，而世尊之曰貴生之士；學道立方，離法之民也，而世尊之曰文

> 學之士；遊居厚養，牟食之民也，而世尊之曰有能之士；語曲牟知，僞詐之民也，而世尊之曰辯智之士；行劍攻殺，暴憿之民也，而世尊之曰磏勇之士；活賊匿姦，當死之民也，而世尊之曰任譽之士；此六民者，世之所譽也。赴險殉誠，死節之民，而世少之曰失計之民也；寡聞從令，全法之民也，而世少之曰樸陋之民也；力作而食，生利之民也，而世少之曰寡能之民也；嘉厚純粹，整穀之民也，而世少之曰愚戇之民也；重命畏事，尊上之民也，而世少之曰怯懾之民也；挫賊遏姦，明上之民也，而世少之曰讇讒之民也；此六者，世之所毀也。姦僞無益之民六，而世譽之如彼；耕戰有益之民六，而世毀之如此，此之謂六反。[173]

原因就在：政府一方面標舉法治，約定國家利益與政治資源的公平分配準則；但與此同時，偏又聽信這些法外族群的邪說怪招。法令訂的是一套，實際執行偏又橫出許多便道，自相矛盾牴觸，嚴重

172 王先慎《韓非子集解》，頁五六—五七。

173 王先慎《韓非子集解》，頁三一八—三一九。

挑釁法令尊嚴，顛覆政府威信，績效當然不彰；韓非說：

凡所治者刑罰也，今有私行義者尊。社稷之所以立者安靜也，而譟險讒諛者任。四封之內所以聽從者信與德也，而陂知傾覆者使。令之所以行、威之所以立者恭儉聽上，而巖居非世者顯。倉廩之所以實者耕農之本務也，而綦組錦繡刻劃為末作者富。名之所以成、城池之所以廣者戰士也，今死士之孤飢餓乞於道，而優笑酒徒之屬乘車衣絲。賞祿所以盡民力易下死也，今戰勝攻取之士勞而賞不霑，而卜筮視手理狐蠱[174]為順辭於前者日賜。上握度量所以擅生殺之柄也，今守度奉量之士欲以忠嬰上而不得見，巧言利辭行姦軌以倖偷世者數御。據法直言、名刑相當、循繩墨、誅姦人所以為上治也，而愈疏遠，諂施順意從欲以危世者近。習悉租稅、專民力所以備難充倉府也，而士卒之逃事狀匿附託有威之門以避傜賦，而上不得者萬數。夫陳善田利宅所以厲戰士也，而斷頭裂腹播骨乎原野[175]者，無宅容身，身死田奪；而女妹有色、大臣左右無功者，擇宅而受，擇田而食。賞利一從上出，所以擅剬下也，而戰介之士不得職，而閒居之士尊顯。

弄出一群人假「聖智」之名，造作非法言詞之人「顯名而居，……賴賞而富。」[176]

類似的矛盾錯亂現象，罄竹難書。應該如何處理？韓非勸誡人君，不要聽信那些專唱高調，卻無實效的各家之言，或異世出俗的族群行爲，讓一切回歸簡易明瞭、立竿見影的法治規範與耕戰本業，他說：

明王治國之政，使其商工游食之民少而名卑，以寡舍本務而趨末作者。177

明主之國，無書簡之文，以法爲教；無先王之語，以吏爲師；無私劍之捍，以斬首爲

174「蠱」字本作「蟲」，《集解》引俞樾曰：「蟲乃蠱之誤。」今從校改，說見王先慎《韓非子集解》，頁三一六下註。

175 此處本作「平原野」，《集解》引顧廣圻，以為：「平字當衍，涉乎字形近耳。」

176 以上詳〈詭使〉，王先慎《韓非子集解》，頁三一五—三一七。

177 此句本作「以寡趣本務而趨末作」，義不可通。陳奇猷以為「趣」當作「舍」，蓋「趣」、「舍」多連文，故易誤。「作」下當有「者」字，作「以寡舍本務而趨末作者」。今從校改。說見陳奇猷《韓非子新校注》，頁一一二二。

勇。是境內之民，其言談者必軌於法，動作者歸之於功，爲勇者盡之於軍。是故無事則國富，有事則兵強，此之謂王資。（〈五蠹〉）[178]

明主之吏，宰相必起於州部，猛將必發於卒伍。夫有功者必賞，則爵祿厚而愈勸；遷官襲級，則官職大而愈治。夫爵祿大而官職治，王之道也。……明主舉實事，去無用，不道仁義，故不聽學者之言。（〈顯學〉）[179]

總之，除了修正補強法家諸前賢的理論外，似乎只有力圖兵戰致強的兵家不在他的批判、否定之列。對於道家的老子，韓非雖無正面推崇，卻以實際的思想提煉與理論轉化，甚至篇章解證，來肯定其價值。

㈧因道全法，歸本黃老

司馬遷說韓非：「喜刑名法術之學，而其歸本於黃老」，[180]就是洞澈韓非思想雖是站在法家基地的大營內，卻是以《老子》思想爲其最終理想，《韓非子．大體》中所呈現的至治情境，正是這樣的狀況，印證了司馬遷所言不虛。

司馬遷在法家三賢申、愼、韓的列傳中，分別總結其學術傾向與歸趨，都說他們的思想有濃厚的「黃老」成分。黃老之學原本源起於田齊政權崇功尚用的霸業企圖，它是老子之學的外王經世之用，以道法結合、因道全法爲主體思維，「兼儒、墨，合名、法」，綜採各家之說，形成一種新的學術思潮。[181]馮友蘭說，黃老之學是道家哲學的法家化，是道家和法家思想的統一。[182]他們把道家全生保眞的道理推廣到治國之上，終於改造了道家思想，使之向法家轉化。愼到和韓非都說，這叫「因道全法」。余明光說，老子之學是哲學性的，重在爲人處事之道、貴己重生之理；黃老之學卻是政治性的，重在治國安民之術；[183]法家三賢的政治思想和黃老有密切的關係是很必然的。

---

178 王先愼《韓非子集解》，頁三四七。

179 王先愼《韓非子集解》，頁三五四。

180 漢·司馬遷撰，劉宋·裴駰集解，唐·司馬貞索引，張守節正義《史記集解》，頁八六〇。

181 有關黃老思想主要思想議題與詳細的相關理論，個人已於《戰國時期的黃老思想》（臺北：聯經出版社，一九九一年）、《秦漢時期的黃老思想》（臺北：五南圖書出版股份有限公司，二〇二〇年一月），以及《老子異文與黃老要論》（臺北：五南圖書出版股份有限公司，二〇二〇年六月）中，詳細論述過，茲不贅述。

182 參見馮友蘭《中國哲學史新編》（北京：北京人民出版社，一九八四年十月），頁一九五。

183 參見余明光《黃帝四經與黃老思想》（黑龍江：黑龍江人民出版社，一九八九年八月），頁一五三。

即以韓非而論，除了如前述，權謀化《老子》的「無爲而無不爲」、「虛靜無爲」，架構其無限陰鷙而不欲見的周聽參驗察姦「術」，與因循用眾的政「術」外，另有兩篇專篇詮解《老子》之言：〈解老〉解釋《老子》共十一章的部分內容；〈喻老〉則例證《老子》共十二章十三處的多則內容。[184]其詮釋方向與空間，對老子思想既有繼承、發揮，亦有轉化。〈解老〉詮釋《老子》，只論述而無例證。〈喻老〉則過半以事例印證《老子》之言，且大部分一例證一則，少數兩例證一則。更有論、例並陳，或論、例交雜的。〈喻老〉絕大部分以「例」喻《老》，〈解老〉則以「論」解《老》。從其解《老》、證《老》的思想理論中，我們可以清楚窺見其「因道全法」的黃老理論。

1.〈解老〉、〈喻老〉的黃老解證

黃老之學有幾個基本的思想議題：

a.推天道以言政道——《老子》崇自然，推天道，黃老則天道、政道一理相通，要因天道以爲政道。天道虛靜無爲，故天長地久；政道如虛靜無爲，必能久視長生。

b.治身、治國一理相通——《老子》貴身重生，黃老則以治身爲治國之本，治國亦治身。治身，以心統九竅，使各司其能；治國則分官分職，使不相代越，因而推衍出「刑名」之術。

C.《老子》處事清靜無爲，黃老政道也求精簡省力，重「因循」，要因眾智、用眾能，以一統眾，無爲而無不爲。愼子早呼籲於前，《愼子．因循》說：

天道因則大，化則細。因也者，因人之情也。人莫不自爲也，化而使之爲我，則莫可得而用矣。[185]

這就是最典型因天道而爲政道的思維。天道自然而久長，政道因順人情之自然，必能如天道之圓滿久長。道家的自然無爲與法家的法令管理銜接了起來。這是用道家的無爲而治，去爲法家

184〈解老〉所詮釋的《老子》各章，依次是：第三十八、五十八、五十九、六十、四十六、十四、一、五十、六十七、五十三、五十四章等共十一章；〈喻老〉所例證的《老子》各章，依次是：第四十六、五十四、二十六、三十六、六十三、六十四（二處）、五十二、七十一、四十七、四十一、三十三、二十七章等共十二章十三處。

185 周．愼到《愼子》，卷二，頁一。

的法令賞罰護航，同時也用法家的法令賞罰去支撐道家無爲而治的內容，這叫「因道全法」。

d.《老子》以「道」爲化生天地萬物之「玄牝」與「天地根」，卻多述「道」之本體而少論創生。同時，「道」玄虛不可聞見，站在崇功尚用的基點，黃老因此常以事物之「理」或帶著物質性的「氣」來介稱或代說、烘托「道」，推闡出氣化宇宙論與精氣養生說。「氣化論」是稷下學術與黃老思想的重要創造。

這些議題，在黃老源生地稷下學宮集體著作的《管子》四篇，以及馬王堆黃老帛書，乃至漢代集黃老思想理論大成的《淮南子》中，都清楚可見，《韓非子》亦然。

(1)由虛靜無爲到權謀君術

法家申不害、韓非之君術提煉《老子》哲學的基本模式是，汲取《老子》思想中「虛靜無爲」、「無爲而無不爲」之旨，將之作了權謀的理解與轉化，使成爲暗裡觀察、密切注意，表面卻紋風不動的察姦之術，已如前述。〈解老〉、〈喻老〉亦然。比如：〈喻老〉證第二十七章「不貴其師，不愛其資，雖知大迷，是謂要妙」，從惡敵賢、養敵姦的角度，舉文王應允姦人費仲之求，不應允賢臣膠鬲之求爲例，以證「不貴其師，不愛其資」。作了轉向法家權謀意旨的解證。

(2)以實說虛，援「理」說「道」

《老子》論「道」，重在恢廓其玄虛的本體。〈解老〉、〈喻老〉論「道」，卻在「道」之下，拈出一個介於「道」、「法」之間的「理」來申說引介，以映襯、烘托「道」永恆不變的「常」性。比如：〈解老〉在詮解第一「道可道，非常道」章與第十四「視之不見……惚恍」章，有關「道」的體貌質性時，說：

凡理者，方圓、短長、麤靡、堅脆之分也。故理定而後可得道也。故定理有存亡、有死生、有盛衰。夫物之一存一亡，乍死乍生，初盛而後衰者，不可謂常。唯夫與天地之剖判也俱生，至天地之消散也不死不衰者謂常。而常者，無攸易，無定理，無定理非在於常，是以不可道也。（第一章）[186]

道者，萬物之所然也，萬理之所稽也。理者，成物之文也；道者，萬物之所以成也。故

186 王先慎《韓非子集解》，頁一〇八—一〇九。

曰：「道，理之者也。」物有理不可以相薄，物有理不可以相薄，故理之爲物，制萬物各異理，[187]萬物各異理而道盡稽萬物之理，故不得不化；不得不化，故無常操；無常操，是以死生氣稟焉，萬智斟酌焉，萬事廢興焉。（第十四章）[188]

都提出了一個有「分」有「定」，卻無「常」、會「變」的事物之「理」，來對比、映襯，由「理」說「道」，由「理」察「道」、體「道」。而事物之「理」雖不如「道」之玄虛靈妙，亦不全然具體，卻有質性可察可知，正是「道」與「物」之間兩面連通的便捷媒介。「道」「盡稽萬物之理」，是總「理」；「理」是萬物各自的質性，是分「道」。這樣的詮解所反映的，正是外王尙用的黃老好以實論虛、由實顯虛、條分縷析的解《老》常態。

(3)由體道、修德到氣化治身

治身、治國之道一體通貫是黃老思想的基本形態，其論治身，又一本氣化觀，循著《管子．內業》一系的氣化形神觀，作了精氣盈虛的詮釋。〈解老〉詮釋第三十八「上德不德，是以有德」章，與第五十九「重積德」章，正是這樣，都把「氣」注入「德」中，唯物地以「氣」的充虛狀況去詮釋「德」與不「德」問題，說：

德者，内也。得者，外也。上德不德，言其神不淫於外也。神不淫於外則身全，身全之謂德。德者，得身也。凡德者，以無爲集，以無欲成，以不思安，以不用固。爲之欲之，則德無舍，德無舍則不全；用之思之則不固，不固則無功，無功則生於德。德則無德，不德則在有德。故曰「上德不德，是以有德」。（第三十八章）[189]

〈解老〉將「德」、「不德」的問題往治身的方向解釋，說心不陷溺、牽擾於外物，才能保全生命的眞純，叫作「有德」；反之，心神外淫便是「無德」。其詮釋第五十九「重積德」章說：

知治人者其思慮靜，知事天者其孔竅虛。思慮靜，故德不去；孔竅虛，則和氣日入。

187 王先謙曰：「『制』上『之』字衍」，陳奇猷曰：「《說郛》引，無『為』上『之』字，誤。此謂理為物之制裁者。」王說見《韓非子集解》頁一〇七引王先謙說；陳說見《韓非子新校注》，頁四一一。

188 王先慎《韓非子集解》，頁一〇七—一〇八。

189 王先慎《韓非子集解》，頁九五—九六。

> 故曰「重積德」。夫能令故德不去，新和氣日至者，蚤服者也，故曰「蚤服是謂重積德」。積德而後神靜，神靜而後和多，和多而後計得，計得而後能御萬物，能御萬物則戰易勝敵，戰易勝敵而論必蓋世，論必蓋世，故曰「無不克」。190

「治人」之道先治己身，治己身之道在寧靜思慮，寧靜思慮之道在充積「和氣」，這叫「重積德」。「和氣」重積，精神寧靜則能勝治一切。至於爲什麼寧神、治身、治國都須從積和氣、處理嗜慾入手？〈喻老〉詮釋第四十七章「不出戶，知天下；不闚牖，見天道」時說：

> 空竅者，神明之户牖也。耳目竭於聲色，精神竭於外貌，故中無主。中無主，則禍福雖如丘山，無從識之。此言神明之不離其實也。191

因爲生理官能是精神出入的門戶，而精神託於形骸之上。所以大至治國，小至治身、寧神，都需根源性地從生理官能的妥善處理做起。

〈解老〉、〈喻老〉把《老子》玄妙高深的體道、修德之論，與重戒儉嗇、節制原則，顯實地歸結爲精神「外誘於物」的根由，將《老子》的玄理轉化爲以治慾、恬神爲關鍵的治身之理，然後推衍到「治人」之上。《老子》原本固亦呼籲人清靜寡慾，但將《老子》許多體道玄言，悉從慾淫、外誘一路去結證說明，大大轉化了《老子》的思想方向，使成如《管子．內業》、〈心術〉一路的黃老治身、治國一體、精氣養生說。〈內業〉說：

精存自生，其外安榮，內藏以爲泉原，浩然和平，以爲氣淵。淵之不涸，四體乃固；泉之不竭，九竅遂通。乃能窮天地，被四海，中無惑意，外無邪菑。……人能正靜，皮膚裕寬，耳目聰明，筋信而骨強。乃能戴大圜而履大方，鑒於大清，視於大明，敬慎無忒，日新其德，徧知天下，窮於四極。[192]

---

190 王先慎《韓非子集解》，頁一〇二。

191 王先慎《韓非子集解》，頁一二一。

192 〔日〕安井衡《管子纂詁》（臺北：河洛圖書出版社，一九七六年三月初版），卷第十六，〈內業〉第四十九，頁四—六。

正是以精氣爲人身、心健全的根由，血氣與身、心一體相牽。恆保血氣暢旺，才能身心健全，從而頂天立地，成大功、立大業。這是黃老心、物合一，治身、治國一體並重的基本要論。太史公曾引論其父司馬談〈論六家要旨〉說，黃老道家在治國的同時，還注意到：

> 神者，身之本也；形者，身之制也。不先定其神，而曰「我有以治天下」，何由哉？[193]

形、神兼治並重，正是黃老道家轉化《老子》養神遺形、重神輕形的外王尚用思維。〈解老〉在詮釋第三十八「上德不德」章，與第五十九「重積德」章，思維模式一致。

此外，〈解老〉在解證《老子》第五十章「出生入死，生之徒十有三，……以其無死地」時，也由治身、重生的觀點發論，把「十有三」解釋爲「四肢九竅」，與三百六十節同爲人「生之大具」，而歸結於「聖人愛精神而貴靜」，與《老子》大有區別，卻很明顯地顯示其唯物論證的黃老觀點。較精彩的是，它對「陸行不遇兕虎，入軍不備甲兵」、「兕無所投其角，虎無所錯其爪，兵無所容其刃」等「無死地」、「善攝生」的解釋與說明；〈解老〉說：

> 夫兕虎有域，動靜有時，避其域，省其時，則免其兕虎之害矣。……時雨降集，曠野閒

靜，而以昏晨犯山川，則風露之爪角害之。事上不忠，輕犯禁令，則刑法之爪角害之。處鄉不節，憎愛無度，則爭鬥之爪角害之。嗜慾無限，動靜不節，則痤疽之爪角害之。好用其私智而棄道理，則網羅之爪角害之。兕虎有域，而萬害有原，避其域，塞其原，則免於諸害矣。凡兵革者，所以備害也。重生者雖入軍無忿爭之心，無忿爭之心則無所用救害之備。[194]

善養生不是走在陸地上遇不遇到兕虎，在軍陣中擋不擋得了甲兵，也不是兕虎的角爪、敵軍的兵刃傷不傷害得了自己的問題；而是，你如何知所防範地不讓自己陷入那樣的情境中，遭遇那樣狀況的機會問題，這叫「避其域」、「塞其原」、「無死地」。《老子》此章所舉示的兕虎、兵刃，都只是象徵性的禍害代稱，天地宇宙間類似的各種形態外患太多了，自然界的風霜雨露，社會上的刑法制度，人間的鬥爭相殘，乃至自身生活無度所引致的疾病，在在都似角爪、兵刃，足以造成生生

193 見《史記·自紀》，〈司馬談論六家要旨〉，《史記集解》頁一三五〇。
194 王先慎《韓非子集解》，頁一一〇—一一一。

之害。但「萬害有原」，每一種禍患，都可以找到根由，能掌握根由，知所趨避，才可以免害避禍，這正是《老子》所要叮囑的道理，〈解老〉作者剴切無誤地掌握到了，並且作了相當具體明爽的詮解。

2. 因道全法：道術與法術的圓融統一

儘管談了那麼多嚴峻的法令、權勢與陰鷙君術，在重視高等政治績效的韓非理想中，道家的精簡省力、寧靜安詳仍是他所推崇的政治至境。〈大體〉說：

古之全大體者，望天地，觀江海，因山谷，日月所照，四時所行，雲布風動；不以智累心，不以私累己；寄治亂於法術，託是非於賞罰，屬輕重於權衡；不逆天理，不傷情性；不吹毛而求小疵，不洗垢而察難知；不引繩之外，不推繩之內；不急法之外，不緩法之內；守成理，因自然；禍福生乎道法而不出乎愛惡，榮辱之責在乎己，而不在乎人。故至安之世，法如朝露，純樸不散；心無結怨，口無煩言。故車馬不疲弊於遠路，旌旗不亂於大澤，萬民不失命於寇戎，雄駿不創壽於旗幢，豪傑不著名於圖書，不錄功於盤盂，記年之牒空虛。故曰：利莫長於簡，福莫久於安。……因道全法，君子樂而大姦止；澹然閒靜，因天命，持大體。故使人無離法之罪，魚無失水之禍。上不天則下不遍覆，心不地則物不畢載。太山不立好惡，故能成其高；江海不擇小助，故能成其富。故大人寄形於天地而萬物備，歷心於山海而國家富。上無忿怒之毒，下無伏怨之患，上下交撲，以道爲舍。故長利積，大功立，名成於前，德垂於後，治之至也。[195]

這是韓非心目中最高的政治至境，也是他所憧憬的理想國。陳奇猷說，所謂「大體」，是指做事能著眼於事情的整體，看見事情的全面，自然能把握要領。[196] 治政能大智若愚把握要領，精當順成，便是識「大體」。這樣的理想國，顯示了幾個重點：

⑴最高層次的理想政治，應該是雲淡風輕，輕鬆閒適，不傷心力而自然順成。

⑵其推動，卻須靠法術、是非、賞罰來完成。要求既不傷心智，也沒有枝節，一切只依法，只有法，卻沒有違犯者。

195 王先慎《韓非子集解》，頁一五六。
196 參見陳奇猷《韓非子新校注》，頁五五六。

⑶既沒有違犯者，自然沒有紛爭，沒有戰爭，不需要記戰功的圖錄名冊。

⑷人心清楚明白，依著法，一切榮辱、利害全在一己；社會安詳穩定、平和寧靜，人人自足幸福。

⑸執政者心境天寬地闊，閎大無私，輕鬆自在，才能豐功偉業，永世經營。這樣的政治境界，看來似老子的理想國，充滿道家情調；然其經營方法與成效，卻是要靠法術的推動與賞罰的執行來達成。可見韓非雖然設計了許多嚴密緊實、滴水不漏的治政藍圖與方案，其終極目的仍是相信，也希望澈底達到以刑去刑、以刑止刑的效果。這原是黃老硬軟妥適兼糅，剛柔互濟的治政風格，卻同時也是韓非法論的最高理想，希望藉由「道」的安靜管理，去推動「法治」的澈底圓滿。也相信，只有「法」的澈底執行成功，一種無需傷筋動骨的美好管理成效才能圓滿呈現，這叫「因道全法」。

肆、結論

韓非上承法家先賢，在先秦爲法家建立了完整的理論體系，也爲中國上古的領導統御提出了較爲明確周密的規則，開出了具體而寬廣可循行的道路。自此之後，中國不論是太平之治的儒教盛世，還是清淨寧和的黃老治世，其背後所運作的，基本上都離不開法家這一套方案。因爲，在中國上古的各家思想中，只有法家能在理念之外，具體提供一整套較爲明確可採用的具體操作方案。可以說，它爲中國兩千年來的政治，規劃了一幅較爲完備的藍圖，成爲中國傳統政術的典範模式，也爲後世的領導統御，乃至近代管理學，提供了高妙的指導原則。

序／清・王先謙

韓非處弱韓危極之時，以宗屬疏遠，不得進用。目擊游說縱橫之徒，顚倒人主以取利，而奸猾賊民，恣爲暴亂，莫可救止，因痛嫉夫操國柄者，不能伸其自有之權力，斬割禁斷，肅朝野而謀治安。其身與國爲體，又燭弊深切，無繇見之行事，爲書以著明之。故其情迫，其言覈，不與戰國文學諸子等。迄今覽其遺文，推跡當日國勢，苟不先以非之言，殆亦無可爲治者。仁惠者，臨民之要道，然非以待奸暴也。孟子導時王以仁義，而惡言利，今非之言曰：「世之學術者說人主，不曰乘威嚴以困姦衺，而皆曰仁義惠愛。世主亦美仁義之名，而不察其實。」蓋世主所美，非孟子所謂仁義；說士所言，非仁義即利耳。至勸人主用威，唯非宗屬乃敢言之。非論說固有偏激，然其云明法嚴刑，救群生之亂，去天下之禍，使強不陵弱，眾不暴寡，耆老得遂，幼孤得長，此則重典之用而張弛之宜，與孟子所稱及閒暇明政刑，用意豈異也？既不能行之於韓，而秦法闇與之同，遂以鉏群雄，有天下。而董子迺曰「秦行韓非之說」。攷非奉使時，秦政立勢成，非往即見殺，何謂行其說哉？書都二十卷，舊注罕所揮發，從弟先愼爲之集解，訂補闕譌，推究義蘊，然後是書釐然可誦。〈主道〉以下，蓋非平日所爲書；〈初見秦〉諸篇，則後來附入者。非勸秦不舉韓，爲宗社圖存，畫至無俚，君子於此，尤悲其志焉！光緒二十二年冬十二月葵園老人王先謙序。

韓非子（下）

（以清·王先慎集解之《韓非子集解》為依據版本）

題解

國立臺灣師範大學國文學系教授　陳麗桂

王先愼集解本《韓非子》五十五篇，雖分爲二十卷，事實上，由於資料豐富，體系龐大，同一議題往往兼跨數篇，分散在許多角落，每卷中各篇的內容又未必有密切的關聯與呼應性。梳理《韓非子》的思想，還是應該以議題爲經緯，才能提挈其龐大深入的思想體系，與豐富多樣的面貌風姿。

一、《韓非子》的體例特徵與組織架構

《韓非子》全書的論證模式與體例架構在先秦諸子中是很特殊的，它大量徵引古人古事，先秦諸子中無人能出其右。既有全篇專門解證前賢《老子》經文的篇章，各篇也有各自的篇題，內容與議題卻不限於篇題，尤其至少超過七成的篇章中，隨處羅列數量龐大的史事、史例，和當代人物事蹟的載述、引證和批判，洋洋灑灑，琳琅滿目，令人嘆爲觀止。

(一)數量龐大的史例與史證

儘管徵引歷史人物、史事或批判當代人物，以論證自己的思想理論，是先秦諸子常有的現象，《孟子》批楊、墨、告子，《莊子．天下》述說各家思想要旨、《荀子》有〈非十二子〉與〈正名〉批判各家與名辯，皆然。但《韓非子》所徵引，數量之龐大，例證人物之多，規模氣勢之盛，堪稱先秦諸子之冠。它近乎地毯式地匯集三代以來，經、子、史所載，乃至當代人物的事蹟，跨越幅度超過七成以上的篇章，這在先秦是空前的。這些龐大而普遍充斥的史事、史例，成了《韓非子》全書相當凸顯而醒目的特徵。

根據陳惠娟《韓非子哲學新探》的考證，《韓非子》徵引史事八百多近九百例，所提到的歷史人物也有五、六百人，[1]只有極少數約十二篇全篇議論，沒有例證。其中當然不免重複，卻仍可見其隨處可得之史例盛況。就以全篇均皆例證的〈說林上、下〉與〈喻老〉，以及徵引最多的〈說疑〉而言，前者上、下篇分別匯集了三十八與三十三則，兩篇合約七十一則史事；後者述及古、近代君、臣亦八十餘人。其餘六篇內、外〈儲說〉更不在話下。五十五篇所引述的這些史人、史事，大致可以分為幾類：

1. 有全篇匯集史事、史例或近、當代人事以成篇的：如〈喻老〉與〈說林〉上、下。〈喻老〉專篇例證《老子》之言十三章，共引論了二十五則史例，〈說林上〉羅列了三十八則，〈說林下〉羅列史例三十二則、物例五則。

2.有全篇以史事、史例爲檢討對象，逐一進行正、反批判的：如〈難一〉、〈難二〉、〈難三〉、〈難四〉各篇，共引證二十七則，每一則中牽涉到的人物，多則十一～十二人，少則一～二人。

3.有以一句或一節提綱，下舉十數則史例或人物加以印證的：如二篇〈內儲說〉、四篇〈外儲說〉與〈十過〉。二篇〈內儲說〉「經」文稱引史證一百三十則，「說」文稱引史證一百一十八則；四篇〈外儲說〉「經」文共稱引史證一百二十八則，「說」文則徵引了一百五十九例；〈十過〉在所列舉的人主十大過失下，引述的歷史人物至少多達六十六人。

4.亦有夾議夾例，論、例交雜穿插，一如先秦他家的情況。然而，這類篇章，在先秦他家是多論只舉一例以爲證，《韓非子》卻往往舉數例以證一論。

這些史例、史證一方面用以印證或加強其法家思想論點；更重要的是，從這些史事與歷史人物的行事活動中，提煉出其曲折的法家權謀思維。這種廣引史事以印證其思想理論的論證模式，

---

1 參見陳惠娟《韓非子哲學新探．自序》（臺北：文史哲出版社，二〇〇四年），頁七九－八一。

秦漢以下為《呂氏春秋》、《淮南子》所承繼與仿效。而其近乎堆疊地細數、羅列歷史人物的表述，我們在漢代賈誼的《新書．淵騫》篇中看到了承繼與效法。孔子說：「如有所譽者，其有所試矣。」從《韓非子》幾近地毯式的蒐羅、匯集古史古證看來，天地之間，古往今來，似乎有千千萬萬數不盡、舉不完的人物與事蹟，可以印證其法家理論之堅確不移。

㈡多元多類的體例架構

除了廣引史證史事之外，《韓非子》全書的組織架構也很特殊，其多元多類也是前此諸子所未見。

1. **就論、例分配情況言**

⑴**純粹議論，無史證：**

有十二篇，約占全書百分之二十二，依次是〈主道〉、〈揚權（搉）〉、〈八姦〉、〈亡徵〉、〈三守〉、〈功名〉、〈大體〉、〈詭使〉、〈八經〉、〈飭令〉、〈心度〉、〈制分〉。

⑵**議論為主，略引史證，論主證輔：**

有二十七篇，約占全書百分之四十九，依次是〈初見秦〉、〈存韓〉、〈愛臣〉、〈有度〉、〈二柄〉、〈孤憤〉、〈說難〉、〈和氏〉、〈姦劫弒臣〉、〈備內〉、〈南面〉、〈飾邪〉、〈解老〉、〈觀行〉、〈安危〉、〈守道〉、〈用人〉、〈難勢〉、〈問辯〉、〈定法〉、〈問田〉、〈六反〉、〈八說〉、〈五蠹〉、〈顯學〉、〈忠孝〉、〈人主〉等篇。

(3)**論、證各半，或以論為提綱，大量引證：**

有十三篇，約占全書百分之二十四，依次是〈難言〉、〈十過〉、〈說疑〉、六篇〈內、外儲說〉、四〈難〉篇。

(4)**只證無論：**

即〈喻老〉與〈說林〉上、下三篇。

2. **就篇章體例言**

先秦諸子之作，如儒家的《論》、《孟》、《荀》、《禮記》，或論、述兼有，也引經據典，但全書各篇體例大抵一致，墨家早期著作《墨子》亦然。《韓非子》則不然，除了因承前賢模式外，尚有許多開創。

〈喻老〉所證多慎始謹微、正言若反之理，〈說林〉上、下所舉各三十近四十餘證，要皆權謀、詭詐之道，〈說林下〉亦及防姦之術。

⑴**前「經」後「說」的論證，是連珠體的首創：**

墨家早期著作《墨子》雖和儒家論述形態一樣，然至後期墨辯則有「經」、「說」的體例出現。《管子》亦然，前九篇「經言」部分有〈牧民〉、〈明法〉、〈版法〉、〈形勢〉、〈立政〉各篇，後「解」部分則有〈牧民解〉、〈明法解〉、〈版法解〉、〈形勢解〉、〈立政九敗解〉等篇。〈心術上〉雖未標「經」、「解」或「經」、「說」，然前文的提要似「經」，後文逐節說解，似「解」；〈心術下〉則經解夾雜，可能原本亦如〈心術上〉，前有「經」文，後有說解文字，後來散佚。

《韓非子》六篇內、外〈儲說〉也以前「經」後「解」的形式論證其法家思想，漢、魏人稱為「連珠體」。它有「經」有「說」（解），「經」、「說」一體，互相發明，借助事例以說明道理。「儲」是儲存，「說」是史傳。有人認為，六篇〈儲說〉在初成之時，只有似〈外儲說〉的形式，無提綱。後來，重新整理，在部分內容前加入提綱，因有內、外之分，有提綱的是「內」，無提綱的是「外」。至於上、下之別，則因篇幅過長而分。

⑵**專篇解證前此典籍文獻：如〈解老〉、〈喻老〉**

司馬遷說韓非「其學歸本於黃老」，《韓非子》眞有兩篇專門解證老子《道德經》經文的篇章。〈解老〉以說理詮釋老子《道德經》經文十一章，〈喻老〉則以十三則史事例證老子《道德經》經文十二章，共十三處。這以後到了西漢，標榜「考驗乎老莊之術」的《淮南子》承之，亦有〈道應〉一篇，全篇引史事、史例驗證《老子》經文五十六則（另《莊子》之言一則，《管子》之言一則，《愼子》之言一則）。

(3)開「論難體」的先河：

〈難勢〉、〈難一〉、〈難二〉、〈難三〉、〈難四〉五篇論證形態與它篇不同，是論辯體的篇章。〈難一〉～〈難三〉前引古史、古事，續以「或曰」論難，申述其法家思想。〈難四〉，先似〈難一〉～〈難三〉，分兩層次論難古事，再次論難前難，學者或稱其爲後人仿作。[2]〈難勢〉不同於四〈難〉篇，更爲縝密嚴謹，有明確的論證宗旨——勢。圍繞宗旨，分三段論述，體例曲折許多：先述愼到「勢」論，再以儒家論點否定，續以法家觀點補強肯定。

這種辯難式的篇章體例在先秦是首創，此後西漢東方朔的〈答客難〉、司馬相如的〈難蜀父老文〉、楊雄的〈解嘲〉，東漢班固的〈答賓戲〉，乃至王充《論衡》的〈問孔〉、〈刺孟〉，都有

---

2 參見張素真《韓非子難篇研究》（臺北：學生書局，一九九七年七月增訂再版），頁二七六。

所承襲。

3. 篇名不盡涵蓋內容：同一議題，理論散跨多篇

先秦以前的典籍文獻，或以首句名篇，或以內容宗旨名篇。其以內容宗旨名篇者，理論所涉，大致不出篇題之外。如《墨子．兼愛》、〈非攻〉，專論兼愛、非攻；《莊子．齊物論》，所論盡在齊一物論；《荀子．勸學》，專論「學習」；《禮記．經解》專論五經之功能價值；《禮記．儒行》所論不外儒者之形象、風範與特質。篇名〈禮論〉，所論盡禮；篇名〈樂論〉，所論盡樂。容或有同一議題內容分見它篇者，總集中在三兩篇之內。

《韓非子》則不然，各篇篇題未必能盡攏其內容，而與他篇清楚切割。固然有〈初見秦〉與〈存韓〉大論六國縱橫情勢，〈主道〉、〈南面〉、〈大體〉，明確統論君道；〈八姦〉主論察姦；〈難勢〉專論「勢」；〈解老〉、〈喻老〉，專篇解證《老子》之言；〈難言〉、〈說難〉專論言說、辯說之曲折、權謀外，絕大多數篇章，都是各類議題參雜交論。既非以首句爲題，篇題也不盡能提挈全篇的內容。每一議題內容往往隨論述需要，散跨多篇，甚至十數篇，反覆叮嚀強調。比如〈定法〉，不只論「法」，也綜述並兼批勢、術、法。即使專輯史事、史例的〈說林〉與六篇〈儲說〉中，也是在例證、事蹟中深藏權謀、曲說的「術」論，或以事、以例代論、代說，而

不直接論說。其重要思想議題，往往散入各篇之中，造成同一議題，於多篇中再三重複叮囑。若非逐一細閱各篇內容，很難洞悉死角，細緻統理其思想體系。

二、思想議題與篇章分布

整體看來，全書的思想內容，大約包括了幾大議題：㈠論六國從橫；㈡人性趨利避害；㈢法治與德治；㈣反儒、墨、游俠、辯士；㈤法與賞罰；㈥勢與權位；㈦術不欲見：虛靜察姦、循名責實；㈧君臣之道；㈨因道全法，歸本黃老；㈩專論言諫之難。上述各議題中，法、術、勢三者尤為思想核心。

㈠論六國從、橫

《韓非子》在開宗明義的〈初見秦〉與〈存韓〉兩篇，便大致綜論六國形勢，並對當時流行的合從、連橫，進行嚴峻的批判。在〈初見秦〉中，韓非指秦國和荊、魏、趙，用兵太甚，士民疲弊，是四次失去成霸機會的關鍵，並歸其原因為「謀臣太拙」，同時提出正確策略，當舉魏，絕荊、趙，弱燕、齊，凌三晉，才是上策。在〈存韓〉中，除了論六國情勢之外，韓非建議始皇滅趙存韓。至後篇，觀點完全相反，提議破合從，行連橫，大談如何誘韓以離間趙、韓，建議始皇，重幣使荊，賄賂其臣，伐趙，並自薦願使韓。學者認爲，這部分是李斯上書，非韓非之說。〈存韓〉與〈初見秦〉之外，有關從橫的批判，亦見於〈五蠹〉與〈忠孝〉。

㈡思想基點——人性趨利避害

法家不論商鞅、申不害、愼到或韓非，基本上都是性惡論者。其一切理論，不論「勢」、「術」或「法」，都是站在性惡的觀點設計的。韓非是荀子的學生，他的老師荀子也主性惡，但荀子的性惡並不是認爲人性本質爲惡，而是認爲，人性天生有慾望的生理本能，如不能妥善處理，一味循性發展，便容易出問題。法家卻認爲，人性本質是趨利避害，因此需要以賞罰去獎勵和管理。反之，只有認定人性的本質是趨利避害，賞罰的執行與落實才有絕對的保證。因此，在《韓非子》的理論中，一切政治工具、政治設施和統御手法，幾乎都是針對這樣的觀點來設定。賞罰的設計、執行與管理，權勢的保固，一切姦欺的防範、刑名的運作，都是就人性對自身利害的可能反應作預設的處理，這就使得法家的思想充滿著嚴苛陰鷙的權謀設想。《韓非子》中對這一議題的論證，分見於〈六反〉、〈姦劫弒臣〉、〈備內〉、〈外儲說左上〉、〈外儲說左下〉、〈八經〉等篇。

㈢法治與德治、賢治

法家以尊法、重法名家，當然推崇法治，抵斥德治。他們認為，德不德欠具體，牽涉到人為的判準問題，不夠客觀；「法」卻是既具體又客觀的存在依據，一旦設定公布，上下一體共遵，沒有例外，可以達到公平、公正的效果。執行起來，即使平庸之人君亦可以有可期的效果。「德」治卻須仰賴品質優良的統御者才能做到。在周代宗法制度下，繼位的統御者未必各個具有優越的才德，其管理成效因此難能具有普遍的保證。《韓非子》中對這一議題的論證，主要見於〈五蠹〉、〈顯學〉、〈內儲說上〉、〈外儲說左上〉、〈外儲說左下〉、〈姦劫弑臣〉、〈飾邪〉等篇。

㈣反儒、墨，非俠、辯

韓非雖然是儒家荀子的學生，卻與他的老師走出不同的路向。儒家站在推挺人的尊嚴與價值的基點上，試圖喚醒、強調人身上潛在的自覺本能。因此重道德，講仁義，崇禮儀，推尊聖賢，鼓勵人心人性自動與自覺地向善。墨家由儒學入手，因此也崇道德，推聖賢。法家則不然，他們既認定人心人性趨利避害、好逸惡勞，自然認為外在法令的約束與管理成效，高於內在人心的主動自覺。畢竟天下凡人多，聖賢少。主動自覺學好，難度遠高於被動地被規定、提醒與約束。更何況儒、墨乃至遊俠，在法令之外，推崇一種自制、自詡的價值觀。韓非認為，這會大大牴觸、阻礙法令的推行，《韓非子》的篇章中不少對這類觀點的強烈批判。這些論證，往往是衝著儒、墨與遊俠、文學、遊辯之士而來，認爲他們浮誇不實，徒以悅樂人君，博取聲名富貴而已，無益於治。除了儒墨與遊俠辯士之外，舉凡流行於戰國時代的新興族群，言行舉止與法家尊君明法、富國強兵宗旨不合者，如隱者、烈士、工商、逃兵役者，都在批判之列。這類理論以〈孤憤〉、〈五蠹〉、〈顯學〉、〈六反〉、〈姦劫弒臣〉爲核心，亦分見於〈飾邪〉、〈難一〉、〈詭使〉、〈八說〉、〈問辯〉、〈忠孝〉等篇。

㈤法與賞罰

作爲法家思想集大成之作，《韓非子》以勢、術、法三者爲治政三寶，三者之中，「法」尤爲基本要項，也是《韓非子》全書各篇遍在的思想內容。有關「法」的強調和論述，在全書五十五篇中，不論篇幅大小，遍及四十五篇，占全書的八成多。可以說，除了綜論六國從衡情勢的〈初見秦〉、〈存韓〉，專論防姦、察姦之術的〈八姦〉，專篇解證、例證《老子》之言的〈解老〉、〈喻老〉，專篇解釋人主易患之過的〈十過〉，專論言說、辯說之難的〈難言〉、〈說難〉，專論人主失勢、敗術、遭劫的〈三守〉，專論人臣偏借權勢的〈難勢〉，乃至全篇彙集史例的〈說林下〉等十篇外，其餘四十五篇，論述的內容或有詳略，篇幅或有大小，即使片言支語，亦莫不有對明法、賞罰的強調和提點。

在這些普遍而龐大的四十五篇涉及「法」與賞罰的內容中，以〈制分〉、〈飭令〉、〈二柄〉、〈定法〉、〈心度〉數篇爲主，亦見於〈愛臣〉、〈有度〉、〈主道〉、〈守道〉、〈安危〉、〈六反〉等篇章中。〈飭令〉全襲《商君書．靳令》之文，闡論「以刑去刑，以刑制刑」之旨。〈二柄〉與〈定法〉篇名看似以「賞罰」與「法」爲論說焦點；實則，前者以論述「刑德」的賞罰開篇，卻以「勢」與虛靜、刑名之「術」三分其內容；後者亦法、術、勢兼述綜批，具體而微地顯現其集大成的狀態。綜觀其涉及法與賞罰的四十五篇，論述的重點，不外乎幾項：

1. 賞罰的設定，源於人性趨利避害的特質：主要見於〈制分〉、〈外儲說左下〉、〈用人〉、〈二柄〉、〈守道〉等篇。
2. 法治優於人治、賢治：主要見於〈五蠹〉、〈顯學〉、〈內儲說上〉、〈姦劫弒臣〉、〈難一〉、〈制分〉等篇。
3. 明法審令、信賞必罰：遍在四十五篇的內容中。
4. 賞罰公平、公開、公正，去私立公：主要見於〈定法〉、〈制分〉、〈八經〉、〈有度〉、〈飾邪〉、〈五蠹〉、〈內儲說上〉、〈難三〉、〈六反〉等篇。
5. 嚴刑峻法，重刑少賞，不赦不宥：主要見於〈難三〉、〈姦劫弒臣〉、〈內儲說上〉、〈主道〉、〈六反〉等篇。

6.法與時變：主要見於〈亡徵〉、〈心度〉、〈五蠹〉、〈八說〉等篇。

㈥勢與權位

在韓非等法家看來，「法」雖然是治政的基本工具與依據，「勢」卻是推行「法」的先決條件。領導者必須先有了「勢」，掌握了「勢」，才能推行「法」，進行領導統御，「勢」是領導統御的先決條件。在周代封建宗法的架構下，一旦依宗法制度承繼了領導統御地位，具有統御資格、統御身分，便同時擁有一切統御權力，包括了附著在統御地位上的一切賞罰生殺與公共資源分配權。《韓非子》中有〈難勢〉專論「勢」，其餘亦散見於〈備內〉、〈功名〉、〈外儲說左下〉、〈外儲說右上〉、〈外儲說右下〉、〈難一〉、〈難三〉、〈八經〉、〈五蠹〉各篇。

〈難勢〉論「勢」的價值與功能，及其在領導統御上的絕對優越性。「勢」之所以優越，就在它掌握「法」，擁有對「法」的一切訂定、支配、操控權。〈有度〉大篇幅鋪衍「法」之外，也不忘提點「勢」能令法之運作正當得宜，公正平穩，人主必須妥善任「勢」。〈備內〉詳細分析人主可能失「勢」，讓大臣借「勢」，比周蒙蔽其上的各種狀況。〈功名〉篇以勢位為人君立功成名的四大要項之一，論述人主居名位、處重「勢」之重要。

「勢」雖爲人主領導統御的先天優越條件，卻非絕對而足恃，〈外儲說左下〉「二」叮囑恃「勢」不如恃「信」。所謂「信」，是指對「勢」的倚恃與操作有絕對而必然的把握，這牽涉到「術」的操作與「法」的執行。〈外儲說右上〉申述如何處「勢」持「術」以執「法」、以及執法禁誅的重要。善持「勢」，可以早絕姦萌。並再次強調：國爲君車，「勢」爲君馬，有位卻不知用「術」執「法」，仍是枉然。批齊景公不知用「勢」。〈外儲說右下〉再三舉例叮囑權勢不可與臣下共分，強調倚「勢」用民，不用德、愛治民之重要。所有強調賞罰重要之論述，其實等同於強調權勢有效掌握之重要。〈難一〉以處「勢」御下爲庸主之所易，〈難三〉說：明君當自恃其「勢」之穩固不可害，不倚仗臣下與鄰國之弱。〈八經〉說：人君當執柄處「勢」，才能令行禁止，「勢」是「眾勝之資」。〈五蠹〉以「勢」、「義」對舉，強調乘「勢」治人之便易，反對仁義足以懷民。在在叮囑領導統御先天優越條件的權勢不宜輕忽、丟失。

㈦術不欲見：察姦與考核

「法」與「勢」雖是《韓非子》念茲在茲，再三強調叮囑的基本統御配備與工具；但這些配備與工具的運用跟操作，成敗卻仍決定在「術」，「術」才是領導統御的靈魂與核心。「術」的操作出了問題，所有的政治工程都將崩解。「術」的掌握與運作是人君治政的最高修爲。《韓非子》五十五篇中，對「術」的提點與論述，僅次於「法」，分見於三十一篇中，約占五、六成的篇章。其內容含括了暗的虛靜因任、周聽察姦、通壅，與公開的刑名考核方案。可以說，扣除上述的〈初見秦〉、〈存韓〉、〈解老〉、〈喻老〉、〈十過〉、〈難言〉、〈說難〉與綜匯史料的〈說林〉上、下外，其餘各篇幾乎都有對「術」或多或少的推演和討論。即使是專匯史料、史例的〈說林〉上、下，也有對察姦的例證與叮囑。這些「術」，基本上是由老子的「虛靜無爲」轉化而來的權謀、察姦、通壅之方。因爲「法」雖然是治政的基本工具，是統御的基本條件與憑藉，但眞正能令整個領導統御的政治工程生意盎然地有效運作，終底於成，關鍵仍在「術」。

韓非論「術」，要「因道全法」，轉化《老子》虛靜無爲之道爲沉穩淡定、靜觀其變的權謀察姦之術，還要周聽參驗、因循用眾，多方多面廣納資訊與資源，更要透過「形名」，去考核業績。整體而言，全書論「術」，較爲明確的議題焦點，約有幾項，大抵集中在下列各篇中：

1. 虛靜無爲、術不欲見：主要見於〈主道〉、〈二柄〉、〈揚權（搉）〉、〈內儲說〉上、下、〈外儲說右上〉、〈八經〉各篇。
2. 周聽參驗的參伍之道：主要見於〈亡徵〉、〈備內〉、〈內儲說〉上、下、〈孤憤〉、〈有度〉、〈揚權（搉）〉、〈姦劫弒臣〉、〈八說〉、〈八經〉各篇。
3. 辨姦通壅：主要見於〈愛臣〉、〈八姦〉、〈主道〉、〈亡徵〉、〈備內〉、〈說疑〉、〈內儲說〉下、〈孤憤〉、〈有度〉、〈難三〉、〈姦劫弒臣〉、〈八經〉各篇。

4.刑名考核：主要見於〈主道〉、〈二柄〉、〈揚權（搉）〉、〈用人〉、〈難一〉、〈難三〉、〈姦劫弒臣〉各篇。

5.因循用眾：主要見於〈八經〉、〈主道〉、〈有度〉、〈觀行〉各篇。

〈主道〉全面鋪衍君「術」大論，要虛靜無爲、靜退爲寶、君靜臣動地去因循用眾；還要竄端匿跡、以闇見疵地去察知臣姦、通「五壅」；同時因能任使，循名責實，考核臣功。在以〈大體〉、〈八姦〉、〈飾邪〉、〈內儲說〉上、下、〈八經〉、〈亡徵〉、〈備內〉、〈愛臣〉、〈有度〉數篇爲核心的約三十篇相關於「術」的討論篇章中，這幾個議題被一再地叮囑和強調。〈大體〉提出道法結合、因道全法，黃老的靜因與刑名結合的理想治術；〈內儲說上〉繼〈主道〉之後，總理了人主當知、當爲的統御、防姦、考核之方，而有所謂「七術」、「六微」；〈外儲說右上〉除強調「勢」之外，更引申子之說，論述人君獨聽、獨視、獨斷的虛隱「不欲見」之術。〈八姦〉則全面揭示人君周遭遍在的各類姦欺形態，提示人君防姦之術；〈亡徵〉全篇列舉了近五十個例證，卻至少有二十個例證指向了重臣、父兄（貴戚）操控，后妃爭寵，尤其是太子問題上。〈備內〉亦把焦點集中在「太子」的確立、尊顯上。〈八經〉、〈難三〉重複〈八姦〉的叮囑，將重臣、后姬、孽子、貴戚視爲亂源。〈揚權（搉）〉諄諄叮囑君靜臣動、術不欲見，虛靜無爲之術，與形名參同的考核術、伐眾離黨的破姦術，還不忘叮囑要早立太子，以防爭端。

除這十餘篇之外，其餘另約二十篇中，亦有相關「術」論之零星記載。

(八)君臣之道

《韓非子》不論論「勢」、論「術」，談的都是君臣問題，一切「勢」的保固與「術」的防姦、考評、管理、運作，都是依據人臣的心態、情操作可能的觀察、預測與防範。其正面而直接述及「明君」之道與君臣關係的有〈愛臣〉、〈有度〉、〈安危〉、〈姦劫弒臣〉、〈揚權（搉）〉、〈說難〉、〈二柄〉、〈備內〉、〈南面〉、〈飾邪〉、〈外儲說右下〉、〈難一〉、〈難三〉、〈六反〉等篇。其正反面論列各色臣態、臣操的則有〈難言〉、〈有度〉、〈孤憤〉、〈說難〉、〈姦劫弒臣〉、〈說疑〉、〈詭使〉、〈八經〉、〈忠孝〉等篇。

(九)歸本黃老

除了申論法家所主張的重要議題之外，《韓非子》還有〈解老〉、〈喻老〉兩篇專門解證《老子》理論的篇章。大史學家司馬遷不但把法家的申不害、韓非和道家的老子、莊子合傳，還說「申子之學本於黃老而主刑名」、韓非「喜刑名法術之學，而其歸本於黃老」。連重「勢」的愼到，司馬遷都說他「學黃老道德之術」，[3]原因就在，慎到、申不害、韓非等法家之說，尤其是最厲害的虛隱無形察姦之術，基本上就是從老子「虛靜無爲」、「無爲而無不爲」的道理中提煉轉化出來的。〈解老〉以理論詮釋老子《道德經》之文十一章，〈喻老〉則以史事例證《道德經》之文十二章，共十三則，清楚印證了司馬遷的獨見。

3 分見漢·司馬遷撰，劉宋·裴駰集解，唐·司馬貞索引，張守節正義《史記集解》，頁八六〇、九四〇。

韓非子二十卷

卷第十一

思想議題

〈外儲說左上〉：術不欲見：察姦與考核／君臣之道／人性趨利避害／法治與德治、賢治／反儒墨、非俠辯／法與賞罰。

外儲說左上第三十二[1]

1 注 先慎曰：《索隱》云：「外儲，言明君觀聽臣下之言行以斷其賞罰，賞罰在彼，故曰『外』也。」

【一】明主之道，如有若之應密子也[1]。明主之聽言也美其辯，其觀行也賢其遠。故群臣士民之道言者迂弘，其行身也離世[2]。其說在田鳩對荊王也。故墨子爲木鳶，謳癸築武宮。夫藥酒用言，明君聖主之以獨知也[3]。

1 注 顧廣圻曰：「《藏》本同。今本「密」作「宓」，案：〈說〉作「宓」，「宓」、「密」同字。

2 注 王先謙曰：「弘」，與「閎」同。「迂弘」，與下「迂深閎大」同義。「離世」，謂遠於事情。

3 注 顧廣圻曰：《藏》本同。今本「君」作「在」，誤。

▲先慎曰：「用」，張榜本作「無」。案：「用」當作「忠」，「明君聖主」當作「知者明主」。謂「藥酒忠言，知者明主之所以獨知也」。下〈說〉「良藥苦於口，知者勸而飲之；忠言拂於耳，而明主聽之」，是其證。

【二】人主之聽言也，不以功用爲的[1]，則說者多「棘刺」、「白馬」之說；不以儀的爲關[2]，則射者皆如羿也。人主於說也，皆如燕王學道也；而長說者，皆如鄭人爭年也。是以言有纖察微難而非務也[3]，故李、惠、宋、墨皆畫策也[4]；論有迂深閎大非用也[5]，故畏震瞻車狀皆鬼魅也[6]；言而拂難堅确非功也[7]，故務、卞、鮑、介、墨翟皆堅瓠也[8]。且虞慶詘匠也而屋壞[9]，范且窮工而弓折。是故求其誠者，非歸餉也不可[10]。

1 **注** 先慎曰：「用為」，張榜本作「為用」，誤。此與下「不以儀的為關」相對為文。

2 **注** 先慎曰：「儀」，準也，見《國語・周語》注。

3 **注** 王先謙曰：以下文例之，「而」字當衍。

4 **注** 顧廣圻曰：「李」當作「季」。季良、惠施、宋鈃、墨翟也。

5 **注** 先慎曰：乾道本無「迂」字，顧廣圻云：「今本有。」今據補。

6 **注** 顧廣圻曰：「畏」當作「魏」，「魏牟」也，聲近誤。「震」當作「處」。瞻何，《莊子・讓王篇》釋文云：「瞻子，賢人也」，《淮南》作「詹」。「車」當作「陳」，「陳駢」也，形近誤。「狀皆」當作「皆狀」。

7 **注** 顧廣圻曰：「言而」當作「行有」。

8 **注** 顧廣圻曰：務光、卞隨、鮑焦、介之推也。「墨翟」二字有誤，或當作「申徒狄」。

▲先慎曰：「墨翟」，即「田仲」之譌。下〈說〉「屈穀獻堅瓠於田仲」，即此。

9 **注** 先慎曰：「也」字衍文。此與下句相對成文，不當有「也」字。

10 **注** 先慎曰：「餉」，下〈說〉作「饟」，字同。

【三】挾夫相為則責望[1]，自為則事行。故父子或怨譟[2]，取庸作者進美羹。說在文公之先宣言，與句踐之稱如皇也[3]。故桓公藏蔡怒而攻楚，吳起懷瘳實而吮傷[4]。且先王之賦頌，鍾鼎之銘，皆播吾之迹[5]，華山之博也[6]。然先王所期者利也[7]，所用者力也。築社之諺，目辭說也[8]。請許學者而行宛曼於先王，或者不宜今乎？如是不能更也[9]。鄭縣人得車厄也[10]，衛人佐弋也[11]，卜子妻寫弊袴也[12]，而其少者也[13]。先王之言，有其所為小而世意之大者，有其所為大而世意之小者，未可必知也[14]。說在宋人之解書，與梁人之讀記也。故先王有郢書而後世多燕說。夫不適國事而謀先王，皆歸取度者也。

1 注 顧廣圻曰：《藏》本同。今本「挾夫」作「夫挾」，誤。

2 注 顧廣圻曰：「譟」，當依〈說〉作「譙」。

3 注 趙用賢曰：「如皇」，臺名。

4 注 先慎曰：張榜本「挾夫」至此脫，下「且」字作「夫」。案：「實」疑「士」之聲近而誤。「懷瘳士」，謂欲士之病愈也。

5 注 顧廣圻曰：「播」，《藏》本、今本作「潘」，他書又作「番」。
▲先慎曰：張榜本作「潘」，云：「當作『番』。」案：「播」、「潘」、「番」古字通用。

6 注 王先謙曰：下「然」字當在「也」上，誤倒。

7 注 先慎曰：張本無「然」下二十二字。

8 注 王先謙曰：「目」乃「自」之誤，言晉文自辭說。

▲先慎曰：趙本「社」作「杜」，譌，下〈說〉正作「社」。

9 注 先慎曰：「如是」以下三十字，張榜本無。

10 注 顧廣圻曰：《藏》本同。今本「卮」作「軛」，案：〈說〉作「軛」。

▲先慎曰：「卮」即「軛」之通借字。

11 注 先慎曰：乾道本無「也」字。顧廣圻云：「《藏》本、今本『弋』下有『也』字。」今據補。

12 注 先慎曰：乾道本「爲」作「寫」，趙本作「為」。盧文弨云：「為」，凌本作「寫」，俱譌。後作「象」，今定為「爲」，「爲」即「象」字，謂仿象也。顧廣圻云：「卜」，當依〈說〉作「乙」。

▲先慎案：盧說是，今從《拾補》本改。「卜」字不誤，說見下。

13 注 王先謙曰：語意不完，依〈說〉「者」下奪「侍長者飲」四字。

14 注 先慎曰：乾道本「小」上無「之」字。顧廣圻云：《藏》本、今本有。

▲先慎案：依上文當有，今據補。張榜本無下「說」至「記也」十四字。

【四】利之所在，民歸之；名之所彰，士死之。是以功外於法而賞加焉，則上不信得所利於下[1]；名外於法而譽加焉，則士勸名而下畜之於君[2]。故中章、胥己仕，而中牟之民棄田圃而隨文學者邑之半；平公腓痛足痺而不敢壞坐，晉國之辭仕託者國之錘[3]——此三士者[4]，言襲法則官府之籍也，行中事則如令之民也[5]，二君之禮太甚。若言離法而行遠功，則繩外民也[6]，二君又何禮之？禮之當亡[7]。且居學之士，國無事不用力，有難不被甲，禮之則惰修耕戰之功，不禮則周主上之法[8]。國安則尊顯，危則為屈公之威[9]；人主奚得於居學之士哉[10]？故明王論李疵視中山也[11]。

1 注 先慎曰：「信」，趙本作「能」。

2 注 顧廣圻曰：《藏》本同。今本「下」作「不」。

3 注 先慎曰：乾道本「託」作「記」。顧廣圻云：《藏》本「記」作「託」，今本作「托慕」，案：〈說〉作「託慕」，俞樾曰：乾道本「託」誤作「記」，當從《道藏》本訂正。趙用賢本「託」下有「慕」字，則由誤讀下文而衍也。下文曰：「晉國之辭仕託慕叔向者，國之錘矣。」此於「託」字絕句。「仕」謂仕者，「託」謂託者。襄二十七年《左傳》：「衛子鮮出奔晉，託於木門，終身不仕。」然則古人自有仕與託之兩途。凡託於諸侯者，君必有以養之，觀《孟子》可見，故曰「辭仕託」。蓋仕可辭，託亦可辭也。「慕叔向者」自為句，後人不達「託」字之義，誤以「託慕」連讀，遂於此文亦增入「慕」字耳。又「錘」字無義，疑古本止作「垂」。《莊子．逍遙遊篇》「其翼若垂天之雲」，崔譔曰：「垂，猶邊也，其大如天一面雲也。」然則「國之垂」猶云「國之一面」，與上文「中牟之民棄田圃而隨文學者邑之半」文義一律。「國之垂」猶「邑之半」，「垂」亦「半」也。今加「金」作「錘」，則不可通矣。

▲先慎案：俞說是，今從《藏》本。

4 注 先慎曰：三士：中章、胥己、叔向。

5 注 先慎曰：「中」，音「竹仲反」。

6 注 王先謙曰：「繩外」，繩墨之外。

7 注 先慎曰：乾道本不重「禮之」二字。顧廣圻云：「《藏》本、今本重」，今據補。

8 注 盧文弨曰：「周」當是「害」之譌。

9 注 王先謙曰：「威」即「畏」，「威」、「畏」同字。

10 注 王先謙曰：滅儒之端已兆於此。

11 注 盧文弨曰：「王」當作「主」。

【五】《詩》曰：「不躬不親，庶民不信。」傅說之以無衣紫，緩之以鄭簡、宋襄1，責之以尊厚耕戰[2]。夫不明分，不責誠，而以躬親位下[3]，且爲「下走」、「睡臥[4]」，與去揜弊、微服[5]。孔丘不知，故稱「猶盂」。鄒君不知，故先自僇。明主之道，如叔向賦獵，與昭侯之奚聽也。

1 注 顧廣圻曰：《藏》本「緩」作「緌」，今本「緩之」作「子產」，皆誤。「宋襄」二字連上讀。

▲先慎曰：此言鄭簡謂子產、宋襄與楚人戰二條，「緩」字未詳所當作。

2 注 先慎曰：疑當作「責尊厚以耕戰」，「之」字衍。「尊厚」猶「貴富」，謂人君。

3 注 顧廣圻曰：「親」字句絕。今本「位」作「莅」，誤，未詳所當作。

▲先慎曰：顧讀非，「位下」連上為句。「位」、「涖」古字通。《周禮注》：「故書『位』為『涖』，『涖』亦為『位』。」「以躬親涖下」，與下〈說〉「鄒君先戮以涖民」句例相同。「夫」字當衍。

4 注 先慎曰：乾道本無「且為下」三字。顧廣圻曰：《藏》本、今本「走」上有「且為下」三字。

▲先慎案：張榜本「而以躬親莅下」下有「且為下走，是則將令人主耕以為食，服戰雁行也，民乃肯耕戰，則人主不泰危乎！而人臣不泰安乎」三十八字，合下〈說〉而成，非定本也。「走」上當有「且為下」三字，今據補。「下走」，即下〈說〉景公釋車下走事；「睡臥」，即昭王讀法睡臥事。

5 注 顧廣圻曰：《藏》本同。今本「去」作「夫」。按：〈說〉不見此事。

【六】小信成則大信立，故明主積於信。賞罰不信，則禁令不行。說在文公之攻原與箕鄭救餓也。是以吳起須故人而食，文侯會虞人而獵。故明主信，如曾子殺彘也[1]。患在尊厲王擊警鼓與李悝謾兩和也[2]。

1 注 顧廣圻曰：《藏》本、今本「主」下有「表」字。按：非也。此當有「尊」字。

2 注 顧廣圻曰：「尊」字當衍，上文所錯入也。

右經[1]

1 注 先愼曰：乾道本無此二字，顧廣圻云：「今本此下有『右經』二字，乾道本、《藏》本無，下卷同。按：此當有。」今據補。

【一】宓子賤治單父，有若見之曰：「子何臞也？」宓子曰：「君不知不齊不肖[1]，使治單父，官事急，心憂之，故臞也。」有若曰：「昔者舜鼓五絃之琴，歌〈南風〉之詩而天下治。今以單父之細也，治之而憂，治天下將奈何乎？故有術而御之，身坐於廟堂之上，有處女子之色，無害於治；無術而御之，身雖瘁臞，猶未有益。」

1 注 先愼曰：乾道本「不齊」二字作「賤」，誤。今據張榜本改。

楚王謂田鳩曰：「墨子者，顯學也。其身體則可[1]，其言多不辯[2]，何也？」曰：「昔秦伯嫁其女於晉公子，令晉爲之飾裝[3]，從文衣之媵七十人[4]，至晉，晉人愛其妾而賤公女，此可謂善嫁妾而未可謂善嫁女也。楚人有賣其珠於鄭者，爲木蘭之櫃，薰以桂椒[5]，綴以珠玉，飾以玫瑰，輯以翡翠[6]，鄭人買其櫝而還其珠，此可謂善賣櫝矣，未可謂善鬻珠也。今世之談也，皆道辯說文辭之言，人主覽其文而忘有用。墨子之說，傳先王之道，論聖人之言以宣告人，若辯其辭，則恐人懷其文、忘其[7]直，以文害用也。此與楚人鬻珠、秦伯嫁女同類，故其言多不辯。」

1 注 王先謙曰：「身體」當作「體身」，誤倒。

2 注 先愼曰：各本「多」下有「而」字。顧廣圻云：「而」字當衍。

▲先愼案：《御覽》五百四十一引無，今據刪。

3 注 先愼曰：《御覽》引無「令晉」二字。

4 注 先愼曰：各本「文衣」作「衣文」，據《御覽》乙。

5 注 先愼曰：各本作「薰桂椒之櫝」，今據《藝文類聚》八十四、《御覽》七百十三又八百三、八百二十八、《初學記》二十七引改。

6 注 先愼曰：《藝文類聚》、《御覽》引均作「緝以翡翠」。

7 注 顧廣圻曰：此下當有「用」字。

墨子爲木鳶，三年而成[1]，蜚一日而敗[2]。弟子曰：「先生之巧，至能使木鳶飛。」墨子曰：「[3]不如爲車輗者巧也，用咫尺之木，不費一朝之事，而引三十石之任，致遠力多，久於歲數。今我爲鳶，三年成，蜚一日而敗。」惠子聞之曰：「墨子大巧，巧爲輗，拙爲鳶。」

1 注 顧廣圻曰：句絕。

2 注 顧廣圻曰：五字為一句，下同。

3 注 盧文弨曰：張本有「吾」字。

宋王與齊仇也，築武宮[1]。謳癸倡，行者止觀，築者不倦。王聞，召而賜之，對曰：「臣師射稽之謳又賢於癸[2]。」王召射稽使之謳，行者不止，築者知倦，王曰：「行者不止，築者知倦，其謳不勝如癸美[3]，何也？」對曰：「王試度其功：癸四板，射稽八板；擿其堅，癸五寸，射稽二寸。」

1 注 張榜曰：蓋王偃時築以備齊。
2 注 先慎曰：「稽」，《御覽》五百七十二引作「督」，下同。
3 注 先慎曰：張榜本無「勝」字。

夫良藥苦於口，而智者勸而飲之，知其入而已己疾也[1]。忠言拂於耳，而明主聽之，知其可以致功也。

1 注 盧文弨曰：下當作「己」。

【二】宋人有請爲燕王以棘刺之端爲母猴者，必三月齋然後能觀之。燕王因以三乘養之[1]。右御、冶工[2]言王曰[3]：「臣聞人主無十日不燕之齋。今知王不能久齋以觀無用之器也[4]，故以三月爲期。凡刻削者，以其所以削必小。今臣治人也，無以爲之削，此不然物也，王必察之。」王因囚而問之，果妄，乃殺之。治又謂王曰[5]：「計無度量，言談之士多棘刺之說也。」

1 注 先愼曰：「乘」下當有「之奉」二字。
2 注 先愼曰：乾道本「冶」作「治」。趙本作「冶工」，與下文合，是也，今據改。
3 注 先愼曰：「言」當作「謂」。
4 注 先愼曰：乾道本「以」上有「今」字，顧廣圻云：「《藏》本、今本『以』上無『今』字。」今據刪。
5 注 先愼曰：各本「又」作「人」，據《御覽》九百五十七引改。

一曰：燕王徵巧術人[1]，衛人請以棘刺之端爲母猴[2]。燕王說之，養之以五乘之奉。王曰：「吾試觀客爲棘刺之母猴。」客曰[3]：「人主欲觀之，必半歲不入宮，不飲酒食肉，雨霽日出視之晏陰之間，而棘刺之母猴乃可見也。」燕王因養衛人，不能觀其母猴。鄭有臺下之冶者謂燕王曰：「臣爲削者也[4]，諸微物必以削削之[5]，而所削必大於削。今棘刺之端不容削鋒，難以治棘刺之端[6]。王試觀客之削，能與不能可知也。」王曰：

「善。」謂衛人曰：「客爲棘削之[7]？」曰：「以削[8]。」王曰[9]：「吾欲觀見之[10]。」客曰：「臣請之舍取之。」因逃。

1 注 先慎曰：乾道本作「一曰好微巧」。王渭云：「曰」下當脫「燕王」二字，《選》注有。

▲先慎案：張榜本「一曰」作「燕王」，無「一曰」二字，亦非。「微」即「徵」字，形近而誤。《藝文類聚》九十五、《御覽》九百十引正作「燕王徵巧術人」，是其證，今據改。《御覽》五百三十引作「燕王欲攻衛」，《白孔六帖》八十三引作「燕王好徵巧」，九十七引作「燕王好微巧」，並誤。然皆有「燕王」二字。

2 注 先慎曰：乾道本「請以」作「曰能以」三字，《藝文類聚》、《御覽》引並作「請以」二字，今據改。張榜本「請以」二字作「有請為以」四字，亦誤。

3 注 先慎曰：乾道本無「客曰」二字。顧廣圻云：今本句上有「客曰」二字。

▲先慎案：有者是也，據今本增。《藝文類聚》引有「曰」字。

4 注 先慎曰：乾道本無「為」字，盧文弨云：「『臣』下張本有『為』字。」顧廣圻云：「《藏》本有。」今據補。

5 注 先慎曰：乾道本不重「削」字，顧廣圻云：「《藏》本、今本重『削』字。」今據補。

6 注 盧文弨曰：凌本無此句。

7 注 盧文弨曰：此下多脫文。孫云：「《文選・魏都賦》注引『王曰：「客為棘刺之端，何以理之」』，『理』必本是『治』字，今此接『削之』二字，誤，當刪。」顧廣圻曰：「削」當作「刺」，「之」下當有「母猴何以」四字。

8 注 先慎曰：「以」讀為「已」。

9 注 先慎曰：各本無「王曰」二字，盧文弨云：「《文選注》有『王曰』二字。」今據補。

10 注 盧文弨曰：《選注》引「吾欲觀客之削也」。顧廣圻云：「見」字衍。

兒說[1]，宋人，善辯者也。持「白馬[2]非馬也」服齊稷下之辯者，乘白馬而過關，則顧白馬之賦[3]。故籍之虛辭[4]則能勝一國，考實按形不能謾於一人。

1 注 先慎曰：乾道本「兒」作「見」。顧廣圻云：今本「見」作「兒」，案：「兒」是也。「兒說」見《呂氏春秋，君守篇》、《淮南・人間訓》。

▲先慎案：顧說是，今據改。乾道本連上，今依張榜本、趙本提行。

2 注 先慎曰：《藝文類聚》九十三引「白馬」下有「之」字。

3 注 先慎曰：「顧」，視也。古人馬稅當別毛色，故過關視馬而賦，不能辯也。

4 注 先慎曰：「之」字衍，《藝文類聚》引無「之」字。「虛」字作「空」。

夫新砥礪殺矢，彀弩而射，雖冥而妄發，其端未嘗不中秋毫也，然而莫能復其處，不可謂善射，無常儀的也[1]；設五寸之的，引十步之遠[2]，非羿、逢蒙不能必全者[3]，有常儀的也。有度難而無度易也。有常儀的則羿、逢蒙以五寸爲巧[4]，無常儀的則以妄發而中秋毫爲拙。故無度而應之，則辯士繁說；設度而持之，雖知者猶畏失也，不敢妄言[5]。今人主聽說不應之以度[6]，而說其辯[7]，不度以功[8]，譽其行[9]而不入關[10]，此人主所以長欺而說者所以長養也。

1 注 先愼曰：張榜本「常」作「嘗」，下仍作「常」。

2 注 先愼曰：「十步」當「百步」。

3 注 先愼曰：〈問辯篇〉「全」作「中」。

4 注 先愼曰：乾道本無「逢」字，顧廣圻云：「今本『羿』下有『逢』字。案：依上文當補。〈問辯篇〉有『逢』字。」今據增。

5 注 王先謙曰：「也」字當在「言」下。

6 注 顧廣圻曰：句絕。

7 注 顧廣圻曰：逗。「說」，讀如「悅」。

8 注 顧廣圻曰：句絕。

9 注 顧廣圻曰：句絕。

10 注 顧廣圻曰：句絕。《藏》本同。今本「不度」下有「之」字，「譽」上有「而」字，無「而不入關」四字，皆誤。上文云「不以儀的為關」，此其說也。

客有教燕王爲不死之道者，王使人學之，所使學者未及學而客死。王大怒，誅之。王不知客之欺己，而誅學者之晚也。夫信不然之物，而誅無罪之臣，不察之患也。且人所急無如其身，不能自使其無死，安能使王長生哉？

鄭人有相與爭年者，一人曰：「吾與堯同年[1]。」其一人曰：「我與黃帝之兄同年[2]。」訟此而不決[3]，以後息者爲勝耳[4]。

1 注 先慎曰：乾道本無「一人曰吾與堯同年」八字，今據《御覽》四百九十六、《意林》引增。

2 注 先慎曰：《意林》「兄」下有「弟」字，《御覽》引無。「我」並作「吾」。

3 注 盧文弨曰：《藏》本作「訣」。

▲先慎曰：趙本作「訣」，誤。《御覽》作「決」。

4 注 先慎曰：《意林》「息」作「罷」。案：此謂皆無情理，故以辭長者為勝。

客有爲周君畫莢者[1]，三年而成。君觀之，與髤莢者同狀[2]。周君大怒。畫莢者曰：「築十版之牆，鑿八尺之牖，而以日始出時加之其上而觀[3]。」周君爲之，望見其狀盡成龍蛇禽獸車馬，萬物之狀備具，周君大悅。此莢之功非不微難也，然其用與素髤筴同[4]。

1 注 盧文弨曰：「莢」譌，下同。前作「策」，「策」、「筴」同。

2 注 先慎曰：「髤」，本作「髹」，《玉篇》：「髹，同『髤』」。《史記·貨殖傳》「木器髹者千枚」，注：「徐廣云：『髹，漆也。』」《漢書·皇后傳》「殿上髹漆」，師古云：「以漆漆物謂之『髹』，今關東俗器物一再著漆者，謂之『捎漆』，『捎』即『髹』聲之轉。」此謂所畫不辨黑白，與漆筴同也。

3 注 先慎曰：加筴於牆牖之上以觀其畫也。案：此即西人光學之權輿。

4 注 先慎曰：「素」，未畫也。此言畫筴之用，何異素髤？

客有爲齊王畫者，齊王問曰：「畫孰最難者？」曰：「犬馬最難[1]。」「孰易者？」

曰：「鬼魅最易。夫犬馬，人所知也，旦暮罄於前[2]，不可類之，故難。鬼魅，無形者[3]，不罄於前[4]，故易之也。」

1 注 先慎曰：各本無下「最」字，據《藝文類聚》七十四、《御覽》七百五十、《意林》引補。「犬」作「狗」，下同。

2 注 盧文弨曰：《詩．大明》「俔天之妹」，《韓詩》作「磬」，是「磬」、「俔」同義。《說文》：「俔」，一訓「間見」。蓋「俔」從「見」，是有「見」義。「罄」、「磬」本同以「俔」為義，當為朝夕見於前也。

▲先慎曰：《御覽》引「罄」作「覿」，下同。

3 注 先慎曰：各本「魅」作「神」。案：「神」當依上文作「魅」，《藝文類聚》、《意林》、《御覽》引正作「魅」，今據改。《意林》「形」下有「像」字。

4 注 先慎曰：《藝文類聚》、《御覽》「不」上有「無形者」三字。

齊有居士田仲者[1]，宋人屈穀見之[2]曰：「穀聞先生之義，不恃人而食[3]。今穀有樹瓠之道[4]，堅如石，厚而無竅[5]，獻之。」仲曰：「夫瓠所貴者，謂其可以盛也。今厚而無竅，則不可剖以盛物[6]，而任重如堅石[7]，則不可以剖而以斟[8]。吾無以瓠爲也。」曰：「然，穀將棄之[9]。」今田仲不恃人而食[10]，亦無益人之國，亦堅瓠之類也。

1 注 盧文弨曰：即陳仲子。

2 注 盧文弨曰：《文選．七命》注引「穀」作「轂」，下有「往」字，「見之」下有「謂之」二字。

3 注 先慎曰：各本「恃」下有「仰」字，盧文弨云：「『仰』字疑衍，下《選》注引無。」今據刪。

4 注 先慎曰：《選》注引作「轂有巨瓠」。案：「樹」、「巨」聲近而誤，當作「巨」。「之道」二字衍。

5 注 盧文弨曰：《選》注此下不同，云：「而效之先生，田仲曰：『堅如石不可剖而斲，厚而無竅不可以受水漿，吾無用此瓠以為也。』屈轂曰：『然，其棄物乎？』曰：『然。』『今先生雖不恃人之食，亦無益人之國矣，猶可棄之瓠也。』田仲若有所失，慙而不對。」

6 注 顧廣圻曰：「剖」字當省衍。

7 注 顧廣圻曰：「任重」二字涉下節而衍。「如堅」當作「堅如」。

8 注 顧廣圻曰：下「以」字當衍。

9 注 先慎曰：乾道本「棄」上有「以欲」二字，今據張榜本刪。

10 注 先慎曰：各本「恃」下有「仰」字，說見上。張榜本無「田」字。

虞慶爲屋[1]，謂匠人曰：「屋太尊[2]。」匠人對曰：「此新屋也，塗濡而椽生。夫濡塗重而生椽撓，以撓椽任重塗，此宜卑。」虞慶曰：「不然[3]。更日久則塗乾而椽燥，塗乾則輕，椽燥則直，以直椽任輕塗[4]，此益尊。」匠人詘，爲之而屋壞。

1 注 盧文弨曰：下三條宜連。顧廣圻曰：虞卿也，「慶」、「卿」同字。《呂氏春秋・別類篇》云「高陽應」，高誘注：「或作『魋』。」

2 注 盧文弨曰：嫌其太宗也。《藏》本「太」作「大」。

3 注 先慎曰：乾道本此五字在「夫濡塗重」上。顧廣圻云：《藏》本同。今本「虞慶曰不然」五字在「此宜卑」下，誤。

▲先慎案：今本是也。「夫濡塗重而生椽撓」，正申「塗濡椽生」之義，以「撓椽任重此宜卑」辨虞慶「屋太尊」之說，皆匠人之詞。宋本誤以「虞慶曰不然」五字於「夫濡塗重」上，文義不可通，《藏》本沿其誤耳。今改從今本。

4 注 先慎曰：乾道本無「以直」二字，顧廣圻云：「《藏》本『直』下有『以直』二字。」今據補。今本無「以」字。

一曰：虞慶將爲屋，匠人曰：「材生而塗濡。夫材生則撓，塗濡則重，以撓任重，今雖成，久必壞。」虞慶曰：「材乾則直，塗乾則輕。今誠得乾，日以輕直，雖久，必不壞。」匠人詘，作之，成，有間，屋果壞。

范且曰[1]：「弓之折，必於其盡也，不於其始也。夫工人張弓也，伏檠三旬而蹈弦，一日犯機，是節之其始而暴之其盡也，焉得無折？且張弓不然[2]，伏檠一日而蹈弦，三旬而犯機，是暴之其始而節之其盡也。」工人窮也，爲之[3]，弓折。

1 注 顧廣圻曰：范睢也，「且」、「睢」同字。
2 注 先慎曰：張榜本、趙本作「范且曰不然」，誤。此皆范且自謂，不應有「曰」字。
3 注 先慎曰：工窮於詞，依且為之。

范且、虞慶之言皆文辯辭勝而反事之情，人主說而不禁，此所以敗也。夫不謀治強之功，而豔乎辯說文麗之聲，是卻有術之士而任壞屋折弓也。故人主之於國事也，皆不達乎工匠之構屋張弓也[1]，然而士窮乎范且、虞慶者[2]爲虛辭，其無用而勝，實事，其無易而窮也[3]。人主多無用之辯，而少無易之言，此所以亂也。今世之爲范且、虞慶者不輟，而人主說之不止，是貴敗折之類，而以知術之人爲工匠也。不得施其技巧[4]，故屋壞弓折；知治之人不得行其方術，故國亂而主危。

1 注 王先謙曰：儗之不能遠過。

2 注 顧廣圻曰：連上十字為一句。乾道本以下皆誤以「范且」提行。

3 注 顧廣圻曰：「為虛辭」逗，「其無用而勝」句絕，「實事」逗，「其無易而窮也」句。以上今失其讀。

▲先慎曰：「無易」者，其道不可易。

4 注 顧廣圻曰：「不」上當有「工匠」二字。

夫嬰兒相與戲也，以塵爲飯，以塗爲羹，以木爲胾，然至日晚必歸饟者，塵飯、塗羹可以戲而不可食也。夫稱上古之傳頌，辯而不愨，道先王仁義而不能正國者，此亦可以戲而不可以爲治也。夫慕仁義而弱亂者，三晉也；不慕而治強者，秦也——然而未帝者，治未畢也[1]。

1 注 先慎曰：趙本「然而」下有「秦強而」三字。張本從「夫慕」至此均無。

【三】人爲嬰兒也，父母養之簡[1]，子長而怨[2]。子盛壯成人[3]，其供養薄[4]，父母怒而誚之[5]。子、父，至親也，而或譙、或怨者，皆挾相爲而不周於爲己也。夫賣庸而播耕者，主人費家而美食、調布而求易錢者[6]，非愛庸客也，曰：「如是，耕者且深，耨者熟耘也[7]。」庸客致力而疾耘耕者[8]，盡巧而正畦陌畦時者[9]，非愛主人也，曰：「如是，羹且美，錢布且易云也。」此其養功力，有父子之澤矣，而心調於用者[10]，皆挾自爲心也。故人行事施予，以利之爲心，則越人易和；以害之爲心，則父子離且怨。

1 注 先愼曰：句。
2 注 先愼曰：句。
3 注 先愼曰：句。
4 注 先愼曰：句。
5 注 先愼曰：以上今皆失讀。
6 注 顧廣圻曰：「調」當作「請」，「易錢」當作「錢易」。「易」，去聲，下同。
7 注 顧廣圻曰：「熟」上當有「且」字。「耘」當作「云」。此與下文「錢布且易云也」句對，不知者改作「耘」，誤甚。

8 注 顧廣圻曰：「者」字衍，「耕」句絕。

9 注 顧廣圻曰：《藏》本同。今本下「畦」作「疇」。案：「時」非此之用，句當衍二字，未詳。孫詒讓曰：「時」當作「埒」。《一切經音義》引《倉頡篇》云「畦，埒也」，是其證。此「畦埒」二字蓋注文傳寫誤混入正文，遂複舛不可通耳。

10 注 盧文弨曰：「調」疑「周」。

▲先慎曰：盧說是，「調」即「周」之誤。上文「不周於為己」，即其證。

文公伐宋[1]，乃先宣言曰：「吾聞宋君無道，蔑侮長老，分財不中，教令不信，余來爲民誅之。」

1 注 顧廣圻曰：「公」當作「王」，「宋」當作「崇」，見《說苑·指武篇》。

▲先慎曰：《經》亦作「文公」，疑非文王伐崇事。

越伐吳，乃先宣言曰：「我聞吳王築如皇之臺，掘淵泉之池[1]，罷苦百姓，煎靡財貨以盡民力，余來爲民誅之[2]。」

1 注 先慎曰：各本「淵」作「深」，無「泉之」二字，據《御覽》一百七十七引改增。「掘淵泉之池」與「築如皇之臺」二文相對，明「深」乃「淵」之誤，又脫「泉之」二字耳。

2 注 先慎曰：乾道本無「來」字。盧文弨云：張本有。

▲先慎案：依上文當有，今據補。

蔡女爲桓公妻。桓公與之乘舟，夫人蕩舟，桓公大懼，禁之不止，怒而出之。乃且復召之，因復更嫁之[1]。桓公大怒，將伐蔡。仲父諫曰：「夫以寢席之戲，不足以伐人之國，功業不可冀也，請無以此爲稽也[2]。」桓公不聽，仲父曰：「必不得已，楚之菁茅不貢於天子三年矣，君不如舉兵爲天子伐楚，楚服，因還襲蔡曰：『余爲天子伐楚，而蔡不以兵聽從』，因遂滅之[3]。此義於名而利於實，故必有爲天子誅之名[4]，而有報讎之實。」

1 注 先慎曰：《左傳》作「蔡人嫁之」。

2 注 顧廣圻曰：《藏》本、今本「稽」作「規」，誤。俞樾曰：「稽」字無義，疑當作「指」。《漢書．河間獻王德傳》「文約指明」，注云：「指，謂意之所趨，若人以手指物也。」字亦作「旨」，《孟子．告子篇》

「願聞其旨」是也。齊桓公伐蔡，意在蔡姬，故管仲請無以此為指也。「稽」從「旨」聲，故得通借。《禮記．王制篇》「有旨無簡不聽」，即《尚書．呂刑篇》「有稽無簡不聽」之異文，然則「稽」、「旨」通用，古有徵矣。《道藏》本改「稽」為「規」，非是。

▲先慎曰：「稽」字不誤，《史記．樗里子甘茂傳》正義、《漢書．賈誼傳》應劭注、〈司馬遷傳〉顏注、《荀子．王制》楊注並云：「稽，計也。」桓公之計在伐蔡，故管仲請無以此為計也。語極明顯，俞氏謂「稽」字無義，失之考耳。

3 **注** 先慎曰：乾道本無「因」字，盧文弨云：「張本有」，今據補。

4 **注** 先慎曰：乾道本無「為」字，盧文弨云：「『有』下脫『為』字，張、凌本有。」今據補。

吳起爲魏將而攻中山[1]，軍人有病疽者，吳起跪而自吮其膿，傷者母立而泣[2]，人問曰：「將軍於若子如是，尚何爲而泣？」對曰：「吳起吮其父之創而父死，今是子又將死也，今吾是以泣[3]。」

1 **注** 先慎曰：乾道本連上，今據趙本提行。

2 **注** 先慎曰：各本作「傷者之母立泣」。盧文弨云：「立」疑衍。俞樾云：「立」字不當有，蓋即「泣」字之誤而衍者。

▲先慎案：上「之」字衍，盧、俞說並誤，「立」下脫「而」字。今據《藝文類聚》五十九、《御覽》四百七十七引改。

3 注 先慎曰：下「今」字當衍，《藝文類聚》引作「吳子吮其父之傷而殺之涇水之上，今安知不殺是子乎」，《御覽》引與《藝文類聚》略同，蓋所見本與今異。《說苑・復恩篇》作「吳子吮此子父之創而殺之於涇水之戰，戰不旋踵而死，今又吮之，安知是子何戰而死，是以哭之矣」。

趙主父令工施鉤梯而緣播吾[1]，刻疎人迹其上[2]，廣三尺，長五尺，而勒之曰：「主父常遊於此。」

1 注 王先謙曰：「播吾」即「番吾」，見《史記・趙世家》、〈六國表〉，又作「鄱吾」。漢常山郡有蒲吾縣，「蒲」、「番」雙聲字變，在今正定府平山縣東南。《漢・地理志》云「縣有鐵山」，《一統志》以為即房山，當即主父「令工施鉤梯」者也。

▲先慎曰：「播」，張榜本、趙本作「潘」，說見上。

2 注 盧文弨曰：「疎」即「疋」之異文，「疋」，足也。下「人迹」二字當本是注誤入正文。俞樾曰：「疎」當作「疎」，即「迹」字也。「迹」，籀文作「速」，此變作「疎」，亦猶「迹」之變作「跡」矣。古本《韓子》當作「刻人疎其上」，寫者依今字作「迹」，而「疎」字失不刪去，遂誤倒在「人」字之上，又誤其字作

「踈」也。

秦昭王令工施鉤梯而上華山，以松柏之心爲博，箭長八尺[1]，棊長八寸，而勒之曰「昭王嘗與天神博於此矣[2]。」

1 注 顧廣圻曰：「為博」句絕，「箭長八尺」句。

2 注 先慎曰：張榜本無「矣」字，《御覽》三十九卷引亦無「矣」字。

文公反國，至河，令籩豆捐之[1]，席蓐捐之，手足胼胝、面目黧黑者後之[2]。咎犯聞之而夜哭，公曰：「寡人出亡二十年，乃今得反國，咎犯聞之不喜而哭，意不欲寡人反國邪[3]？」犯對曰：「籩豆所以食也，而君捐之[4]；席蓐所以臥也，而君棄之[5]；手足胼胝、面目黧黑，勞有功者也[6]，而君後之。今臣與在後[7]，中不勝其哀，故哭。且臣爲君行詐僞以反國者衆矣，臣尚自惡也，而況於君[8]？」再拜而辭。文公止之曰：「諺曰：『築社者，攘撅而置之[9]，端冕而祀之。』今子與我取之，而不與我治之；與我置之，而不與我祀之焉？」乃解左驂而盟于河[10]。

1 注 盧文弨曰：孫云：「《文選》鮑明遠〈東武吟〉注引『令』下有『曰』字，可省。」豆，《藏》本作「笠」，下同。

▲先慎曰：《治要》、《御覽》七百九又七百五十九引均無「曰」字。

2 注 先慎曰：乾道本「面」作「回」，「黧」下無「黑」字。顧廣圻云：《藏》本、今本「黧」下有「黑」字。

▲先慎案：張榜本、趙本「回」作「面」，「手足胼胝、面目黧黑」相對成文，乾道本誤，下文作「面目黧黑」是其證，今據改。《治要》引正作「面目黧黑」。

3 注 盧文弨曰：《選》注引「意」下有「者」字。

4 注 先慎曰：乾道本無「而君捐之」四字。盧文弨云：「《選》注有。」

▲先慎案：《治要》、《御覽》引亦有「而君捐之」四字，今據補。

5 注 先慎曰：乾道本「棄」作「捐」，今據《選》注、《治要》改。

6 注 盧文弨曰：「有功」，《選》注倒。

7 注 先慎曰：乾道本「臣」下有「有」字。盧文弨云：「《選》注無。」

▲先慎案：《治要》及《御覽》引並無，今據刪。

8 注 先慎曰：《治要》有「乎」字。

9 注 顧廣圻曰：《藏》本同。今本「攐」作「攓」。王渭曰：「《魏書．古弼傳》引此作『蹇躄』。」今案：

此同字耳，字書無「攜」字。

10 注 先愼曰：乾道本「乃」作「可」，誤。《治要》作「乃」，今據改。

鄭縣人卜子[1]，使其妻爲袴，其妻問曰：「今袴何如？」夫曰：「象吾故袴[2]。」妻子因毀新令如故袴[3]。

1 注 王先謙曰：此條依〈經〉當在「衛人佐弋」後。

▲先愼曰：乾道本「卜」作「乙」。顧廣圻云：今本「乙」作「卜」，誤，此猶言「某乙」也。〈姦劫弒臣〉云「春申君之正妻子曰甲」，亦猶言「某甲」。〈用人〉云「罪生某，禍歸乙」，亦可證。

▲先愼案：顧說非。《北堂書鈔》一百二十九、《御覽》六百九十五引「乙」作「卜」，今據改。

2 注 先愼曰：乾道本無「故」字。顧廣圻云：《藏》本、今本「吾」下有「故」字。案：此不當有。

▲先愼案：《御覽》引作「似吾故袴」，明乾道本脫「故」字，顧說非。《北堂書鈔》引正作「象吾故袴」，今據補。

3 注 先愼曰：各本「妻」下有「子」字。《北堂書鈔》引無，今據刪。《御覽》引作「妻因鑿新袴為孔」。

鄭縣人有得車軛者，而不知其名，問人曰：「此何種也？」對曰：「此車軛也。」

俄又復得一[1]，問人曰：「此是何種也？」對曰：「此車軛也。」問者大怒曰：「曩者曰『車軛』，今又曰『車軛』，是何衆也？此女欺我也。」遂與之鬬。

1 注 先慎曰：謂又得一車軛也。

衛人有佐弋者，鳥至，因先以其裷麾之[1]，鳥驚而不射也。

1 注 先慎曰：《方言》「褔裷謂之幭」，郭注：「即帊幞也」。

鄭縣人卜子妻之市[1]，買鼈以歸，過潁水，以爲渴也，因縱而飲之，遂亡其鼈[2]。

1 注 先慎曰：各本「卜」作「乙」。《御覽》六十三又九百三十二引「乙」作「卜」，是以「卜」為姓，今據改。又九百三十二引「子」下有「毒」字。

2 注 顧廣圻曰：此條不見於上。

▲先慎曰：《御覽》引「亡其」二字作「失」字。

夫少者侍長者飲，長者飲，亦自飲也。

一曰：魯人有自喜者[1]，見長年飲酒不能釂則唾之，亦效唾之。

1 注 先慎曰：「自喜」二字，疑「效善」之譌。

一曰：宋人有少者欲效善[1]，見長者飲無餘，非斟酒飲也而欲盡之[2]。

1 注 先慎曰：各本「欲」上有「亦」字。《御覽》八百四十五引無，今據刪。

2 注 先慎曰：「非」下九字，《御覽》引作「亦自飲而盡之」六字。

書曰：「紳之束之。」宋人有治者，因重帶自紳束也。人曰：「是何也？」對曰[1]：「書言之，固然。」

1 注 先慎曰：乾道本「對」上有「書」字，顧廣圻云：「《藏》本、今本無『書』字。」今據刪。

書曰：「既雕既琢，還歸其樸[1]。」梁人有治者，動作言學，舉事於文，曰難之[2]，顧失其實。人曰：「是何也？」對曰：「書言之，固然。」

1 注 先慎曰：乾道本以下並連上，趙本於「梁」下提行，並誤。今依盧校改。上「書」字當作「記」，涉上文而誤。下「書言之固然」亦當作「記言之固然」。〈經〉言「宋人之讀書，與梁人之解記」，若下不作「記」字，則〈經〉不分別言矣。

2 注 顧廣圻曰：「曰」當作「日」，音「人質切」。

郢人有遺燕相國書者[1]，夜書，火不明，因謂持燭者曰：「舉燭」，而誤書「舉燭[2]」。舉燭，非書意也。燕相國受書而說之[3]，曰：「舉燭者，尚明也[4]，尚明也者，舉賢而任之。」燕相白王，王大說[5]，國以治。治則治矣，非書意也。今世學者多似此類[6]。

1 注 先慎曰：《藝文類聚》八十、《白孔六帖》十四、《御覽》五百九十五引「郢」作「鄭」。

2 注 先慎曰：各本「而」上有「云」字，「誤」作「過」。今據《藝文類聚》、《御覽》八百七十引刪改。《御覽》五百九十五引作「而誤於書中云」，《白孔六帖》引作「而設書舉燭」，字並非。

3 注 先慎曰：各本無「國」字，據《白孔六帖》、《御覽》引增。「說」，讀為「悅」。

4 注 先慎曰：《藝文類聚》、《御覽》引「尚」作「高」。

5 注 先慎曰：乾道本不重「王」字，盧文弨云：「舊脫其一」。今據《拾補》增。

6 注 先慎曰：乾道本「世」下有「舉」字，顧廣圻云：「《藏》本、今本無。」今據刪。

鄭人有欲買履者[1]，先自度其足而置之其坐，至之市[2]而忘操之。已得履，乃曰：「吾忘持度。」反歸取之。及反，市罷，遂不得履。人曰：「何不試之以足？」曰：「寧信度[3]，無自信也。」

1 注 先愼曰：各本「欲買」作「且置」。《御覽》四百九十九、六百九十七、八百二十七引「置」均作「買」，今據改。「欲」，《御覽》一作「身」。

2 注 先愼曰：《御覽》八百二十七引「之」作「入」。

3 注 先愼曰：《御覽》引「度」下有「數」字。

【四】[1]王登爲中牟令[2]，上言於襄主曰：「中牟有士曰中章、胥己者[3]，其身甚修，其學甚博，君何不舉之？」主曰：「子見之，我將爲中大夫[4]。」相室諫曰：「中大夫，晉重列也，今無功而受，非晉臣之意[5]。君其耳而未之目邪？」襄主曰：「我取登，既耳而目之矣，登之所取又耳而目之，是耳目人絕無已也[6]。」王登一日而見二中大夫，予之田宅，中牟之人棄其田耘、賣宅圃而隨文學者，邑之半[7]。

1 注 先愼曰：乾道本無「四」字，顧廣圻云：「今本有。」今據補。

2 注 顧廣圻曰：「王」當作「壬」，《呂氏春秋．知度篇》作「任」，「壬」、「任」同字。

3 注 盧文弨曰：「中章」二字，《呂》作「瞻」。

▲先慎曰：「中章、胥己」，二人名，下文「一日而見二中大夫」是其證。《呂》作「瞻」，則為一人，誤。

4 注 王先謙曰：「為」上疑奪「以」字。

5 注 盧文弨曰：《呂》作「非晉國之故」。顧廣圻曰：「臣」當作「國」，「意」當作「章」。

6 注 盧文弨曰：「絕」，《呂》作「終」。

7 注 先慎曰：乾道本無「邑」字，顧廣圻云：「今本『者』下有『邑』字。案：依上文當有。」據今本增。

叔向御坐平公請事，公腓痛足痹，轉筋而不敢壞坐。晉國聞之，皆曰：「叔向賢者，平公禮之，轉筋而不敢壞坐。」晉國之辭仕託、慕叔向者國之錘矣[1]**。**

1 注 先慎曰：一本「錘」作「鍾」。盧文弨云：「錘」，張本作「鍾」，與前同，語難解。顧廣圻云：《藏》本同。今本「錘」作「鍾」，誤。案上文亦云「鍾」，皆未詳。案：〈八說篇〉云「死傷者軍之乘」，或此與彼同。

▲先慎案：「錘」，「鍾」皆「垂」之誤。「國之錘」猶「國之半」也，說詳前。〈八說篇〉作「乘」，亦誤。又案：《御覽》三百七十二引《韓子》曰：「晉平公與唐彥坐而出，叔向入，公曳一足，叔向問之，公

曰：『吾侍唐子，腓痛足痺而不敢伸。』叔向不悅，公曰：『子欲貴，吾爵子；欲富，吾祿子。夫唐先生無欲也，非正坐吾無以養之。』」「腓脹」下「唐彥」，一作「唐亥」。案：即「亥唐」倒文。當為此條。一曰佚文。

鄭縣人有屈公者，聞敵，恐，因死；恐已，因生[1]。

1 **注** 先慎曰：上「恐」字下當有「已」字。「恐已因死，恐已因生」，二句文當一律。

趙主父使李疵視中山可攻不也？還報曰：「中山可伐也，君不亟伐，將後齊、燕。」主父曰：「何故可攻？」李疵對曰：「其君見好巖穴之士[1]，所傾蓋與車以見[2]窮閭隘巷之士以十數，伉禮下布衣之士以百數矣[3]。」君曰：「以子言論，是賢君也，安可攻？」疵曰：「不然。夫好顯巖穴之士而朝之，則戰士怠於行陣；上尊學者，下士居朝[4]，則農夫惰於田。戰士怠於行陣者則兵弱也[5]，農夫惰於田者則國貧也。兵弱於敵，國貧於內而不亡者，未之有也，伐之不亦可乎？」主父曰：「善。」舉兵而伐中山，遂滅也。

1 **注** 顧廣圻曰：「見好」，當依下文作「好顯」。

2 注 顧廣圻曰：〈中山策〉「以見」作「而朝」。

3 注 先慎曰：《御覽》二百九十一引「伉」作「亢」。

4 注 先慎曰：「下士居朝」，《御覽》引作「下居士而朝之」。

5 注 先慎曰：乾道本無「陳」字。顧廣圻云：今本「行」下有「陳」字。

▲先慎案：依上文當有，《御覽》引作「陣」。「陣」即「陳」字，今據補。

【五】齊桓公好服紫，一國盡服紫，當是時也，五素不得一紫[1]。桓公患之，謂管仲曰：「寡人好服紫，紫貴甚[2]，一國百姓好服紫不已，寡人奈何？」管仲曰：「君欲止之，何不試勿衣紫也[3]？謂左右曰：『吾甚惡紫之臭。』於是左右適有衣紫而進者，公必曰：『少卻，吾惡紫臭。』」公曰：「諾。」於是日，郎中莫衣紫；其明日，國中莫衣紫；三日，境內莫衣紫也。

1 注 先慎曰：乾道本無「得」字。顧廣圻云：《藏》本、今本「不」下有「得」字。

▲先慎案：《御覽》三百八十九、八百十四兩引有「得」字，今據補。

2 注 先慎曰：乾道本不重「紫」字，顧廣圻云：「《藏》本、今本重『紫』字。」今據補。

3 注 先慎曰：乾道本無「止之」二字。顧廣圻云：《藏》本同。今本無「欲」字。案：「欲」下有脫文。

▲先慎案：《御覽》三百八十九引「欲」下有「止之」二字，是也，今據補。八百十四引無「欲何不試」四字，節文也。今本不審，並刪「欲」字，不可從。

一曰：齊王好衣紫，齊人皆好也。齊國五素不得一紫，齊王患紫貴。傅說王曰：「《詩》云：『不躬不親，庶民不信』。今王欲民無衣紫者[1]，王請自解紫衣而朝[2]，群臣有紫衣進者，曰：『益遠，寡人惡臭』。」是日也，郎中莫衣紫；是月也，國中莫衣紫；是歲也，境內莫衣紫。

1 注 先慎曰：乾道本「王」字作「欲」，顧廣圻云：「《藏》本、今本上『欲』字作『王』。」今據改。

2 注 先慎曰：乾道本「請」作「以」。顧廣圻云：《藏》本同。今本「以」作「請」。案：「以」上有脫文。

▲先慎案：「以」乃「請」之誤，依今本改。「王請自解紫衣而朝」，謂王朝時請先解己之紫衣也，此句並無脫文。

鄭簡公謂子產曰：「國小，迫於荊、晉之間。今城郭不完，兵甲不備，不可以待不虞。」子產曰：「臣閉其外也已遠矣，而守其內也已固矣，雖國小[1]猶不危之也。君其勿憂。」是以沒簡公身無患[2]。

1 注 先愼曰：趙本「國小」二字誤倒。
2 注 先愼曰：「患」下當有「一曰」二字。

子產相鄭。簡公謂子產曰：「飲酒不樂也[1]，俎豆不大，鍾鼓竽瑟不鳴，寡人之事不一[2]，國家不定，百姓不治，耕戰不輯睦，亦子之罪。子有職，寡人亦有職，各守其職。」子產退而爲政五年，國無盜賊，道不拾遺，桃棗之蔭於街者莫援也[3]，錐刀遺道三日可反，三年不變[4]，民無飢也。

1 注 先愼曰：「也」字衍文。
2 注 顧廣圻曰：「之」下當有「罪」字，「事」上當有脫字，未詳。
▲先愼曰：《治要》引《尸子．治天下篇》作「寡人之任也」，下「子之罪」亦作「子之任」。
3 注 先愼曰：舊本無「之」字，「莫」下有「有」字，今據《御覽》九百六十五、《事類賦》二十六引刪。
4 注 先愼曰：「變」字疑誤。

宋襄公與楚人戰於涿谷上[1]，宋人既成列矣，楚人未及濟。右司馬購強[2]趨而諫曰：「楚人衆而宋人寡，請使楚人半涉未成列而擊之，必敗。」襄公曰：「寡人聞君子曰[3]：『不重傷，不擒二毛，不推人於險，不迫人於阨，不鼓不成列』。今楚未濟而擊之，害義。請使楚人畢涉成陣而後鼓士進之。」右司馬曰：「君不愛宋民，腹心不完，特為義耳。」公曰：「不反列，且行法。」右司馬反列，楚人已成列撰陣矣，公乃鼓之。宋人大敗，公傷股，三日而死[4]，此乃慕自親仁義之禍[5]。

1 注 顧廣圻曰：與三《傳》不合。

2 注 顧廣圻曰：未詳。

3 注 盧文弨曰：下「曰」字，《藏》本無。

4 注 盧文弨曰：《春秋》襄公之卒，在次年五月。

5 注 先愼曰：「自親」二字，涉下文而衍。

夫必恃人主之自躬親而後民聽從，是則將令人主耕以為上[1]、服戰鴈行也，民乃肯耕戰，則人主不泰危乎？而人臣不泰安乎？

1 注 先慎曰：「上」當作「食」。上〈經〉下張本有此數句，蓋誤以〈說〉入〈經〉。然作「耕以為食」，則張氏所見之本不作「上」，正可以訂正「上」為「食」之誤。

齊景公游少海[1]，傳騎從中來謁曰：「嬰疾甚，且死，恐公後之。」景公遽起，傳騎又至。景公曰：「趨駕煩且之乘[2]，使騶子韓樞御之[3]。」行數百步，以騶爲不疾，奪轡代之御，可數百步，以馬爲不進，盡[4]釋車而走。以煩且之良而騶子韓樞之巧[5]，而以爲不如下走也。

1 注 先慎曰：「少海」即勃海。

2 注 王渭曰：《晏子春秋》「煩且」作「繁駔」。案：此同字也。

3 注 先慎曰：《晏子春秋．內篇．諫上第一》云「公使韓子休追之」，此「韓樞」疑即彼「韓子休」。

4 注 俞樾曰：《韓子》古本當作「以馬為不盡」，「不盡」即「不進」也。《列子．天瑞篇》「終進乎不知也」，張湛注：「『進』當為『盡』。」是「進」與「盡」古通用。《詩．文王篇》毛《傳》訓「盡」為「進」，師古注《漢書．高帝紀》曰：「『進』字本作『賮』，又作『贐』。」皆其例也。寫者依本字作「進」，而失刪「盡」字，遂並失其讀矣。

5 注 先慎曰：乾道本無「樞」，顧廣圻云：「《藏》本、今本有。」今據補。

魏昭王欲與官事[1]，謂孟嘗君曰：「寡人欲與官事。」君曰：「王欲與官事，則何不試習讀法？」昭王讀法十餘簡而睡臥矣，王曰：「寡人不能讀此法。」夫不躬親其勢柄，而欲爲人臣所宜爲者也[2]，睡不亦宜乎。

1 注 王先謙曰：「與」，去聲。

2 注 先慎曰：「宜」字涉下文衍。

孔子曰[1]：「爲人君者猶盂也，民猶水也，盂方水方，盂圜水圜[2]。」

1 注 先慎曰：乾道本連上，今從趙本提行。

2 注 先慎曰：《治要》引《尸子．處道篇》「圜」作「圓」。案：《說文》「圜，天體也，全也，周也」，是「圜」為正字。《御覽》七百六十引二句互易。

鄒君好服長纓，左右皆服長纓，纓甚貴[1]。鄒君患之，問左右。左右曰：「君好服，百姓亦多服，是以貴。」君因先自斷其纓而出，國中皆不服長纓。君不能下令爲百姓服度以禁之，乃斷纓出以示民[2]，是先戮以莅民也。

1 注 先慎曰：乾道本不重「纓」字。《御覽》三百八十九、六百八十六、《事類賦》十二引並重，今據增。

2 注 先慎曰：乾道本「乃斷」二字作「長」字，「民」上有「先」字。顧廣圻云：「今本作『乃斷纓出以示民』。案：句有誤。」

▲先慎案：今本語極明顯，今據改。

叔向賦獵，功多者受多，功少者受少。

韓昭侯謂申子曰：「法度甚不易行也[1]。」申子曰：「法者見功而與賞，因能而受官。今君設法度而聽左右之請，此所以難行也。」昭侯曰：「吾自今以來知行法矣，寡人奚聽矣。」一日[2]，申子請仕其從兄官，昭侯曰：「非所學於子也。聽子之謁，敗子之道乎？亡其用子之謁[3]。」申子辟舍請罪。

1 注 先慎曰：乾道本無「不」字，今依《拾補》增。

2 注 先慎曰：趙本「日」作「曰」，誤。

3 注 顧廣圻曰：〈韓策〉云「又亡子之術百廢子之謁其行乎」云云，此有脫文。

【六】晉文公攻原，裹十日糧[1]，遂與大夫期十日。至原十日而原不下，擊金而退，罷兵而去。士有從原中出者曰：「原三日即下矣。」群臣左右諫曰：「夫原之食竭力盡矣，君姑待之。」公曰：「吾與士期十日，不去，是亡吾信也。得原失信，吾不爲也。」遂罷兵而去。原人聞曰：「有君如彼其信也，可無歸乎？」乃降公。衛人聞曰：「有君如彼其信也，可無從乎？」乃降公。孔子聞而記之曰：「攻原得衛者，信也。」

1 注 先慎曰：僖二十五年《左傳》：「晉侯圍原，命三日之糧」，《國語》亦作「三日」。

文公問箕鄭曰：「救餓奈何？」對曰：「信。」公曰：「安信？」曰：「信名[1]。信名，則群臣守職，善惡不踰，百事不怠。信事，則不失天時，百姓不踰。信義，則近親勸勉而遠者歸之矣。」

1 注 俞樾曰：「信名」之下當有「信義、信事」四字。蓋文公曰「安信」，箕鄭告以「信名、信義、信事」，下乃一一申之也。今奪之，則文不備。

吳起出，遇故人而止之食，故人曰：「諾。」期返而食[1]。吳子曰：「待公而食。」故人至暮不來，吳起至暮不食而待之[2]。明日早，令人求故人，故人來，方與之食[3]。

1 注 先慎曰：乾道本「期返而食」作「今返而御」。顧廣圻云：《藏》本同。今本「今」作「令」，誤。

▲先慎案：《御覽》八百四十九引作「期反而食」，今據改。

2 注 先慎曰：各本作「起不食待之」。《御覽》四百七十五、八百四十九引並作「吳起至暮不食而待之」，今據改。

3 注 先慎曰：《御覽》引「方」作「乃」。

魏文侯與虞人期獵。明日，會天疾風[1]，左右止文侯，不聽，曰：「不可。以風疾之故而失信[2]，吾不爲也。」遂自驅車往，犯風而罷虞人。

1 注 顧廣圻曰：〈魏策〉云「天雨」，餘多不同。

▲先慎曰：《治要》無「天」字。

2 注 先慎曰：《治要》「可」上無「不」字，「風疾」作「疾風」。

曾子之妻之市[1]，其子隨之而泣[2]。其母曰：「女還，顧反爲女殺彘。」妻適市來[3]，曾子欲捕彘殺之。妻止之曰：「特與嬰兒戲耳。」曾子曰：「嬰兒非與戲也[4]。嬰兒非有知也，待父母而學者也，聽父母之教，今子欺之[5]，是教子欺也。母欺子，子而不信其母[6]，非以成教也。」遂烹彘也。

1 注 顧廣圻曰：「之妻」二字當衍。

▲先慎曰：「妻」上《治要》無「之」字。

2 注 先慎曰：《治要》無「之」字。

3 注 先慎曰：乾道本無「妻」字。《治要》有，今據補。「適」作「道」，誤。

4 注 王先謙曰：「非」下疑有「可」字。

5 注 先慎曰：乾道本「今」作「令」。顧廣圻云：《藏》本同。今本「令」作「今」。

▲先慎案：治要作「今」，今據改。

6 注 先慎曰：各本上「母」字作「父」，不重「子」字，今據《治要》增改。

楚厲王有警鼓與百姓爲戒[1]。飲酒醉，過而擊[2]，民大驚。使人止之[3]。曰：「吾醉而與左右戲而擊之也[4]。」民皆罷。居數月，有警，擊鼓而民不赴[5]，乃更令明號而民信之。

1 注 先慎曰：各本「警」下有「為」字，與「上」有「以」字，「戒」作「戍」，今據《御覽》五百八十二、《事類賦》十一引刪改。

2 注 先慎曰：各本「擊」下有「之也」二字，據《御覽》、《事類賦》刪。

3 注 先慎曰：「之」字，《拾補》增。盧文弨云：脫。

▲先慎案：《御覽》、《事類賦》引有「之」字，今據補。

4 注 先慎曰：各本下「而」字作「過」，《御覽》、《事類賦》引作「而」，是。「過」字涉上文而誤，今據改。

5 注 先慎曰：《御覽》、《事類賦》引「赴」下有「也」字。

李悝警其兩和曰：「謹警敵人，旦暮且至擊汝。」如是者再三而敵不至，兩和懈怠，不信李悝。居數月，秦人來襲之，至，幾奪其軍，此不信患也。

一曰：李悝與秦人戰，謂左和曰：「速上，右和已上矣。」又馳而至右和曰：「左和已上矣。」左右和曰：「上矣[1]。」於是皆爭上。其明年，與秦人戰，秦人襲之，至，幾奪其軍，此不信之患。

1 注 先慎曰：「曰上矣」三字，涉上而衍。此言左右和聞李悝之言，於是皆爭上，明不應有「曰上矣」三字。

有相與訟者[1]，子產離之而毋得使通辭，到至其言以告而知也[2]。

1 注 顧廣圻曰：《藏》本同。今本無自此至末。案：皆複出〈七術〉，不當有也。

2 注 先慎曰：「至」字衍文。「到」即「倒」字。

惠嗣公使人僞關市[1]，關市呵難之，因事關市以金，關市乃舍之。嗣公謂關市曰：「某時有客過而予汝金，因譴之。」關市大恐，以嗣公爲明察。

1 注 先慎曰：「惠」當作「衛」，「僞」當作「過」。

卷第十二

思想議題 〈外儲說左下〉：人性趨利避害／法治與德治、賢治／法與賞罰／勢與權位／術不欲見：察姦與考核／君臣之道。

外儲說左下第三十三[1]

1 **注** 先慎曰：乾道本無「下」字。顧廣圻云：「《藏》本同，今本有。」

▲先慎案：《治要》引有「下」字，今據補。

【一】以罪受誅，人不怨上[1]，跀危坐子皋[2]。以功受賞，臣不德君[3]，翟璜操右契而乘軒[4]。襄王不知[5]，故昭卯五乘而履蹻[6]。上不過任，臣不誣能，即臣將爲失少室周[7]。

1 **注** 罪當，故不怨也。

2 注 皋雖刑之，有不忍之心，跀者懷恩報德。顧廣圻曰：《藏》本同。今本「坐」作「生」，按：依〈說〉當作「逃」。王先謙曰：作「生」是也，與「坐」形近而誤。

▲先慎曰：「危」讀為「跪」，足也，詳下〈說〉。

3 注 功當，故不以為德。

4 注 功當受寵，故乘軒而無慙。

▲先慎曰：「璜」，下作「黃」，古今字通。

5 注 不知功當厚賞也。

6 注 卯西郤秦，東止齊，大矣，而王唯養之五乘。功大賞薄，猶富人而履屩也。

▲先慎曰：張榜本、趙本「屩」作「屫」，注同。《說文》：「屩，從『履』省，『喬』聲。」是「屩」為正字，「屫」、「屫」均別字。〈說〉作「蹻」，古通。

7 注 周以勇力事襄主，貞信不誣人，有勇力多己者，即進之以自代。顧廣圻曰：「失」當作「夫」，在「為」字上，如字讀之。

▲先慎曰：「失」字衍，顧讀「即臣將夫為少室周」，亦不成文。

【二】恃勢而不恃信[1]，故東郭牙議管仲[2]。恃術而不恃信，故渾軒非文公[3]。故有術之主，信賞以盡能，必罰以禁邪，雖有駮行[4]，必得所利。簡主之相陽虎[5]，哀公問「一足[6]」。

1 注 恃勢則信者不生心，恃信則有時不信。

2 注 公欲專仲國柄，牙以仲雖忠矣，儻不忠，必危矣。公因命仲理外，隰朋治內矣。

▲先慎曰：乾道本注「危必」互倒，今從趙本。

3 注 晉文公以箕鄭信誠，以為原令，曰：「必不叛我。」軒曰：「人主不以術御臣，而恃其不叛，其若之何也？」梁玉繩曰：「渾軒」即「渾罕」，非子產者。古「軒」、「罕」通，《左傳》「罕虎」、「罕達」，《公羊》並作「軒」。

4 注 「駮行」，不貞白而駮襍者。

5 注 虎逐魯疑齊，是行駮也。趙主以術御之，盡其用，而趙幾霸。

6 注 問孔子曰：「夔一足若何？」曰：「夔反戾惡心，然所以免禍者也。」公曰：「其信一足，故曰『一足』。」盧文弨曰：注「然所以免禍者」下當有「信」字。

▲先慎曰：「反戾」，下〈說〉作「忿戾」。

【三】失臣主之理，則文王自履而矜1。不易朝燕之處，則季孫終身莊而遇賊2。

1 注 君雖有師，臣當亦謹，小臣當即充指顧之役。文王理解，左右無可使者，是亦失士也。託言君所與者皆其師，是矜過而飾非也。盧文弨曰：注「文王理解」，當作「繫解」。王先謙曰：「自履」文不成義，「履」上當有「繫」字。

2 注 朝當莊，燕當試，今季孫一之，故終身莊而遇害也。

▲先愼曰：趙本注「朝」下有「堂」字，「燕」下無「當試今」三字。張本「試」作「舒」。

【四】利所禁，禁所利，雖神不行1；譽所罪，毀所賞，雖堯不治2。夫爲門而不使入3，委利而不使進4，亂之所以產也5。齊侯不聽左右，魏主不聽譽者，而明察照群臣，則鉅不費金錢6，孱不用璧7，西門豹請復治鄴足以知之8。猶盜嬰兒之矜裘，與跀危子榮衣9。子綽左右畫10，去蟻驅蠅11，安得無桓公之憂索官12，與宣王之患臞馬也13。

1 注 當禁而利，當利而禁，如此，雖神不行，況不神乎？

2 注 當罪而譽，當賞而毀，如此，雖堯不治，況非堯乎？

3 注 門不入，不如無門也。

4 注 與利不進，不如止也。

5 注 門不使入，利不使進，亂所由生也。

6 注 鉅費金，以齊王用左右故也。顧廣圻曰：〈說〉無「錢」字，此當衍，舊注未譌。

7 注 孱用玉，以魏主用毀故。顧廣圻曰：《藏》本、今本「璧」上有「玉」字。按：〈說〉無，舊注亦未譌，此所添，誤。

8 注 初治鄴，不事左右，故君奪之。後治，事之，君乃迎而拜。據此是知左右能為國之害。

▲先慎曰：注乾道本「玉」作「王」，改從趙本。

9 注 盜者子，不恥其父盜，以父所盜衣矜人。刖者兒，不恥其父刖，以刖所著衣榮人。人所諂媚為非猶是。

▲先慎曰：乾道本注「刖以」下衍「不也」二字，改從趙本。

10 注 左畫圜，右畫方，必不得俱成。喻用左右言，亦不能得賢也。

▲先慎曰：乾道本注「俱」下有「能」字，趙本無，今據刪。

11 注 以骨去蟻，以魚去蠅，則蠅蟻愈至。喻溫言訓左右，愈諂。

12 注 公聽左右索官，無以與之，故憂也。

13 注 王不察掌馬者竊芻豆，但患馬臞也。

▲先慎曰：「宣」，張榜本作「先」。按：下〈說〉作「韓宣子」，則作「宣」字是。「王」當作「主」，注

亦誤。

【五】臣以卑儉爲行，則爵不足以勸賞[1]；寵光無節，則臣下侵偪。說在苗賁皇非獻伯，孔子議晏嬰[2]。故仲尼論管仲與叔孫敖[3]。而出入之容變，陽虎之言見其臣也[4]。而簡主之應人臣也失主術[5]。朋黨相和，臣下得欲，則人主孤；群臣公舉，下不相和，則人主明。陽虎將爲趙武之賢、解狐之公[6]。而簡主以爲枳棘，非所以教國也[7]。

1 注 先慎曰：乾道本「勸」作「觀」，盧文弨曰：「觀，張本作『勸』。」今據改。

2 注 獻伯為相，妻不衣帛，晏嬰亦然，故非其太偪下。

▲先慎曰：「孔子議晏嬰」條今奪，《北堂書鈔》一百二十九、《御覽》六百八十九、《事類賦》十二引《韓子》曰：「晏嬰相齊，妾不衣帛，馬不食粟。」（《御覽》「妾」作「妻」）當即此條佚文。

3 注 仲有三歸，以其太奢。敖有糲餅，以其太儉。

▲先慎曰：「餅」當作「飯」，說見下。

4 注 先慎曰：乾道本「變」作「變」，顧廣圻云：今本「變」作「變」。句有誤，未詳。

▲先慎案：「變」字是。陽虎入齊，其臣因之見於君，及其出也，皆不為虎。是入則因之見，出則背之，一

出一入之間，其容遂變。「陽虎之言見其臣也」，此倒句而成文，順之為「陽虎之言見其臣而出入之容變也」。頓氏不知古書倒文成義之法，而讀「變」字句絕，所以疑句有誤也。改從今本。

5 注 虎言居齊已有三人，及其得罪，而三人為君執逐。虎言明己無私，簡主相以私臣之事，言其舉非之，譬樹枳棘者反得其刺也。

▲先慎曰：此謂簡子應虎樹枳棘則刺，樹相棃橘柚則甘之言，為失術也。下云「非所以教國也」，即承此失術言，注說非。又案：乾道本注「及」作「反」，改從趙本。「非之」疑「之非」倒文。

6 注 此三人皆以公舉人，內不避親，外不避讐，虎言己舉亦同之也。盧文弨曰：注「二人」譌「三人」。

7 注 主云所舉害己，與枳棘者同，此反教人為私也。

▲先慎曰：乾道本脫「主」字，顧廣圻云：「藏本、今本『簡』下有『主』字。」今據補。

【六】公室卑則忌直言，私行勝則少公功。說在文子之直言，武子之用杖[1]；子產忠諫，子國譙怒[2]；梁車用法，而成侯收璽[3]；管仲以公，而國人謗怨[4]。

1 注 武子，文子之子，好直言。武子曰：夫直言者必危身，而禍及父也。

2 注 夫忠諫者必離群臣，而又危難於父也。

▲先慎曰：乾道本自「子產」至「父也」二十三字均脫，張榜本有八大字，趙本大小字並有。盧文弨出「子國

譙怒」云：「注『必離君臣』，『離』字脫。」是盧所見本亦有此二十二字，惟注脫「離」字耳。顧廣圻云：《藏》本、今本有「子產忠諫，子國譙怒」，並注云云，此《藏》本所添，未必是也。

▲先慎案：下〈說〉有此事，〈經〉必應有。張榜本、趙本及盧所見本不盡出於《藏》本，顧氏謂《藏》本所添，非也。今據補。

3 注 車為鄴令，其姊犯法，跀之。趙侯以為不慈，免其官也矣。

▲先慎曰：趙本注「姊」譌「妹」，下無「矣」字。

4 注 仲不報封人之恩，唯賢是用，人怨謗也。

右經[1]

1 注 先慎曰：各本脫，今依例補。

【一】孔子相衛，弟子子皋爲獄吏，刖人足，所刖者守門。人有惡孔子於衛君者曰：「尼欲作亂[1]。」衛君欲執孔子，孔子走，弟子皆逃。子皋從出門[2]，跀危引之而逃之門下室中，吏追不得。夜半，子皋問跀危曰：「吾不能虧主之法令而親刖子之足，是子報仇之時也[3]，而子何故乃肯逃我？我何以得此於子？」跀危曰：「吾斷足也，固吾罪當之，不可奈何。然方公之獄治臣也[4]，公傾側法令，先後臣以言，欲臣之免也甚，而臣知之。及獄決罪定，公憱然不悅，形於顏色，臣見又知之。非私臣而然也，夫天性仁心固然也，此臣之所以悅而德公也[5]。」

1 注 先慎曰：張榜本無「尼」字。

2 注 顧廣圻曰：「從」當作「後」。《說苑．至公篇》：「子皋走郭門，郭門閉。」▲先慎曰：「從」字不誤。「出門」當作「後門」，《呂氏春秋》云：「戎夷違齊如魯，天大寒而後門。」「後門」與《說苑》「門閉」合，明「出」為「後」之誤。

3 注 盧文弨曰：《藏》本「仇」下有「怨」字。

4 注 先慎曰：乾道本「欲」作「獄」，誤，今依張榜本、趙本改。

5 注 跀者行步危，故曰「跀危」也。俞樾曰：注說非，「危」乃「跪」之省文，古謂跀足者為「跀跪」，〈內儲說下篇〉「門者跀跪請曰」是其證也。《晏子春秋．雜上篇》「刖跪擊其馬而反之」，孫星衍云：「跪，足也」，此說得之。▲先慎曰：《荀子．勸學篇》「蟹六跪而二螯」，楊倞注：「跪，足也。《韓子》以刖足為『跀跪』。」據此，是楊所見《韓子》作「跪」也，「跪」訓為「足」，又其一證。「悦而德公也」，張榜本重「而」字。案：此下當接「孔子曰：『善為吏者樹德，不能為吏者樹怨。者，平量者也。吏者，平法者也。治國者，不可失平也。』」今錯簡在後，另為一條。《說苑》此下接「孔子聞之曰：『善為吏者樹德，不善為吏者樹怨』」云云，是也。

田子方從齊之魏，望翟黃乘軒騎駕出[1]，方以爲文侯也，移車異路而避之，則徒翟黃也[2]。方問曰：「子奚乘是車也？」曰：「君謀欲伐中山，臣薦翟角而謀得。果且伐之[3]，臣薦樂羊而中山拔。得中山，憂欲治之，臣薦李克而中山治。是以君賜此車。」方曰：「寵之稱功尚薄[4]」。

1 注 既乘軒車，又有輕騎。
▲先慎曰：《說苑・臣術篇》云：「翟黃乘軒車，載華蓋，黃金之勒，約鎮簟席，如此者其駟八十乘。」

2 注 「徒」，獨。
▲先慎曰：乾道本無「徒」字，顧廣圻云：「《藏》本、今本有『徒』字。按：依注當有。」今據補。

3 注 先慎曰：乾道本無「且」字。盧文弨云：張本有。

▲先慎案：「且」，將也，此字當有，今據補。

4 注 稱服也。

▲先慎曰：乾道本無注三字，今據張榜本補。

秦、韓攻魏，昭卯西說而秦、韓罷[1]。齊、荊攻魏，卯東說而齊、荊罷。魏襄王養之以五乘將軍[2]。卯曰：「伯夷以將軍葬於首陽山之下，而天下曰：『夫以伯夷之賢與其稱仁，而以將軍葬，是手足不掩也。』今臣罷四國之兵，而王乃與臣五乘，此其稱功，猶贏勝而履蹻[3]。」

1 注 顧廣圻曰：「昭卯」即「孟卯」也。〈顯學篇〉：「魏任孟卯之辨。」〈難三篇〉：「孰與曩之孟嘗、芒卯。」俞樾曰：「昭」當作「明」。「明卯」即「孟卯」也，又作「芒卯」，「明」、「孟」、「芒」古音俱同。「孟卯」之為「明卯」，猶「孟津」之為「盟津」；「芒卯」之為「明卯」，猶「民甿」之為「民萌」。今作「昭」者，蓋與「明」形似義同，因而致誤。

2 注 養之以五乘使為將軍也。顧廣圻曰：「五乘」句絕。「將軍」二字當衍，涉下文而誤耳。舊注全謁。

▲先慎曰：「將軍」，疑為「之奉」二字之譌。「養之以五乘」文義未備，「乘」下脫「之奉」二字，寫者妄

以「將軍」補之，注遂因譌字作解也。〈外儲說左上〉「燕王悅之，養之以五乘之奉」，文法正同，是其證。《御覽》八百二十九引「乘」作「車」。

3 注 「贏」，利也。謂賈者贏利倍勝，今以薄賞報大功，猶贏勝之人履草屩也。顧廣圻曰：「贏勝」當作「贏滕」，形相近也。舊注全譌。

▲先慎曰：《御覽》八百二十九引「贏」作「嬴」，注同。「蹻」作「屩」。案：「蹻」、「屩」二字古今文通用。《說文》：履，「從尸」，古文作「䪨」，云「從足」。《莊子．天下篇》「以跂蹻為服」，《釋文》：「李云：麻曰『屩』，木曰『屐』，『屐』與『跂』同，『屩』與『蹻』同」，是也。

孔子曰：「善爲吏者樹德，不能爲吏者樹怨。槩者，平量者也；吏者，平法者也。治國者不可失平也[1]。」

1 注 先慎曰：此乃錯簡，當在「孔子相衛」後。

少室周者，古之貞廉潔慤者也，爲趙襄主力士。與中牟徐子角力，不若也，入言之襄主以自代也。襄主曰：「子之處，人之所欲也，何爲言徐子以自代？」曰：「臣以力事君者也。今徐子力多臣，臣不以自代[1]，恐他人言之而爲罪也[2]。」

1 注 先慎曰：張榜本「代」誤「伐」。

2 注 有蔽賢之罪也。

一曰：少室周爲襄主驂乘，至晉陽，有力士牛子耕與角力而不勝。周言於主曰：「主之所以使臣騎乘者[1]，以臣多力也。今有多力於臣者，願進之。」

1 注 顧廣圻曰：「騎」當作「驂」。

【二】齊桓公將立管仲，令群臣曰：「寡人將立管仲爲仲父，善者入門而左，不善者入門而右。」東郭牙中門而立。公曰：「寡人立管仲爲仲父，令曰善者左，不善者右，今子何爲中門而立？」牙曰：「以管仲之智爲能謀天下乎？」公曰：「能。」「以斷，爲敢行大事乎？」公曰：「敢。」牙曰：「君知能謀天下[1]，斷敢行大事，君因專屬之國柄焉[2]。以管仲之能[3]，乘公之勢以治齊國，得無危乎？」公曰：「善。」乃令隰朋治內、管仲治外以相參。

1 注 顧廣圻曰：「君」當作「若」，「知」即「智」字。

2 注 盧文弨曰：張本「之」下有「以」字。

3 注 先慎曰：乾道本無「之」字，盧文弨云：「張、凌本有『之』字。」顧廣圻云：「《藏》本亦有。」今據補。

晉文公出亡，箕鄭挈壺餐而從[1]，迷而失道，與公相失，飢而道泣，寢餓而不敢食。及文公反國，舉兵攻原，克而拔之[2]。文公曰：「夫輕忍飢餒之患而必全壺餐，是將不以原叛。」乃舉以爲原令。大夫渾軒聞而非之曰：「以不動壺餐之故，怙其不以原叛也，不亦無術乎！」故明主者，不恃其不我叛也，恃吾不可叛也[3]；不恃其不我欺也，恃吾不可欺也。

1 注 先慎曰：「餐」，《御覽》八百五十引作「飧」，四百二十六、二百六十六引作「飡」。「箕鄭」作「趙衰」。

2 注 先慎曰：乾道本「原克」作「用兌」。顧廣圻云：今本「用兌」二字作「原」，按：句有誤。孫詒讓云：「用」當為「周」之誤。「兌」，讀為「隧」，謂「六遂」也。「隧」、「兌」字通（詳《老子》）。《周語》云：「晉文公既定襄王於郟，王勞之以地，辭，請隧焉。」韋注云：「隧，六隧也。」（事亦見僖二十五年《左傳》，杜預注以「隧」為王之葬禮，與韋說異。）此文公「攻原」，即周襄王所賜之地，於王國局都鄙，不在六遂，而云「攻周遂」者，戰國時已有文公請六遂之說，展轉傳譌，遂以文公伐原為攻周之遂地。先秦諸子解經，已不免沿譌，悉心推校，可略得其蹤迹。今本作「原」，則明人不知而妄改，不足據也。

▲先慎按：孫說非。「用」乃「原」之誤，「兌」乃「克」之誤。《御覽》二百六十六引作「舉兵攻原，克而拔之」，是其證，今據改。

3 注 先慎曰：乾道本「吾」上無「恃」字，顧廣圻云：「《藏》本、今本有。」今據補。

陽虎議曰：「主賢明則悉心以事之，不肖則飾姦而試之。」逐於魯，疑於齊，走而之趙。趙簡主迎而相之，左右曰：「虎善竊人國政，何故相也？」簡主曰：「陽虎務取之，我務守之[1]。」遂執術而御之。陽虎不敢爲非，以善事簡主，興主之強，幾至於霸也。

1 注 我既守，則彼不能得利。

魯哀公問於孔子曰：「吾聞古者有夔一足，其果信有一足乎？」孔子對曰：「不也，夔非一足也。夔者忿戾惡心，人多不說喜也。雖然，其所以得免於人害者，以其信也，人皆曰『獨此一，足矣。』夔非一足也，一而足也。」哀公曰：「審而是[1]，固足矣。」

1 注 先慎曰：「而」，讀若「如」。

一曰[1]：哀公問於孔子曰：「吾聞夔一足，信乎？」曰[2]：「夔，人也，何故一足？彼其無他異，而獨通於聲，堯曰：『夔一而足矣。』使爲樂正。故君子曰：『夔有一，足[3]』，非一足也。」

1 注 先慎曰：乾道本提行，今從趙本。

2 注 先慎曰：《御覽》三百七十二引「曰」上有「對」字。

3 注 先慎曰：乾道本「足」作「之」。顧廣圻云：「今本『之』作『足』。按：『之』當作『而足』二字。《呂氏春秋．察傳篇》作『故曰夔一足』。」王先謙云：「『之』作『足』，是也。『而』字不可有，有則不待釋而明矣。」改從今本。

【三】文王伐崇[1]，至鳳黃虛，韤繫解，因自結。太公望曰：「何爲也？」王曰：

「君與處皆其師[2]，中皆其友，下盡其使也。今皆先君之臣[3]，故無可使也。」

1 注 顧廣圻曰：《呂氏春秋・不苟篇》云：「武王至殷郊。」

▲先慎曰：《帝王世紀》亦云武王之事。

2 注 顧廣圻曰：「君」上當有「上」字。

3 注 先慎曰：乾道本「皆」作「王」，顧廣圻云：「今本『王』作『皆』。」今據改。

一曰：晉文公與楚人戰[1]，至黃鳳之陵[2]，履繫解[3]，因自結之。左右曰：「不可以使人乎？」公曰：「吾聞上君所與居，皆其所畏也[4]；中君之所與居，皆其所愛也[5]；下君之所與居，皆其所侮也[6]。寡人雖不肖，先君之人皆在，是以難之也[7]。」

1 注 先慎曰：乾道本無「一曰」二字。在「魯哀公問」後另為一條。「楚」下無「人」字。顧廣圻云：今本與下條「文王伐崇」倒，上有「一曰」二字。

▲先慎案：以此條列「文王伐崇」後，方與〈經〉次相合，據今本乙。「人」字，據《初學記》二十六引增。

2 注 先慎曰：《初學記》引「黃鳳」作「鳳皇」。

3 注 顧廣圻曰：今本「係」作「繫」，誤。

▲先慎曰：乾道本亦作「繫」，「係」、「繫」古通用。《初學記》引作「係履墮」。

4 注 言有德也。

▲先慎曰：以下文例之，「所」上當有「之」字。

5 注 能敬順君，故可愛也。

6 注 材輕且侮。盧文弨曰：注「且」疑「見」之誤。

7 注 先慎曰：《治要》引《韓子》：「文王伐崇，至黃鳳墟而韈繫解，左右顧無可令結係，文王自結之。（以上《初學記》卷九引同。）太公曰：『君何為自結係？』文王曰：『吾聞：上君之所與處者盡其師也，中君之所與處者盡其友也，下君之所與處者盡其使也。今寡人雖不肖，所與處者皆先君之人也，故無可令結之也。』」（《御覽》四百七十四引《韓子》曰：「文王伐崇，與大夫謀，韈係解，視左右而自結之。」六百九十七引「韈」作「履」，無「伐崇與大夫謀」六字，「左右」下作「盡賢無可使係者，因俛而係之」。）當即「文王伐崇」條異文。

季孫好士，終身莊，居處衣服常如朝廷。而季孫適懈，有過失[1]而不能長爲也，故客以爲厭易己[2]，相與怨之，遂殺季孫。故君子去泰去甚。

1 注 暫廢其矜莊也。

2 注 先愼曰：「易」，輕易也。

南宮敬子問顏涿聚曰[1]：「季孫養孔子之徒，所朝服與坐者以十數，而遇賊，何也？」曰：「昔周成王近優侏儒以逞其意，而與君子斷事，是能成其欲於天下。今季孫養孔子之徒，所朝服而與坐者以十數，而與優侏儒斷事，是以遇賊。故曰『不在所與居，在所與謀』也。」

1 注 盧文弨曰：此條當連上。
▲先愼曰：盧說是也。上當有「一曰」二字。趙用賢謂此不著〈經〉文中，不知此即上之異文，脫「一曰」二字耳。

孔子侍坐於魯哀公[1]，哀公賜之桃與黍。哀公曰[2]：「請用。」仲尼先飯黍而後啗桃[3]，左右皆揜口而笑[4]。哀公曰：「黍者，非飯之也，以雪桃也[5]。」仲尼對曰：「丘知之矣。夫黍者，五穀之長也，祭先王爲上盛[6]。果蓏有六，而桃爲下，祭先王不得入廟。丘之聞也，君子以賤雪貴，不聞以貴雪賤。今以五穀之長雪果蓏之下，是從上雪下也[7]，丘以爲妨義，故不敢以先於宗廟之盛也[8]。」

1 注 顧廣圻曰：自此至「寧使民諂上」，不見於上文。

▲先慎曰：各本「侍」作「御」。《藝文類聚》八十五又八十六、《御覽》九百六十七引「御」作「侍」，今據改。

2 注 先慎曰：各本無「曰」字。盧文弨云：《家語・子路初見篇》有「曰」字。

▲先慎案：《藝文類聚》八十五引亦有，今據補。

3 注 先慎曰：《御覽》、《事類賦》二十六引「啗」作「食」。《藝文類聚》八十五又八十六引「啗」作「噉」。

4 注 先慎曰：《藝文類聚》八十五引「而」作「失」。

5 注 先慎曰：「雪」，洗也。

6 注 先慎曰：《藝文類聚》八十五、《白孔六帖》八十一引「為」上有「以」字。

7 注 先慎曰：《藝文類聚》八十五引作「是侵上忍下也」。

8 注 先慎曰：「先」上當有「桃」字。

趙簡子謂左右曰[1]：「車席泰美。夫冠雖賤，頭必戴之；屨雖貴，足必履之[2]。今車席如此，大美3，吾將何屩以履之4？夫美下而耗上5，妨義之本也6。」

1 注 先慎曰：各本無「趙」字、「曰」字，「子」作「主」。今據《藝文類聚》六十九、《御覽》七百九引補。

2 注 先慎曰：趙本「屨」、「履」作「屣」、「屨」，下注同。《藝文類聚》引「賤」作「惡」，「貴」作「美」。

3 注 先慎曰：《藝文類聚》「大美」作「其大美也」。

4 注 「屨」，所履。席大美則更無美屨以履之也。

▲先慎曰：依注，「屩」當作「屨」。

5 注 言席美則履又當美，履美衣又當美，累美不已，則居上彌有所費也。

▲先慎曰：《藝文類聚》引「夫」上有「且」字，注「累」字，張、趙本作「求」。

6 注 先慎曰：《藝文類聚》引「本」作「道」。

費仲說紂曰：「西伯昌賢，百姓悅之，諸侯附焉，不可不誅，不誅必爲殷禍1。」紂曰：「子言，義主，何可誅？」費仲曰：「冠雖穿弊，必戴於頭；履雖五采，必踐之於地。今西伯昌2，人臣也，修義而人向之，卒爲天下患，其必昌乎！人人不以其賢爲其主[3]，非可不誅也。且主而誅臣，焉有過？」紂曰：「夫仁義者，上所以勸下也。今昌好仁義，誅之不可。」三說不用，故亡。

1 注 先愼曰：乾道本無「禍」字，《拾補》作「患」。盧文弨云：「張本作『禍』。」顧廣圻云：「《藏》本有『禍』字，今本有『患』字。」今據《藏》本補。

2 注 先愼曰：乾道本「伯」作「戎」，今據趙本改。盧文弨云：張本作「戎」，亦誤。

3 注 盧文弨曰：上「人」字，或改「夫」。顧廣圻曰：《藏》本同。按：下「人」字當作「臣」。今本「不」作「欲」，誤。

齊宣王問匡倩曰：「儒者博乎？」曰：「不也。」王曰：「何也？」匡倩對曰：「博者貴梟[1]，勝者必殺梟，殺梟者，是殺所貴也，儒者以爲害義，故不博也。」又問曰：「儒者弋乎？」曰：「不也。弋者從下害於上者也，是從下傷君也，儒者以爲害義[2]，故不弋。」又問：「儒者鼓瑟乎？」曰：「不也。夫瑟以小絃爲大聲，以大絃爲小聲，是大小易序，貴賤易位[3]，儒者以爲害義，故不鼓也。」宣王曰：「善。」仲尼曰：「與其使民諂下也，寧使民諂上[4]。」

1 注 先慎曰：乾道本無「者」字，盧文弨曰：「張本有。」今據補。

2 注 先慎曰：乾道本無「義」字。顧廣圻云：今本「害」下有「義」字。

▲先慎案：依上下文當有，《御覽》八百三十二引有「義」字，今據補。

3 注 先慎曰：《意林》「序」、「位」二字互易。

4 注 諂下則朋黨，諂上則尊敬。盧文弨曰：注「尊敬」，張本作「卑敬」。

【四】鉅者[1]，齊之居士。孱者，魏之居士。齊、魏之君不明，不能親照境內，而聽左右之言，故二子費金璧而求入仕也。

1 注 先慎曰：乾道本「鉅」作「詎」。盧文弨云：「詎」，張本作「鉅」。顧廣圻云：《藏》本作「鉅」，王渭云：《困學紀聞》引作「距」。

▲先慎案：「距」、「詎」並「鉅」字之誤，《呂氏春秋·去私篇》有「鉅子」，高注：「鉅，姓」，是也。今從《藏》本，上文正作「鉅」。

西門豹爲鄴令，清剋潔慤，秋毫之端無私利也，而甚簡左右[1]，左右因相與比周而惡

之。居期年，上計，君收其璽。豹自請曰[2]：「臣昔者不知所以治鄴，今臣得矣，願請璽復以治鄴，不當，請伏斧鑕之罪。」文侯不忍而復與之。豹因重斂百姓，急事左右，期年，上計，文侯迎而拜之。豹對曰：「往年臣爲君治鄴，而君奪臣璽；今臣爲左右治鄴，而君拜臣——臣不能治矣。」遂納璽而去。文侯不受，曰：「寡人曩不知子，今知矣，願子勉爲寡人治之。」遂不受[3]。

1 注 不事君左右也。

2 注 先慎曰：乾道本無「請」字，顧廣圻云：「《藏》本、今本有。」今據補。

3 注 不受豹所納之璽也。

▲先慎曰：張榜本無「遂不受」及注十一字。

齊有狗盜之子與刖危子戲而相誇[1]。盜子曰：「吾父之裘獨有尾[2]。」危子曰[3]：「吾父獨冬不失袴[4]。」

1 注 先慎曰：「刖」，〈經〉作「跀」。案：《說文》：「跀，斷足之刑也。」經典通作「刖」。

2 注 言裘尚有所盜之狗尾。盧文弨曰：「狗盜」，象狗以入人家，故後有尾。舊注非。

3 注 顧廣圻曰：「危」上當有「刖」字。

4 注 刖足者不衣袴，雖終其冬夏無所損失也。盧文弨曰：癈疾之人，上給其袴，故云然。注亦非。俞樾曰：疑注所據本作「終不失袴」，故云「雖終其冬夏無所損失」。今涉注文有「冬」字，而誤「終」為「冬」，則不可通矣。刖者既不衣袴，何有冬夏之別，安得獨於冬言不失歟？當據注訂正。

▲先慎曰：《御覽》六百九十四引作「吾父冬夏獨有一足袴」，與注所據之本不同，蓋相傳本異也。

子綽曰：「人莫能左畫方而右畫圓也[1]。」

1 注 先慎曰：〈經〉注作「左畫圓右畫方」。

以肉去蟻，蟻愈多；以魚驅蠅，蠅愈至[1]。

1 注 先慎曰：舊連上，今提行。《御覽》九百四十四引作「以火去蛾蛾愈多，以魚敺蠅蠅愈至」，又九百四十七引作「以骨去蟻蟻愈多，以肉驅蠅蠅愈至」。《意林》「肉」作「骨」，《藝文類聚》九十七引亦作「骨」。

桓公謂管仲曰：「官少而索者衆[1]，寡人憂之。」管仲曰：「君無聽左右之請[2]，因能而受祿[3]，錄功而與官，則莫敢索官。君何患焉[4]？」

1 注 先慎曰：《御覽》六百二十四引注云：「索，求也。」當即本書舊注。

2 注 先慎曰：乾道本「請」上有「謂」字。顧廣圻云：《藏》本、今本無「謂」字。按：「謂」當作「謁」。

▲先慎案：「謂」字衍文。《御覽》引無「謂」字，《意林》作「君無聽人有請」，〈經〉注作「君勿聽左右之請」，並無「謂」字，今據刪。

3 注 先慎曰：《意林》「受」作「授」。

4 注 先慎曰：乾道本無「君」字，趙本下「官」字作「君」。按：「君」字脫，趙本改「官」為「君」，非也，今據《御覽》引增。

韓宣子[1]曰：「吾馬菽粟多矣，甚臞，何也？寡人患之。」周市對曰：「使騶盡粟以食，雖無肥，不可得也。名爲多與之[2]，其實少，雖無臞，亦不可得也。主不審其情實，坐而患之，馬猶不肥也。」

1 注 王渭曰：「子」字誤。

2 注 先慎曰：「為」字，一本作「與」。盧文弨云：「與」，張本作「為」。

桓公問置吏於管仲[1]。管仲曰[2]：「辯察於辭，清潔於貨，習人情，夷吾不如弦商[3]，請立以爲大理。登降肅讓，以明禮待賓，臣不如隰朋，請立以爲大行。墾草仞邑[4]，辟地生粟，臣不如甯武[5]，請以爲大田。三軍既成陳，使士視死如歸，臣不如公子成父[6]，請以爲大司馬。犯顏極諫，臣不如東郭牙，請立以爲諫臣。治齊，此五子足矣，將欲霸王，夷吾在此。」

1 **注** 顧廣圻曰：此條上文未見。

2 **注** 先慎曰：乾道本無「管仲」二字。盧文弨云：「凌本有。」今據補。

3 **注** 盧文弨曰：《新序．雜事》四作「寧」，《呂氏春秋．勿躬篇》誤作「章」。顧廣圻曰：《管子》云「賓須無」。

4 **注** 「仞」，入也。所食之邑，能入其租稅也。俞樾曰：「仞」當作「刱」，謂刱造其邑也。作「仞」者，字之誤。舊注訓「仞」為「入」，未詳其義。《新序》載此事正作「刱邑」，當據以訂正。

▲先慎曰：《管子．小匡篇》「仞」作「入」，即舊注所本，俞氏失考耳。《廣雅．釋詁》三：「人，得也。」

5 **注** 盧文弨曰：「武」，「戚」字之譌，《新序》作「戚」。顧廣圻云：《呂氏春秋》作「遫」。

▲先慎曰：盧說是，《管子》亦作「戚」，「戚」有「宿」音，故通作「遬」。

6 注 顧廣圻曰：《呂氏春秋》作「王子城父」。

▲先慎曰：《管子》亦作「王子城父」，《晏子春秋．問上篇》、《新序》四又作「成甫」。「城」、「成」，「父」、「甫」，古字並通。魏〈王基碑〉以為王子比干之後（見錢大昕《金石文跋尾一》），明「公」為「王」之誤。

【五】[1]孟獻伯相魯[2]，堂下生藿藜，門外長荊棘，食不二味，坐不重席，無衣帛之妾[3]，居不粟馬，出不從車。叔向聞之，以告苗賁皇。賁皇非之曰：「是出主之爵祿以附下也。」

1 注 先慎曰：乾道本無「五」字，顧廣圻云：「今本有。」今據補。

2 注 顧廣圻曰：「孟」當作「盂」，「盂」者，晉邑。杜預注「太原盂縣」是也。「獻伯」，晉卿，盂其食邑，以配謚而稱之，猶言「隨武子」之比矣。「魯」，當作「晉」。

▲先慎曰：《藝文類聚》六十九引「獻」作「懿」。

3 注 先慎曰：乾道本「無」上有「晉」字，盧文弨云：「凌本無『晉』字。」顧廣圻云：「『晉』字，上文所錯入也。」今據凌本刪。

一曰：晉孟獻伯拜上卿[1]，叔向往賀，門有御[2]，馬不食禾。向曰：「子無二馬二輿，何也[3]？」獻伯曰：「吾觀國人尚有飢色，是以不秣馬。班白者多徒行，故不二輿[4]。」向曰：「吾始賀子之拜卿，今賀子之儉也。」向出，語苗賁皇曰：「助吾賀獻伯之儉也。」苗子曰：「何賀焉？夫爵祿旂章[5]，所以異功伐、別賢不肖也。故晉國之法，上大夫二輿二乘，中大夫二輿一乘，下大夫專乘，此明等級也。且夫卿必有軍事，是故循車馬[6]、比卒乘以備戎事，有難則以備不虞，平夷則以給朝事。今亂晉國之政，乏不虞之備以成節[7]，以絜私名，獻伯之儉也可與[8]？又何賀[9]！」

1 注 先慎曰：各本無「晉」字。王渭云：晉卿無孟氏，此或即晉語叔向賀韓宣子憂貧事而致誤。
▲先慎案：王說非是，顧氏已辨於上。《御覽》五百四十三引上有「晉」字，今據補。
2 注 顧廣圻曰：此下當有「車」字。
3 注 顧廣圻曰：上「二」字，當作「秣」。
▲先慎曰：《御覽》引作「子無二輿，馬不食禾，何也」，與此異。
4 注 先慎曰：乾道本「多」作「不」，趙本作「多」，今據改。《御覽》引「多」字作「多以」二字，亦非。
5 注 盧文弨曰：「旂」，《藏》本作「旗」。

6 注 王渭曰：「循」當作「脩」。

7 注 顧廣圻曰：《藏》本、今本「節」下有「儉」字，誤。按：「節」上當有「私」字。

8 注 言辭制當誅之故可與也。盧文弨曰：注「亂」譌「辭」。「故可與也」文有脫誤，當云：「可與，言不可也。」

9 注 先慎曰：此下當有孔子議晏嬰一事，說見上。

管仲相齊，曰：「臣貴矣，然而臣貧。」桓公曰：「使子有三歸之家[1]。」曰：「臣富矣，然而臣卑。」桓公使立於高、國之上。曰：「臣尊矣，然而臣疏。」乃立爲仲父。孔子聞而非之曰：「泰侈偪上。」

1 注 先慎曰：「三歸」，臺名，古藏貨財之所，故能富。他書以「三歸」為取三姓女，非。

一曰：管仲父出，朱蓋青衣，置鼓而歸[1]，庭有陳鼎，家有三歸。孔子曰：「良大夫也，其侈偪上。」

1 注 自朝歸設鼓吹之樂。

孫叔敖相楚1，棧車2牝馬，糲飯菜羹3，枯魚之膳，冬羔裘，夏葛衣，面有飢色，則良大夫也，其儉偪下。

1 **注** 王先謙曰：上文言仲尼論管仲與孫叔敖，則孫叔敖以下皆孔子之言，「偪上」、「偪下」文又相對，當連上為一條，不提行。

2 **注** 柴車也。

3 **注** 先慎曰：各本「飯」作「餅」。王念孫云：「餅」當為「飰」。「飰」與「飯」同，見《玉篇》、《廣韻》。「糲飯菜羹」，猶言「疏食菜羹」耳。「飰」與「餅」字形相似，傳寫往往譌溷（《廣雅》云：「飰，食也。」《方言注》云：「篚，盛飰筥也。」《爾雅．釋言》釋文曰：「飰字又作飰。」今本「飰」字竝譌作「餅」）。《初學記．器物部》引此正作「糲飯」。

▲先慎案：《御覽》八百四十九、又八百五十、《北堂書鈔》一百四十四引均作「糲飯」，今據改。

陽虎去齊走趙。簡主問曰：「吾聞子善樹人。」虎曰：「臣居魯，樹三人，皆爲令尹1，及虎抵罪於魯，皆捜索於虎也。臣居齊，薦三人，一人得近王，一人爲縣令，一人爲候吏，及臣得罪，近王者不見臣，縣令者迎臣執縛，候吏者追臣至境上，不及而止。虎不善樹人。」主俛而笑曰：「夫樹柤棃橘柚者[2]，食之則甘，嗅之則香；樹枳棘者，成而刺人。故君子慎所樹。」

1 注 先慎曰：「令尹」二字誤。
2 注 先慎曰：乾道本無「夫」字，各本無「柤棃」二字。盧文弨云：「張本有『夫』字。」
▲先慎案：《藝文類聚》八十六、《初學記》二十八引有「夫」字及「柤棃」二字，《御覽》九百六十九引亦有「柤棃」二字，今據增。

中牟無令。魯平公問趙武曰：「中牟，三國[1]之股肱，邯鄲之肩髀，寡人欲得其良令也，誰使而可？」武曰：「邢伯子可[2]。」公曰：「非子之讎也[3]？」曰：「私讎不入公門。」公又問曰：「中府之令，誰使而可？」曰：「臣子可。」故曰：「外舉不避讎，內舉不避子。」趙武所薦四十六人於其君[4]，及武死，各就賓位[5]，其無私德若此也[6]。

1 注 趙、齊、燕也。
2 注 先慎曰：各本「邢」作「刑」，據《御覽》二百六十六引改。
3 注 王先謙曰：「也」，猶「邪」，古通。

4 注 先慎曰：乾道本「趙」下另為一條。盧文弨云：「張、凌本俱連上。」

▲先慎案：當連，今從張、凌本。「於其君」三字各本無，據《御覽》六百二十二、《初學記》二十引補。

5 注 先慎曰：《御覽》、《初學記》引作「及武之死也，四十六人皆就賓位」。

6 注 先慎曰：《御覽》引此下更有「武薦白屋之士十餘家」九字，《初學記》引有「又曰趙武以薦白屋之士管庫者六十家」十四字，與《御覽》略有增省，皆此佚文。

平公問叔向曰：「群臣孰賢？」曰：「趙武。」公曰：「子黨於師人[1]。」向曰：「武立如不勝衣[2]，言如不出口，然其所舉士也數十人[3]，皆令得其意[4]，而公家甚賴之。況武子之生也不利於家[5]，死不託於孤，臣敢以爲賢也。」

1 注 向，武之屬大夫。

2 注 先慎曰：乾道本無「向曰」二字，今依《拾補》補。盧文弨云：「二字脫，當有。」顧廣圻云：《新序·襍事》四云：「子黨於子之師也。」對曰：「臣敢言，趙武之為人也，立若不勝衣」云云。

3 注 先慎曰：各本無「其」字，據《御覽》四百二引增。

4 注 稱叔向，故得意。盧文弨曰：令士得其意，皆可以盡其材也。注謬難曉。

▲先慎曰：乾道本無「令」字，《御覽》引有，盧文弨云：「《藏》本有『令』字。」今據補。

5 注 先慎曰：各本「況」作「及」，今據《御覽》改。

解狐薦其讎於簡主以爲相[1]，其讎以爲且幸釋己也，乃因往拜謝。狐乃引弓迎而射之[2]，曰：「夫薦汝，公也，以汝能當之也。夫讎汝，吾私怨也，不以私怨汝之故擁汝於吾君[3]。」故私怨不入公門。

1 注 盧文弨曰：《韓詩外傳》九又云「魏文侯」，竝譌。

▲先慎曰：《說苑》作「晉文侯問咎犯」，蓋往事傳聞不同，要以《韓非》為近古。

2 注 先慎曰：各本「迎」作「送」，《藝文類聚》二十二、《御覽》四百二十九引竝作「迎」，今據改。

3 注 盧文弨曰：「擁」當作「壅」。

一曰：解狐舉邢伯柳爲上黨守[1]，柳往謝之曰：「子釋罪，敢不再拜。」曰：「舉子，公也；怨子，私也。子往矣，怨子如初也[2]。」

1 注 先慎曰：乾道本無「一曰」二字，「解」下提行，顧廣圻云：「今本上有『一曰』二字，不提行。」今據增改。

2 注 先愼曰：《白孔六帖》四十四引《韓子》曰：「趙簡王問解狐，孰可為上黨守，曰：『荊伯柳。』王曰：『非子之讐乎？』曰：『舉賢不避仇讐也。』」

鄭縣人賣豚，人問其價，曰：「道遠日暮，安暇語汝[1]。」

1 注 先愼曰：乾道本無「遠」字。顧廣圻云：今本「道」下有「遠」字。

▲先愼案：今本有「遠」字是，今據補。此條不見上〈經〉，疑〈南面篇〉文錯簡在此。

【六】范文子喜直言，武子擊之以杖：「夫[1]直議者不爲人所容，無所容則危身，非徒危身，又將危父。」

1 注 先愼曰：「夫」當作「曰」。

子產者，子國之子也。子產忠於鄭君，子國譙怒之曰：「夫介異於人臣[1]，而獨忠於主[2]。主賢明，能聽汝，不明，將不汝聽。聽與不聽，未可必知，而汝已離於群臣，離於群臣則必危汝身矣。非徒危己也，又且危父矣[3]。」

1 注 趙用賢曰：「介異」，言介然異於人臣也。

2 注 先慎曰：乾道本無「忠」字，顧廣圻云：「《藏》本、今本『獨』下有『忠』字。」今據增。

3 注 盧文弨曰：下「矣」字，張本無。

梁車爲鄴令[1]，其姊往看之，暮而後至，閉門[2]，因踰郭而入。車遂刖其足。趙成侯以爲不慈，奪之璽而免之令[3]。

1 注 先慎曰：各本「為」上有「新」字，據《白孔六帖》十九引刪。盧文弨云：前後俱無「新」字，是也。

2 注 先慎曰：各本無「至」字，「閉門」作「門閉」，據《白孔六帖》增改。《御覽》四百九十二、五百一十七引作「暮而門閉」。

3 注 先慎曰：《白孔六帖》引「免之令」作「逐之」。

管仲束縛，自魯之齊，道而飢渴，過綺烏封人而乞食。烏封人跪而食之[1]，甚敬。封人因竊謂仲曰：「適幸及齊不死而用齊，將何報我？」曰：「如子之言，我且賢之用，能之使[2]，勞之論，我何以報子？」封人怨之。

1 注 顧廣圻曰：上文云「綺烏」，皆未詳。

▲先慎曰：《御覽》八百四十九引作「綺邑」。

2 注 先慎曰：乾道本「能」下無「之」字。顧廣圻云：今本有「之」字。

▲先慎案：《御覽》引有，今據補。

卷第十三

思想議題

〈外儲說右上〉：君臣之道／勢與權位／術不欲見：察姦與考核／法與賞罰／反儒墨，非俠、辯。

外儲說右上第三十四

君所以治臣者有三：

【一】勢不足以化則除之。師曠之對，晏子之說，皆合勢之易也而道行之難[1]，是與獸逐走也，未知除患。患之可除，在子夏之說《春秋》也：「善持勢者，蚤絕其姦萌。」故季孫讓仲尼以遇勢[2]，而況錯之於君乎？是以太公望殺狂矞，而臧獲不乘驥。嗣公知之，故不駕鹿[3]。薛公知之，故與二欒博[4]。此皆知同異之反也。故明主之牧臣也，說在畜烏[5]。

1 注 顧廣圻曰：「合」當作「舍」，形近誤。此「舍」與「道」、「勢」與「行」皆相對。「行」，去聲讀之。〈難一篇〉「釋庸主之所易，道堯舜之所難」，又〈難二篇〉「不出乎莫不然之數，而道乎百無一之行」，句例同。又〈用人篇〉「釋三易之數，而行一難知之心」。〈五蠹篇〉「舍必不亡之術，而道必滅之事」，句例皆同。王先謙曰：「道」，由也。「行」，如字，義順，不必讀去聲。

2 注 顧廣圻曰：「遇」當作「遏」。

3 注 先慎曰：乾道本「不」作「而」。顧廣圻云：「而」當作「不」。

▲先慎案：張榜本作「不」，今據改。

4 注 盧文弨曰：疑「欒」作「孿」，下同。俞樾曰：「欒子」即「蘭子」也。「欒」與「蘭」音近，《說文·門部》「䦨，妄入宮掖也，讀若『闌』」，即其例也。《列子·說符篇》「宋有蘭子者」，《釋文》云：「凡人物不知生出者，謂之『蘭』也。」是「蘭子」之「蘭」，即「䦨」之引申義，故此書以「欒」為之矣。

▲先慎曰：《說文》「欒」從「䜌」聲，「孿」從「䜌」聲，二字聲同。《釋名·釋宮室》：「欒，攣也，其體上曲攣拳然也。」《易·中孚》「有孚攣如」，一本作「孿」。是「欒」、「孿」二字義通，故本書叚「欒」為「孿」。《蒼頡篇》：「孿，一生兩子也。」《說文》：「孿，一乳兩子也。」其言「二欒」者，謂昆弟皆來博也。則「欒」為「孿」叚借，仍當以「雙生」訓之，俞以「欒」為「蘭」，失其旨矣。

5 注 先慎曰：乾道本「烏」作「焉」，《拾補》作「馬」。案：「焉」、「馬」二字，皆「烏」字形近而譌，《說》作「烏」不誤，今從張榜本作「烏」。

【二】人主者[1]，利害之軺轂也，射者衆，故人主共矣。是以好惡見則下有因，而人主惑矣；辭言通則臣難言，而主不神矣。說在申子之言「六慎」，與唐易之言弋也[2]。患在國羊之請變[3]，與宣王之太息也。明之以靖郭氏之獻十珥也[4]，與犀首、甘茂之道穴聞也[5]。堂谿公知術，故問玉卮。昭侯能術，故以聽獨寢[6]。明主之道，在申子之勸「獨斷」也。

1 注 先慎曰：乾道本連上，今從張榜本、趙本提行。

2 注 顧廣圻曰：「易」下〈說〉有「鞠」字。

3 注 先慎曰：乾道本「羊」作「年」。顧廣圻云：今本「年」作「羊」，〈說〉作「羊」。

▲先慎案：作「羊」是，改從今本。

4 注 先慎曰：「氏」當作「君」。

5 注 先慎曰：乾道本「茂」作「戍」。顧廣圻云：《藏》本、今本作「茂」。按：「戍」當作「戊」，「戊」、「茂」同字也。〈古今人表〉作「戊」。

▲先慎案：《漢．表》用古文作「戊」，本書例用今文作「茂」，今從《藏》本，〈說〉正作「茂」。

6 注 先慎曰：「以」字當在「能」字下。「以」，用也。言昭侯能用術，故每聽必獨寢。

【三】術之不行，有故。不殺其狗則酒酸。夫國亦有狗，且左右皆社鼠也。人主無堯之再誅，與莊王之應太子，而皆有薄媼之決蔡嫗也。知貴[1]不能以教歌之法先揆之，吳起之出愛妻，文公之斬顛頡，皆違其情者也。故能使人彈疽者，必其忍痛者也。

注 1 先愼曰：「知貴」疑「欲知」之誤。

右經

【一】賞之、譽之不勸，罰之、毀之不畏，四者加焉不變，則除之[1]。

注 1 先愼曰：乾道本「則」下有「其」字。盧文弨云：一本無「則」字。王渭云：「其」字衍。
▲先愼案：張榜本無「其」字，今據刪。

齊景公之晉，從平公飲，師曠侍坐。始坐[1]，景公問政於師曠曰：「太師將奚以教寡人？」師曠曰：「君必惠民而已[2]。」中坐，酒酣，將出，又復問政於師曠曰：「太師奚以教寡人？」曰：「君必惠民而已矣。」景公出之舍，師曠送之，又問政於師曠，師曠曰：「君必惠民而已矣。」景公歸，思，未醒[3]，而得師曠之所謂：「公子尾、公子夏者，景公之二弟也，甚得齊民，家富貴而民說之，擬於公室，此危吾位者也。今謂我惠民者，使我與二弟爭民邪？」於是反國，發廩粟以賦衆貧[4]，散府餘財以賜孤寡[5]，倉無陳粟，府無餘財，宮婦不御者出嫁之，七十受祿米……鬻德惠施於民也[6]，與二弟爭民[7]。居二年，二弟出走，公子夏逃楚，公子尾走晉[8]。

1 注 先慎曰：乾道本無「始坐」二字。盧文弨云：「張本有。」顧廣圻云：「《藏》本有。」今據補。

2 注 王先謙曰：以下文例之，句末當有「矣」字。

3 注 先慎曰：「歸」，謂歸其舍。「未醒」，承上「酒酣」言，寤寐思之，恍然有得，不待酒醒也。

4 注 先慎曰：乾道本「粟」作「栗」，誤。今據趙本改。

5 注 俞樾曰：「餘」字衍文。「散府財」與「發廩粟」相對為文，不當有「餘」字，涉下文「府無餘財」而衍。

6 注 先慎曰：「惠施」當作「施惠」。

7 注 先慎曰：乾道本無「民」字。顧廣圻云：今本「爭」下有「民」字。「已」讀為「以」。盧文弨云：「已」字，張本作「不」。

▲先慎案：「已」、「以」古通，顧讀是。「爭」下無「民」字，則句義不完，今據今本補。

8 注 盧文弨曰：子尾無出亡事。其子高彊昭十年奔魯，遂奔晉。

▲先慎曰：《左傳》「子夏」作「子雅」。古「雅」、「夏」通用。

景公與晏子游於少海，登柏寢之臺而還望其國，曰：「美哉！泱泱乎！堂堂乎！後世將孰有此？」晏子對曰：「其田成氏乎？」景公曰：「寡人有此國也，而曰田成氏有之，何也？」晏子對曰：「夫田成氏甚得齊民。其於民也，上之請爵祿行諸大臣[1]，下之私大斗斛區釜以出貸，小斗斛區釜以收之[2]。殺一牛，取一豆肉，餘以食士。終歲，布帛取二制焉，餘以衣士。故市木之價不加貴於山，澤之魚鹽龜鼈蠃蚌不加貴於海[3]。君重斂，而田成氏厚施。齊嘗大飢，道旁餓死者不可勝數也，父子相牽而趨田成氏者不聞不生。故周秦之民[4]相與歌之曰：『謳乎，其已乎！苞乎，其往歸田成子乎[5]！』《詩》曰：『雖無德與女[6]，式歌且舞。』今田成氏之德而民之歌舞[7]，民德歸之矣。故曰：『其田成氏乎』。」公泫然出涕曰：「不亦悲乎！寡人有國而田成氏有之。今爲之奈何？」晏子對曰：「君何患焉？若君欲奪之，則近賢而遠不肖，治其煩亂，緩其刑罰，振貧窮而恤孤寡，行恩惠而給不足，民將歸君，則雖有十田成氏[8]，其如君何？」

1 注 先慎曰：〈二柄篇〉作「行之群臣」。

2 注 先慎曰：《左．昭三年傳》：「齊舊四量：豆、區、釜、鍾。四升為豆，各自其四，以登於釜，釜十則鍾。陳氏三量，皆登一焉，鍾乃大矣。以家量貸，而以公量收之。」

3 注 先慎曰：乾道本「蚌」作「蛘」，無「加」字，今依《拾補》改增。

4 注 顧廣圻曰：「秦」當作「齊」。「周」，遍也，謂遍齊國之人。

5 注 盧文弨曰：孫貽穀云：《史記．田敬仲世家》：齊人歌之曰：「嫗乎采芑，歸乎田成子。」此疑有誤。俞樾曰：「已」當作「芑」。昭十二年《左傳》「我有圃生之杞乎，從我者子乎」，與此文義相似。《史記》載此歌正作「芑」。惟此本以「謳」、「苞」為韻，「芑」、「子」為韻。《史記》作「歸乎田成子」，「歸」與「諷」則非韻矣。當以此為正。

6 注 先慎曰：《晏子春秋．外篇》「女」作「汝」，同字。

7 注 先慎曰：「之歌舞」當作「歌舞之」。

8 注 先慎曰：「田成氏」，《御覽》一百六十及一百七十七引無「成」字。

或曰：景公不知用勢，而師曠、晏子不知除患。夫獵者，託車輿之安，用六馬之足，使王良佐轡，則身不勞而易及輕獸矣。今釋車輿之利、捐六馬之足與王良之御，而下走逐

獸，則雖樓季之足無時及獸矣。託良馬固車則臧獲有餘。國者，君之車也；勢者，君之馬也。夫不處勢以禁誅擅愛之臣[1]，而必德厚以與天下齊行以爭民[2]，是皆不乘君之車、不因馬之利[3]，釋車而下走者也[4]。故曰：景公不知用勢之主也，而師曠、晏子不知除患之臣也[5]。

1 **注** 先慎曰：「誅」字衍。「擅愛」，即「上請爵祿行之大臣」也。「禁擅愛之臣」，與下文「禁侵陵之臣」句例正同。

2 **注** 先慎曰：乾道本「民」作「名」。顧廣圻云：「天」字衍。《藏》本「名」作「民」，是也。見本書〈難三篇〉。

▲先慎案：顧說是，《拾補》亦作「民」，今據改。

3 **注** 先慎曰：「君之車」當作「車之安」。「車之安」與「馬之利」相對為文。上云「託車輿之安」，即其證。

4 **注** 先慎曰：乾道本無「釋」字。顧廣圻云：「車」字當衍，今本「車」上有「舍」字者，非是。

▲先慎案：顧說非。《御覽》六百二十四引「車」上有「釋」字，是。此與〈外儲說左上〉「釋車而走」句例正合，今據增。

5 **注** 先慎曰：乾道本師曠下有「不知」二字。顧廣圻云：《藏》本、今本無「不知」二字。

▲先愼案：《御覽》引亦無「不知」二字，今據刪。

子夏曰：「《春秋》之記臣殺君、子殺父者，以十數矣，皆非一日之積也，有漸而以至矣[1]。」凡姦者，行久而成積，積成而力多，力多而能殺，故明主蚤絕之。今田常之爲亂，有漸見矣，而君不誅。晏子不使其君禁侵陵之臣，而使其主行惠，故簡公受其禍。故子夏曰：「善持勢者，蚤絕姦之萌。」

1 注 先愼曰：《拾補》無「以」字。盧文弨云：張本有「以」字。顧廣圻云：《藏》本同。今本無「以」字，誤。

季孫相魯，子路爲郈令[1]。魯以五月起衆爲長溝，當此之時[2]，子路以其私秩粟爲漿飯[3]，要作溝者於五父之衢而飡之[4]。孔子聞之，使子貢往覆其飯，擊毀其器，曰：「魯君有民，子奚爲乃飡之？」子路怫然怒，攘肱而入，請曰：「夫子疾由之爲仁義乎？所學於夫子者，仁義也。仁義者，與天下共其所有而同其利者也。今以由之秩粟而飡民，其不可，何也[5]？」孔子曰：「由之野也！吾以女知之，女徒未及也。女故如是之不知禮也？女之飡之，爲愛之也。夫禮，天子愛天下，諸侯愛境內，大夫愛官職，士愛其家，過其所愛曰『侵』。今魯君有民而子擅愛之，是子侵也，不亦誣乎！」言未卒，而季孫使者至，讓曰：「肥也起民而使之，先生使弟子止徒役而飡之[6]，將奪肥之民耶？」孔子駕而去魯。以孔子之賢，而季孫非魯君也，以人臣之資，假人主之術，蚤禁於未形，而子路不得行其私惠，而害不得生，況人主乎？以景公之勢而禁田常之侵也，則必無劫弑之患矣。

1 注 盧文弨曰：《家語．致思篇》作「蒲宰」。

▲先慎曰：《說苑．臣術篇》作「蒲令」，《家語》即本《說苑》。

2 注 先慎曰：各本「時」作「為」，據《御覽》八百四十九引改。

3 注 先慎曰：「漿飯」，粥也。

4 注 先慎曰：《御覽》二十二及一百九十五、八百四十九引「飯」竝作「飲」，下「覆其飯」竝作「覆其飲」。

5 注 先慎曰：各本無「其」字，據《御覽》引補。

6 注 先慎曰：各本「止」作「令」，據《御覽》引改。

太公望東封於齊。齊東海上有居士曰狂矞、華士，昆弟二人者[1]立議曰：「吾不臣天子，不友諸侯，耕作而食之，掘井而飲之，吾無求於人也。無上之名，無君之祿，不事仕而事力。」太公望至於營丘，使吏執而殺之[2]，以爲首誅。周公旦從魯聞之，發急傳而問之曰：「夫二子，賢者也。今日饗國而殺賢者，何也？」太公望曰：「是昆弟二人立議曰：『吾不臣天子，不友諸侯，耕作而食之，掘井而飲之，吾無求於人也。無上之名，無君之祿，不事仕而事力。』彼不臣天子者，是望不得而臣也。不友諸侯者，是望不得而使也。耕作而食之，掘井而飲之，無求於人者，是望不得以賞罰勸禁也。且無上名，雖知，不爲望用；不仰君祿，雖賢，不爲望功。不仕則不治，不任則不忠。且先王之所以使其臣民者，非爵祿則刑罰也。今四者不足以使之，則望當誰爲君乎？不服兵革而顯，不親耕耨而名，又所以教於國也[3]。今有馬於此，如驥之狀者，天下之至良也，然而驅之不前，卻之不止[4]，左之不左，右之不右，則臧獲雖賤，不託其足。臧獲之所願託其足於驥者，以驥之可以追利辟害也。今不爲人用，臧獲雖賤，不託其足焉。已自謂以爲世之賢士，而不爲主用，行極賢而不用於君，此非明主之所臣也，亦驥之不可左右矣，是以誅之。」

注

1 顧廣圻曰：《論衡．非韓篇》「矞」作「譎」。《荀子．宥坐篇》楊倞注引此「士」作「仕」。

▲先愼曰：《御覽》六百四十五引「矞」作「獝」，無「者」字。

2 注 先愼曰：乾道本作「使吏執殺之」。盧文弨云：「執」下脫「而」字。《荀子》注引有。▲先愼案：《荀子》注引無「吏」字。《御覽》引作「使執而殺之」，今據改。

3 注 顧廣圻曰：《藏》本、今本「又」下有「非」字，誤。

4 注 先愼曰：《御覽》引「郤」作「引」，「止」作「至」。

一曰：太公望東封於齊。海上有賢者狂矞[1]，太公望聞之，往請焉，三郤馬於門而狂矞不報見也，太公望誅之。當是時也，周公旦在魯，馳往止之。比至，已誅之矣。周公旦曰：「狂矞，天下賢者也，夫子何爲誅之[2]？」太公望曰：「狂矞也[3]，議不臣天子[4]，不友諸侯，吾恐其亂法易教也，故以爲首誅。今有馬於此，形容似驥也，然驅之不往，引之不前，雖臧獲不託足以旋其軫也[5]。」

1 注 先愼曰：《北堂書鈔》四十五引「者」下有「名」字。

2 注 先愼曰：《北堂書鈔》引無「夫子」二字。

3 注 先愼曰：「也」字衍文。

4 注 先愼曰：《北堂書鈔》引「議」作「義」，二字古通。

5 注 先愼曰：乾道本「託」上有「許」字，「以旋」二字作「於」字，顧廣圻云：「《藏》本、今本無『許』字，『於』作『以旋』。」今據改。

如耳說衛嗣公，衛嗣公說而太息。左右曰：「公何爲不相也？」公曰：「夫馬似鹿者而題之千金[1]，然而有百金之馬而無千金之鹿者[2]，何也？馬爲人用而鹿不爲人用也。今如耳，萬乘之相也，外有大國之意，其心不在衛，雖辯智，亦不爲寡人用，吾是以不相也。」

1 注 先愼曰：《事類賦》二十三引無「之」字。

2 注 先愼曰：各本「千」字作「一」，無「何也」二字，據《論衡》、《藝文類聚》九十三、《御覽》八百九十三引補。

薛公之相魏昭侯也，左右有欒子者曰陽胡、潘其[1]，於王甚重，而不爲薛公。薛公患之，於是乃召與之博，予之人百金，令之昆弟博[2]，俄又益之人二百金。方博有閒，謁者言客張季之子在門[3]，公怫然怒，撫兵而授謁者曰：「殺之！吾聞季之不爲文也。」立有閒，時季羽在側[4]，曰：「不然。竊聞季爲公甚，顧其人陰未聞耳。」乃輟不殺客而大禮之[5]曰：「曩者聞季之不爲文也，故欲殺之，今誠爲文也，豈忘季哉！」告廩獻千石之粟，告府獻五百金，告騶私廄獻良馬固車二乘，因令奄將宮人之美妾二十人并遺季也。欒子因相謂曰：「爲公者必利，不爲公者必害，吾曹何愛不爲公？」因私競勸而遂爲之[6]。

薛公以人臣之勢，假人主之術也，而害不得生，況錯之人主乎？夫馴烏者斷其下翎[7]，則必恃人而食[8]，焉得不馴乎？夫明主畜臣亦然，令臣不得不利君之祿，不得無服上之名——夫利君之祿，服上之名，焉得不服？

1 注 先愼曰：《御覽》七百五十四引「潘其」作「潘者」。

2 注 先愼曰：「令之」，當作「令其」。

3 注 先愼曰：張榜本無「之子」二字。

4 注 顧廣圻曰：「季羽」，未詳。

▲先愼曰：「時」字疑衍。

5 注 先愼曰：乾道本無「而」字，盧文弨云：「張本有。」今據補。

6 注 先愼曰：乾道本「私」作「斯」。案：「私」、「斯」二字聲近而誤，張榜本、趙本作「私」，是。欒子兄弟見薛公遺季，因私相勸勉為薛公。「斯」字誤，今據改。

7 注 先慎曰：乾道本無「者」字，「翎」作「頷」，下有「焉斷其下頷」五字，今據《御覽》九百二十、《事類賦》十九引增刪。

8 注 先慎曰：《事類賦》「恃」作「待」。

【二】申子曰：「上明見，人備之；其不明見，人惑之[1]。其知見，人飾之；不知見，人匿之。其無欲見，人司之；其有欲見，人餌之。故曰：吾無從知之，惟無爲可以規之。」

1 注 先慎曰：「惑」字失韻，疑誤。

一曰：申子曰：「愼而言也，人且知女[1]；愼而行也，人且隨女。而有知見也，人且匿女；而無知見也，人且意女。女有知也，人且臧女；女無知也，人且行女。故曰：惟無爲可以規之。」

1 注 俞樾曰：「知」當作「和」，字之誤也。「和」與下「隨」字相為韻，下文「匿」與「意」、「臧」與

「行」皆相為韻，若作「知」，則首句失其韻矣。

田[1]子方問唐易鞠曰：「弋者何慎？」對曰：「鳥以數百目視子，子以二目御之，子謹周子廩。」田子方曰：「善。子加之弋，我加之國。」鄭長者[2]聞之，曰[3]：「田子方知欲爲廩，而未得所以爲廩。夫虛無無見者，廩也。」

1 **注** 先慎曰：乾道本「田」上有圈，今從趙本。

2 **注** 先慎曰：《漢．藝文志》道家有「鄭長者」一篇，云：「六國時，先韓子，韓子稱之。」師古注：「《別錄》云：『鄭人，不知其名。袁淑《真隱傳》：鄭長者，隱德無名，著書一篇言道家事，韓非稱之，世傳是長者之辭，因以為名。』」

3 **注** 先慎曰：乾道本無「曰」字，顧廣圻云：「今本有『曰』字。」今據補。

一曰：齊宣王問弋於唐易子[1]曰：「弋者奚貴？」唐易子曰：「在於謹廩。」王曰：「何謂謹廩？」對曰：「鳥以數十目視人，人以二目視鳥，奈何不謹廩也？故曰『在於謹廩』也[2]。」王曰：「然則爲天下何以異此廩[3]？今人主以二目視一國，一國以萬目視人主，將何以自爲廩乎？」對曰：「鄭長者有言曰：『夫虛靜無爲而無見也。』其可以爲此廩乎？」

1 注 顧廣圻曰：《漢書．古今人表》中上有唐易子，即此，上文云「鞠」，或其名。

2 注 先慎曰：乾道本無「其」字，盧文弨云：「其字脫，張本有。」今據補。

3 注 先慎曰：乾道本「王」作「故」，「異」作「為」，《拾補》「為」作「異」，顧廣圻云：「今本『故』作『王』，下『為』字作『異』。」今據改。

國羊重於鄭君[1]，聞君之惡己也，侍飲，因先謂君曰：「臣適不幸而有過，願君幸而告之，臣請變更，則臣免死罪矣。」

1 注 先慎曰：乾道本連上，今從趙本提行。

客有說韓宣王，宣王說而太息，左右引王之說之曰先告客以爲德[1]。

1 注 盧文弨曰：「曰」，秦本作「以」。顧廣圻曰：句有誤。俞樾曰：「引」當作「以」，「曰」當作「日」，皆字之誤也。隸書「以」字或作「卧」，因誤為「引」矣。蓋因客說宣王，宣王說而太息，故左右以王之說之曰先告客以為德也。

靖郭君之相齊也，王后死，未知所置，乃獻玉珥以知之。

一曰：薛公相齊，齊威王夫人死[1]，有十孺子皆貴於王[2]，薛公欲知王所欲立，而請置一人以爲夫人，王聽之，則是說行於王而重於置夫人也，王不聽，是說不行而輕於置夫人也。欲先知王之所欲置以勸王置之[3]，於是爲十玉珥[4]而美其一而獻之，王以賦十孺子。明日坐，視美珥之所在而勸王以爲夫人。

1 **注** 顧廣圻曰：〈齊策〉無「威」字。〈楚策〉云「楚王后死，未立后也，謂昭魚曰」云云，不同。

2 **注** 先慎曰：各本「有」上有「中」字，據《御覽》六百二十六、七百一十八引刪。又《御覽》注云「所寵者凡十人」，當亦本書舊注。

3 **注** 先慎曰：乾道本「勸」下有「之」字。顧廣圻云：《藏》本、今本無「之」字。

▲先慎案：《北堂書鈔》三十一引亦無「之」字。今據刪。

4 **注** 先慎曰：張榜本「玉」誤「王」。

甘茂相秦惠王。惠王愛公孫衍，與之間有所言[1]，曰：「寡人將相子。」甘茂之吏道穴聞之[2]，以告甘茂[3]。甘茂入見王，曰：「王得賢相，臣敢再拜賀。」王曰：「寡人託國於子，安更得賢相？」對曰：「將相犀首。」王曰：「子安聞之？」對曰：「犀首告臣。」王怒犀首之泄，乃逐之。

1 注 顧廣圻曰：六字為一句。「言」，〈秦策〉作「立」。

2 注 顧廣圻曰：《藏》本同。今本「道」作「通」，誤。《策》「穴」誤作「而」，當依此訂。
▲先慎曰：吳師道《策補》云：《韓非子》「道而」作「道穴」。

3 注 先慎曰：乾道本「以」上有「曰」字，顧廣圻云：「今本無『曰』字，《策》無。」今據刪。

一曰：犀首，天下之善將也，梁王之臣也。秦王欲得之與治天下，犀首曰：「衍人臣者也[1]，不敢離主之國。」居期年，犀首抵罪於梁王，逃而入秦，秦王甚善之。樗里疾，秦之將也，恐犀首之代之將也，鑿穴於王之所常隱語者，俄而，王果與犀首計曰：「吾欲攻韓，奚如？」犀首曰：「秋可矣。」王曰：「吾欲以國累子，子必勿泄也。」犀首反走再拜曰：「受命。」於是樗里疾也道穴聽之矣[2]。見[3]郎中皆曰：「兵秋起攻韓，犀首為將。」於是日也郎中盡知之，於是月也境內盡知之[4]。王召樗里疾曰：「是何匈匈也，何道出[5]？」樗里疾曰：「似犀首也。」王曰：「吾無與犀首言也，其犀首何哉？」樗里疾曰：「犀首也羈旅，新抵罪，其心孤，是言自嫁於衆。」王曰：「然。」使人召犀首，已逃諸侯矣[6]。

1 注 先慎曰：乾道本「衍」下有「其」字，「臣」下有「者」字。盧文弨云：「『其』字、『者』字，一本無。」今據刪。

2 注 先慎曰：乾道本「已」作「也」，據張榜本、趙本改。

3 注 先慎曰：乾道本無「見」字，盧文弨曰：「一本有『見』字。」今據補。

4 注 先慎曰：乾道本「月」作「日」，《拾補》作「月」。盧文弨云：「『日』字譌。」顧廣圻云：「『日』當作『月』。」今依《拾補》改。

5 注 先慎曰：「道」，由也。言人匈匈，謂兵秋起攻韓，何由出此言也？

6 注 先慎曰：張榜本、趙本「逃」下有「入」字。

堂谿公謂昭侯曰：「今有千金之玉巵而無當[1]，可以盛水乎？」昭侯曰：「不可。」

「有瓦器而不漏，可以盛酒乎？」昭侯曰：「可。」對曰：「夫瓦器，至賤也，不漏，可以盛酒。雖有千金之玉巵，至貴而無當，漏，不可盛水[2]，則人孰注漿哉？今爲人主而漏其群臣之語[3]，是猶無當之玉巵也，雖有聖智，莫盡其術，爲其漏也。」昭侯曰：「然。」昭侯聞堂谿公之言，自此之後，欲發天下之大事，未嘗不獨寢，恐夢言而使人知其謀也。

1 注 先愼曰：乾道本「而」上有「通」字。盧文弨云：「通」字衍。

▲先愼案：《御覽》八百五引無「通」字，今據刪。張榜本「而」誤「有」。

2 注 先愼曰：乾道本「有」下有「乎」字，「盛水」作「乘水」。盧文弨云：「『乎』字，凌本無；『乘』，《藏》本作『盛』。」今據刪改。

3 注 先愼曰：乾道本「主」上有「之」字，盧文弨云：「『之』字衍，張本無。」今據刪。

一曰：堂谿公見昭侯曰[1]：「今有白玉之巵而無當，有瓦巵而有當。君渴，將何以飲？」君曰：「以瓦巵。」堂谿公曰：「白玉之巵美，而君不以飲者，以其無當耶？」君曰：「然。」堂谿公曰：「爲人主而漏泄其群臣之語，譬猶玉巵之無當也[2]。」堂谿公每見而出，昭侯必獨臥，惟恐夢言泄於妻妾。

1 注 先慎曰：《藝文類聚》七十三、《御覽》三百九十三、七百六十一引「公」作「空」，下同。

2 注 先慎曰：各本無「也」字，據《藝文類聚》、《御覽》引補。

申子曰[1]：「獨視者謂明，獨聽者謂聰。能獨斷者，故可以為天下主[2]。」

1 注 先慎曰：舊連上，今提行。

2 注 顧廣圻曰：「主」當作「王」，與上文「明」、「聰」韻。

【三】宋人有酤酒者，升概甚平，遇客甚謹，爲酒甚美，縣幟甚高，然而不售[1]，酒酸。怪其故，問其所知閭長者楊倩[2]。倩曰：「汝狗猛耶？」曰[3]：「狗猛則酒何故而不售？」曰：「人畏焉。或令孺子懷錢挈壺甕而往酤，而狗迓而齕之[4]，此酒所以酸而不售也。」夫國亦有狗[5]，有道之士懷其術而欲以明萬乘之主[6]，大臣爲猛狗，迎而齕之，此人主之所以蔽脅，而有道之士所以不用也。故桓公問管仲曰[7]：「治國最奚患？」對曰：「最患社鼠矣。」公曰：「何患社鼠哉？」對曰：「君亦見夫爲社者乎？樹木而塗之，鼠穿其間，掘穴託其中。燻之則恐焚木，灌之則恐塗阤，此社鼠之所以不得也。今人君之左右，出則爲勢重而收利於民，入則比周而蔽惡於君，內閒主之情以告外，外內爲重，諸臣百吏以爲富[8]。吏不誅則亂法，誅之則君不安，據而有之[9]，此亦國之社鼠也。」故人臣執柄而擅禁[10]，明爲己者必利，而不爲己者必害，此亦猛狗也。夫大臣爲猛狗而齕有道之士矣，左右又爲社鼠而閒主之情[11]，人主不覺，如此，主焉得無壅，國焉得無亡乎？

1 **注** 先慎曰：各本「然而」作「著然」。盧文弨云：「著然」，孫云：「《文選·與滿公琰書》注引作『然而』。」

▲先慎案：《藝文類聚》九十四、《御覽》八百二十八引並作「然而」，今據改。

2 **注** 先慎曰：乾道本「閭」作「問」，趙本脫，《拾補》作「閭」。盧文弨云：「『閭』字脫，《選注》有，《意林》同。」顧廣圻云：當作「閭」。《韓詩外傳》云「問里人」，《說苑》、《晏子春秋》同。

▲先慎案：盧、顧說是。《藝文類聚》、《御覽》引並作「閭」，今據補。《藝文類聚》引「倩」作「青」，下同。

3 **注** 盧文弨曰：下「曰」字，《藏》本、張本皆無。

▲先慎曰：「《藝文類聚》、《御覽》引並有。」

4 注 先慎曰：《拾補》「齕」下旁注「齗」字，案：《說文》無「齗」字。齕，齧也；齧，噬也。明此作「齕」是。下文趙本亦誤作「齗」。《藝文類聚》引「迓」作「迎」。

5 注 先慎曰：《藝文類聚》引「狗」上有「猛」字。

6 注 先慎曰：《拾補》「明」作「輔」。盧文弨云：《文選》注引作「輔」。顧廣圻云：「明」字是。《韓詩外傳》七云「欲白萬乘之士」，「白」，明也。《荀子》、《外傳》多言「白」，其義皆同。

▲先慎案：顧說是，《藝文類聚》、《御覽》引正作「明」。《御覽》引「而」下有「往」字。

7 注 先慎曰：乾道本無「曰」字，顧廣圻云：「《藏》本、今本有『曰』字。」今據補。

8 注 先慎曰：「富」，當作「輔」，聲之誤。

9 注 顧廣圻曰：「不」當作「所」。《晏子春秋》云：「則為人主所案據腹而有之。」《說苑》云：「則為人主所察據腹而有之。」「案」、「安」同字，「察」即「案」形近譌。又按：依二書，此「而」上當脫「腹」字。

10 注 先慎曰：乾道本「禁」下有「禦」字。顧廣圻云：《藏》本、今本無「禦」字。

▲先慎按：「禦」字不當有，下文無，即其證。今據顧校刪。

11 注 顧廣圻曰：《藏》本、今本「情」下有「矣」字，誤。

一曰：宋之酤酒者有莊氏者，其酒常美。或使僕往酤莊氏之酒，其狗齕人，使者不敢往，乃酤佗家之酒。問曰：「何爲不酤莊氏之酒？」對曰：「今日莊氏酒酸。」故曰：不殺其狗則酒酸。

一曰：桓公問管仲曰[1]：「治國何患？」對曰：「最苦社鼠。夫社，木而塗之，鼠因自託也。燻之則木焚，灌之則塗阤，此所以苦於社鼠也。今人君左右，出則爲勢重以收利於民，入則比周謾侮蔽惡以欺於君，不誅則亂法，誅之則人主危，據而有之[2]，此亦社鼠也。」故人臣執柄擅禁，明爲己者必利，不爲己者必害，亦猛狗也。故左右爲社鼠，用事者爲猛狗，則術不行矣[3]。

1 注 先慎曰：乾道本無「一曰」二字。「桓」下提行。顧廣圻云：《藏》本、今本「桓」上有「一曰」二字。
按：有者是也。
▲先慎案：今依趙本連上，補「一曰」二字。

2 注 顧廣圻曰：「危」當作「安」，說見上。「安據」連文，失其讀者改之耳。

3 注 先慎曰：《說》本《晏子春秋．內篇．問上》，「桓公」、「管仲」作「景公」、「晏子」。

堯欲傳天下於舜。鯀諫曰：「不祥哉！孰以天下而傳之於匹夫乎？」堯不聽，舉兵而誅殺鯀於羽山之郊[1]。共工又諫曰：「孰以天下而傳之於匹夫乎？」堯不聽，又舉兵而流共工於幽州之都[2]。於是天下莫敢言無傳天下於舜。仲尼聞之曰：「堯之知舜之賢，非其難者也。夫至乎誅諫者必傳之舜，乃其難也。」一曰：「不以其所疑敗其所察則難也。」

1 注 顧廣圻曰：依下句，當衍「殺」字。
▲先慎曰：下句「誅」字乃「流」字之誤，不得據以為例。「誅殺」，謂罪而殺之也，「殺」字非衍文。

2 注 先慎曰：各本「流」作「誅」，據《御覽》六百四十五引改。《尚書》、《孟子》並作「流」。

荊莊王有茅門之法曰[1]：「群臣大夫諸公子入朝，馬蹄踐霤者，廷理斬其輈，戮其御。」於是太子入朝，馬蹄踐霤，廷理斬其輈，戮其御。太子怒[2]，入爲王泣曰：「爲我誅戮廷理。」王曰：「法者，所以敬宗廟，尊社稷。故能立法從令、尊敬社稷者，社稷之臣也，焉可誅也？夫犯法廢令、不尊敬社稷者，是臣乘君而下尚校也[3]。臣乘君則主失威，下尚校則上位危。威失位危，社稷不守，吾將何以遺子孫？」於是太子乃還走，避舍露宿三日，北面再拜請死罪。

1 注 孫詒讓曰：「茅門」，下作「茆門」。《說苑．至公篇》與此略同，亦作「茅」。案：「茅門」即「雉門」也，《說文．隹部》「雉，古文作銻」，或省為「弟」，與「茅」形近而誤。《史記．魯世家》「築茅闕門」，即《春秋．定二年經》之「雉門兩觀」也。諸侯三門，庫、雉、路，外朝在雉門外。茅門之法，廷理掌之，即《周禮．秋官》：「朝士掌建邦外朝之法也。」天子、諸侯三朝皆有廷士。「士」、「理」字通。▲先慎曰：孫說「茅」即「弟」之誤，是也。《御覽》六百三十八引正作「弟」，可證。

2 注 先慎曰：怒廷理之執法也。

3 注 盧文弨曰：「尚」、「上」同。「校」，疑當作「陵」，《說苑．至公篇》作「下陵上」。▲先慎曰：此當作「下校尚」，傳寫誤倒耳。「下校尚」，謂下亢上也。《國策．秦策》：「足以校於秦矣。」高誘注：「『校』猶『亢』也。」「校」、「尚」誤倒。《說苑》「乘」作「棄」、「校」作「陵」，皆劉向所易，未可據。

一曰：楚王急召太子。楚國之法，車不得至於茆門。天雨，廷中有潦，太子遂驅車至於茆門[1]。廷理曰[2]：「車不得至茆門，非法也[3]。」太子曰：「王召急，不得須無潦。」遂驅之。廷理舉殳而擊其馬，敗其駕。太子入爲王泣曰：「廷中多潦，驅車至茆門，廷理曰『非法也』，舉殳擊臣馬，敗臣駕。王必誅之。」王曰：「前有老主而不踰[4]，後有儲主而不屬，矜矣[5]。是眞吾守法之臣也。」乃益爵二級[6]，而開後門出太子：「勿復過。」

1 注　孫詒讓曰：《說苑》：「楚莊王之時，太子車立於茅門之外。」

2 注　顧廣圻曰：《說苑》云「少師慶」。

3 注　先愼曰：「至茆門」三字當重。

4 注　先愼曰：《北堂書鈔》三十六引「老主」作「先王」，《說苑》作「老君」。

5 注　盧文弨曰：《說苑》作「少君在後而不豫」。下「矜矣」二字衍，凌本無。

▲先愼曰：《北堂書鈔》引有「矜矣」二字。「矜」與「賢」聲相近，古通假。《文子·上仁篇》「矜」與「賢」韻。「矜矣」，猶「賢矣」，此楚王贊美廷理也。《書·大禹謨》傳「自賢曰矜」，朱駿聲《說文通訓定聲》「矜」下云：「『矜』，借為『賢』」，亦通。

6 注　先愼曰：《御覽》六百三十六引「二」作「三」。

衛嗣君謂薄疑曰：「子小寡人之國以爲不足仕，則寡人力能仕子，請進爵以子爲上卿。」乃進田萬頃。薄子曰：「疑之母親疑，以疑爲能相萬乘所不窕也[1]。然疑家巫有蔡媼者，疑母甚愛信之，屬之家事焉。疑智足以信言家事[2]，疑母盡以聽疑也。然已與疑言者，亦必復決之於蔡嫗也。故論疑之智能，以疑爲能相萬乘而不窕也；論其親，則子母之間也；然猶不免議之於蔡嫗也。今疑之於人主也，非子母之親也，而人主皆有蔡嫗。人主之蔡嫗，必其重人也。重人者，能行私者也。夫行私者，繩之外也[3]；而疑之所言[4]，法之內也。繩之外與法之內，讎也，不相受也[5]。」

1 注 先愼曰：「窕」與「篠」同。《荀子·賦論》「充盈太宇而不窕」，楊注：「『窕』音『篠』」。

2 注 顧廣圻曰：「信」字當衍。

3 注 先愼曰：「繩」，謂「繩墨」。

4 注 先愼曰：乾道本無「所」字，顧廣圻云：「《藏》本、今本有『所』字。」今據補。

5 注 先愼曰：張榜本此下有「如是則疑不得長臣矣」九字。

一曰：衛君之晉，謂薄疑曰：「吾欲與子皆行。」薄疑曰：「媼也在中，請歸與媼計之。」衛君自請薄媼。曰[1]：「疑，君之臣也，君有意從之，甚善。」衛君曰：「吾以請之媼[2]，媼許我矣。」薄疑歸言之媼也，曰：「衛君之愛疑奚與媼[3]？」媼曰：「不如吾愛子也。」「衛君之賢疑奚與媼也？」曰：「不如吾賢子也。」「媼與疑計家事已決矣，乃更請決之於卜者蔡嫗[4]。今衛君從疑而行，雖與疑決計，必與他蔡嫗敗之，如是則疑不得長爲臣矣。」

1 注 顧廣圻曰：《藏》本重「薄媼」二字。

2 注 先慎曰：「以」，當作「已」。

3 注 先慎曰：乾道本無「愛」字，顧廣圻云：「《藏》本無『愛』字，今本有，依下文當補。」今據增。

4 注 先慎曰：乾道本無「更」字，盧文弨云：「張本有。」今據補。

夫教歌者，使先呼而詘之，其聲反清徵者乃教之[1]。

1 注 先慎曰：「反」當作「及」。

一曰：教歌者，先揆以法，疾呼中宮，徐呼中徵。疾不中宮，徐不中徵，不可謂教[1]。

1 注 顧廣圻曰：「謂」當作「為」。

▲先慎曰：「為」、「謂」古通用，不必改作。

吳起，衛左氏中人也。使其妻織組而幅狹於度，吳子使更之，其妻曰：「諾。」及成，復度之，果不中度，吳子大怒。其妻對曰：「吾始經之而不可更也[1]。」吳子出之，其妻請其兄而索入[2]，其兄曰：「吳子，爲法者也。其爲法也，且欲以與萬乘致功，必先踐之妻妾然後行之，子毋幾索入矣[3]。」其妻之弟又重於衛君[4]，乃因以衛君之重請吳子，吳子不聽，遂去衛而入荊也。

1 **注** 先慎曰：乾道本「吾」作「五」，據趙本改。《北堂書鈔》三十六引正作「吾」。

2 **注** 先慎曰：乾道本無「入」字。顧廣圻云：《藏》本、今本「索」下有「入」字。

▲先慎案：《北堂書鈔》引亦有，今據補。

3 **注** 先慎曰：「毋幾索入」，謂毋望索入也。《史記・晉世家》「毋幾為君」，〈呂不韋傳〉「則子無幾得與長子」，《索隱》云：「『幾』猶『望』也。」此文語意正與相同。

4 **注** 先慎曰：「又」，讀為「有」。

一曰：吳起示其妻以組曰：「子爲我織組，令之如是。」組已就而效之[1]，其組異善。起曰：「使子爲組，令之如是，而今也異善，何也？」其妻曰：「用財若一也，加務善之。」吳起曰：「非語也。」使之衣而歸[2]。其父往請之，吳起曰：「起家無虛言。」

1 注 先慎曰：「效」當作「較」。

2 注 先慎曰：乾道本無「而」字。顧廣圻云：「衣」當作「夜」。

▲先慎案：顧說非。《御覽》四百三十又八百十九、八百二十六引並有「而」字，今據補。《北堂書鈔》三十六引無「而」字，陳禹謨據誤本改之也。

晉文公問於狐偃曰：「寡人甘肥周於堂，卮酒豆肉集於宮，壺酒不清[1]，生肉不布[2]，殺一牛徧於國中[3]，一歲之功盡以衣士卒[4]，其足以戰民乎？」狐子曰：「不足。」文公曰：「吾弛關市之征而緩刑罰，其足以戰民乎？」狐子曰：「不足。」文公曰：「吾民之有喪資者，寡人親使郎中視事，有罪者赦之，貧窮不足者與之，其足以戰民乎？」狐子對曰：「不足。此皆所以愼產也。而戰之者，殺之也。民之從公也，爲愼產也，公因而迎殺之，失所以爲從公矣[5]。」曰：「然則何如足以戰民乎？」狐子對曰：「令無得不戰。」公曰：「無得不戰奈何？」狐子對曰：「信賞必罰，其足以戰。」公曰：「刑罰之極安至？」對曰：「不辟親貴，法行所愛。」文公曰：「善。」明日，令田於圃陸，期以日中爲期，後期者行軍法焉。於是公有所愛者曰顛頡後期，吏請其罪，文公隕涕而憂[6]。吏曰：「請用事焉。」遂斬顛頡之脊以徇百姓，以明法之信也。而後百姓皆懼曰：「君於顛頡之貴重如彼甚也，而君猶行法焉，況於我則何有矣？」文公見民之可戰也，於是遂興兵伐原[7]，克之。伐衛，東其畝[8]，取五鹿。攻陽，勝虢[9]，伐曹。南圍鄭，反之陴[10]。罷宋圍，還與荊人戰城濮，大敗荊人，返爲踐土之盟，遂成衡雍之義[11]。一舉而八有功。所以然者，無他故異物，從狐偃之謀，假顛頡之脊也。

1 注 先慎曰：「壺」當作「壼」，形近而誤。「酒」，飲也。

2 注 先慎曰：《左．昭十六年傳》注：「布，陳也。」

3 注 先慎曰：言不獨食。

4 注 先慎曰：「功」，謂女功。

5 注 孫詒讓曰：「慎」，讀為「順」。「產」，與「生」義同字通。「迎殺」，「迎」當為「逆」。「慎產」者，言文公所旨皆是順其生之事。「迎殺」者，言戰為逆而殺之之事。順逆、生殺文正相對也。

6 注 先慎曰：不行法則失信，行法則失貴重之臣，故憂而不決。

7 注 盧文弨曰：張本「兵」下有「東」字。

8 注 顧廣圻曰：與《左傳》不同。《呂氏春秋．簡選篇》亦云「東衛之畝」。

▲先慎曰：《商君書．賞刑篇》「反鄭之埤，東衛之畝」（「衛」譌作「徵」，說詳《商子集校》），與《呂覽》合，蓋相傳有此事耳。

9 注 顧廣圻曰：「陽」，當即陽縶。「勝虢」，未詳。

10 注 王渭曰：《呂氏春秋》「反鄭之埤」，高注：「反，覆。覆鄭之埤。」

▲先慎曰：《晉語》「伐鄭，反其陴」，高注：「反，撥也。陴，城上女垣。」與《呂覽》注異。《國語》此注上引賈侍中、唐尚書說，蓋此注亦本前儒，雖未明其人，較「反覆」之義為長。本書「之」字，亦疑「其」之誤，《商君書》與《呂氏春秋》同。

11 注 先慎曰：乾道本「成」作「城」，盧文弨云：「『城』字譌。」今據《拾補》改。

夫痤疽之痛也，非刺骨髓，則煩心不可支也，非如是[1]，不能使人以半寸砥石彈之。今人主之於治亦然，非不知有苦則安，欲治其國[2]，非如是不能聽聖知而誅亂臣。亂臣者[3]，必重人。重人者，必人主所甚親愛也。人主所甚親愛也者，是同堅白也。夫以布衣之資，欲以離人主之堅白、所愛，是以解左髀說右髀者[4]，是身必死而說不行者也。

1 注 顧廣圻曰：「如」當作「知」，下同。

2 注 先慎曰：乾道本無「國」字，顧廣圻云：「今本『其』下有『國』字。」今據補。

3 注 先慎曰：乾道本不重「亂臣」二字，顧廣圻云：「今本重『亂臣』。案：當重，下屬。」今據補。

4 注 顧廣圻曰：《藏》本同。今本「以」作「猶」，誤。按：此當重「以解左髀說右髀」七字。

▲先慎曰：趙本作「以」，不誤。

卷第十四

思想議題

〈外儲說右下〉：法與賞罰／勢與權位／君臣之道。

外儲說右下第三十五[1]

1 注 先慎曰：乾道本無「下」字，顧廣圻云：「今本有『下』字。」今據補。

【一】賞罰共則禁令不行[1]，何以明之？以造父、於期[2]。子罕爲出彘[3]，田恒爲圃池[4]，故宋君、簡公弑。患在王良、造父之共車，田連、成竅之共琴也[5]。

1 注 令臣操之，故曰「共」也。

2 注 既善馭馬，又能忍渴，及至彘趨飲，遂不能制。盧文弨曰：注「渴」誤「得」。

▲先慎曰：趙本「渴」作「竭」，亦誤。

3 注 罕行罰，一國畏之，因簒君。亦威分出彘之類也。

4 注 擅行賞，人歸之，因弒簡公。亦分圃池之比也。

5 注 王、造誠能御車，使共操轡則不進；田、成信善琴，令共操彈則曲不成。君臣共賞，亦出是也。

【二】治強生於法，弱亂生於阿，君明於此，則正賞罰而非仁下也[1]。爵祿生於功[2]，誅罰生於罪[3]，臣明於此，則盡死力而非忠君也[4]。君通於不仁，臣通於不忠，則可以王矣[5]。昭襄知主情[6]，而不發五苑[7]；田鮪知臣情[8]，故教田章[9]；而公儀辭魚[10]。

1 注 先慎曰：乾道本無「而」字，顧廣圻云：「《藏》本、今本『非』上有『而』字。」今據增。今本「仁下」作「不仁」誤。

2 注 功立則爵生。

3 注 罪著則罰生。

4 注 先慎曰：乾道本無「非」字。顧廣圻云：今本「而」下有「非」字。按：依上文，「而」當作「非」。

▲先慎按：上脫「而」字，此脫「非」字，並改從今本。

5 注 先慎曰：上欲治強，則必正法，故不仁。下欲爵祿，乃盡死力，故非忠君。

6 注 但當自求理以訾責也。百姓但當仰君，亦不須曲為愛，故君疾而禱者，責之以二甲。

7 注 應侯欲發蔬果以救飢人，昭王以為無功受賞，因止之也。

8 注 但當立功，蓋因不須私忠於上也。

9 注 鮪教子章曰：「富國，家自富；利君，身自利也。」

10 注 以為違法受魚則失魚，故不受。盧文弨曰：注一本「為」誤作「達」，脫「故」字。

【三】明主者，鑒於外也，而外事不得不成，故蘇代非齊王[1]。人主鑒於上也[2]，而居者不適不顯，故潘壽言禹情[3]。人主無所覺悟[4]，方吾知之，故恐同衣於族，而況借於權乎[5]？吳章知之，故說以佯，而況借於誠乎？趙王惡虎目而壅[6]。明主之道，如周行人之卻衛侯也[7]。

1 注 以令燕王專任子之，故不專任，終不成霸。

2 注 盧文弨曰：「上」，張本作「士」。顧廣圻曰：《藏》本「上」作「士」。按：此當作「下」。

▲先慎曰：「上」字不誤。「上」，謂上古也。「蘇代非齊」、「潘壽言禹」，是一橫說、一豎說，兩事比勘，語極明顯。張榜本亦誤作「士」。

3 注 欲媚子之，故謂燕王言禹傳位於益，終令啓取之。王遂崇子之。

4 注 先慎曰：《拾補》「悟」作「寤」。

5 注 方吾知人皆知己，不與同服者共車，同族者共家，恐其因同而擅己，況君權可借臣乎？顧廣圻曰：「衣於」當作「於衣」，舊注未譌。

6 注 王圃中虎目而惡之，左右或言平陽君之目甚於虎目，遂殺言者。王先謙曰：注「王」下奪「觀」字。

▲先慎曰：趙本注「平陽君之目」，「目」譌「自」。

7 注 衛侯君名辟彊，行人以辟彊天子同號，故不令朝。改名，然後納之。

▲先慎曰：注「衛侯」，張榜本、趙本並作「君」。

【四】人主者，守法責成以立功者也。聞有吏雖亂而有獨善之民[1]，不聞有亂民而有獨治之吏[2]，故明主治吏不治民[3]。說在搖木之本，與引網之綱[4]，故失火之嗇夫不可不論也。救火者，吏操壺走火，則一人之用也，操鞭使人，則役萬夫[5]。故所遇術者，如造父之遇驚馬[6]，牽馬推車則不能進，代御執轡持筴則馬咸騖矣[7]。是以說在[8]椎鍛平夷，榜檠矯直。不然，敗在淖齒用齊戮閔王[9]，李兌用趙餓主父也。

1 注 吏雖亂，賢人不改操，殷之三仁、夏之龍逢是也。

▲先愼曰：乾道本注「仁」作「人」，誤，今據張榜本、趙本改。

2 注 子率以正，孰敢不正？

3 注 吏治則民治矣。

4 注 搖木本則萬本動，引網綱則萬目張，吏正則國治也。

▲先愼曰：注「萬本」當作「萬葉」。

5 注 明主執契亦然。顧廣圻曰：此二十二字，舊注誤入正文。

6 注 先愼曰：張榜本、趙本「驚」作「駕」。

7 注 顧廣圻曰：此十九字，舊注誤入正文。

8 注 顧廣圻曰：「是以」、「說在」例不複出，此當衍其一也。

9 注 先愼曰：「敗」當作「則」。

【五】因事之理則不勞而成，故茲鄭之踞轅而歌以上高梁也。其患在趙簡主稅，吏請輕重[1]，薄疑之言「國中飽」，簡主喜而府庫虛，百姓餓而姦吏富也。故桓公巡民，而管仲省腐財怨女[2]。不然，則在延陵乘馬不得進，造父過之而爲之泣也[3]。

1 注 主欲稅，吏問輕重，主不自定其輕重之節，曰「勿輕重」而已。吏因擅意因以富。

2 注 公巡人，見有飢人及老而無妻者，以告仲，曰：「國有腐財則人飢，宮有怨女則人老而無妻也。」

3 注 前礙飾，後礙錯。既不得前卻，遂旁而佚。造父見之泣，猶賞罰失必致敗也。

▲先慎曰：注乾道本「得」上有「後」字，今從趙本刪。

右經

【一】造父御四馬，馳驟周旋而恣欲於馬[1]。恣欲於馬者，擅轡筴之制也[2]。然馬驚於出彘，而造父不能禁制者，非轡筴之嚴不足也，威分於出彘也[3]。王子於期爲駙駕，轡筴不用而擇欲於馬[4]，擅芻水之利也。然馬過於圃池而駙馬敗者[5]，非芻水之利不足也，德分於圃池也。故王良、造父，天下之善御者也，然而使王良操左革而叱咤之，使造父操右革而鞭笞之[6]，馬不能行十里，共故也。田連、成竅，天下善鼓琴者也[7]，然而田連鼓上、成竅擫下[8]而不能成曲，亦共故也[9]。夫以王良、造父之巧，共轡而御，不能使馬，人主安能與其臣共權以爲治？以田連、成竅之巧，共琴而不能成曲[10]，人主又安能與其臣共勢以成功乎[11]？

1 注 意所欲，馬必隨之也。

2 注 以轡筴專制之，故馬不違也。

3 注 晁亦令馬可畏，故曰「威分」。

4 注 先慎曰：此下當更有「擇欲於馬者」五字。

5 注 顧廣圻曰：「馬」當作「駕」。

6 注 孫詒讓曰：「革」、「勒」古字通。《說文》：「勒，馬頭絡銜也。」《詩．小雅．蓼蕭》「鞗革沖沖」，《傳》：「革，轡首也。」「革」即「鞗革」，亦即「勒」也。

7 注 先慎曰：依上文，「善」上有「之」字。

8 注 先慎曰：各本「攦」作「樴」。《拾補》引孫貽穀云：《文選．琴賦》注引作「攦」。顧廣圻云：當依《選》注引作「攦」。

▲先慎按：《說文》：「擪，一指按也。」今據改。

9 注 先慎曰：乾道本無「共」字，顧廣圻云：「《藏》本、今本『亦』下有『共』字。」今據增。

10 注 先慎曰：依上文，「琴」上當脫「鼓」字。

11 注 先慎曰：乾道本無「其」字，《拾補》有，盧文弨云「脫」，今依補。

一曰：造父爲齊王駙駕，渴馬服成[1]，效駕圃中。渴馬見圃池，去車走池，駕敗。王子於期爲趙簡主取道爭千里之表。其始發也，彘伏溝中[2]，王子於期齊轡筴而進之，彘突出於溝中，馬驚，駕敗。

1 注 令馬忍渴百日，服習之，故成也。

2 注 先愼曰：乾道本無「彘」字，顧廣圻云：「《藏》本、今本有。」今據補。

司城子罕謂宋君曰：「慶賞賜與[1]，民之所喜也，君自行之。殺戮誅罰，民之所惡也，臣請當之。」宋君曰：「諾。」於是出威令，誅大臣，君曰：「問子罕」也。於是大臣畏之，細民歸之。處期年，子罕殺宋君而奪政。故子罕爲出彘以奪其君國[2]。

1 注 先愼曰：「與」當作「予」。《說文》：「與，黨與也。予，推予也。」義別。下文作「予」，〈二柄篇〉亦作「予」，不誤。

2 注 罕用刑服國，是由出彘用威懼焉。盧文弨曰：注「用威懼馬」，「馬」譌「焉」。

簡公在上位，罰重而誅嚴，厚賦斂而殺戮民。田成恆設慈愛[1]，明寬厚。簡公以齊民爲渴馬，不以恩加民，而田成恆以仁厚爲圃池也[2]。

1 注 先愼曰：《經》無「成」字，「成」乃其謚，此作「成恒」，複。《呂氏春秋．愼勢篇》、《淮南子．人間訓》同，並誤。

2 注 以仁濟物，猶圃池也。盧文弨曰：注「猶」，張本作「由」，與上注同。

一曰：造父爲齊王駙駕，以渴服馬，百日而服成。服成[1]，請效駕齊王。王曰：「效駕於圃中。」造父驅車入圃，馬見圃池而走，造父不能禁。造父以渴服馬久矣，今馬見池，駻而走[2]，雖造父不能治。今簡公之法禁其衆久矣，而田成恆利之，是田成恆傾圃池而示渴民也。

1 注 王先謙曰：下「服成」二字當衍。

2 注 先愼曰：《說文》：「駻，馬突也。」字亦作「馯」。

一曰：王子於期爲宋君爲千里之逐。已駕，察手吻文[1]。且發矣，驅而前之，輪中繩，引而卻之，馬掩迹。拊而發之，彘逸出於竇中[2]，馬退而卻，筴不能進前也，馬駻而走，轡不能止也[3]。

1 注 顧廣圻曰：未詳。

▲先慎曰：「手」當為「毛」之誤。馬欲馳，其毛先豎，至今猶然。「察毛吻文」，謂察馬之毛與吻文也。《漢書．王褒傳》：「傷吻敝策而不進於行。」《說文》：「吻，口邊也。」此言毛色動則吻不至於傷，是其所駕之馬本欲馳也。故下云「且發矣」，於期因「拊而發之」。

2 注 先慎曰：「逸」當作「突」。「竇」，溝竇也。

3 注 先慎曰：乾道本「止」作「正」。盧文弨云：「正，秦本作『止』。」今據改。

一曰：司城子罕謂宋君曰：「慶賞賜予者[1]，民之所好也，君自行之。誅罰殺戮者，民之所惡也，臣請當之。」於是戮細民而誅大臣，君曰：「與子罕議之」。居期年，民知殺生之命制於子罕也[2]，故一國歸焉。故子罕劫宋君而奪其政，法不能禁也。故曰「子罕爲出彘，而田成常爲圃池」也[3]。令王良、造父共車[4]，人操一邊轡而入門閭[5]，駕必敗而道不至也。令田連、成竅共琴，人撫一絃而揮，則音必敗、曲不遂矣。

1 注 先慎曰：乾道本「賞」作「賀」，張榜本作「賞」，《御覽》四百九十四、六百三十三引並作「賞」，今據改。

2 注 先慎曰：《御覽》引「殺」作「死」。

3 注 先慎曰：「常」，《拾補》作「恒」。按：「常」字，漢人避諱改。趙本「池」作「地」，誤。

4 注 先慎曰：趙本「令」上衍「今」字。

5 注 先慎曰：「入」，當作「出」。

【二】秦昭王有病，百姓里買牛而家爲王禱[1]。公孫述出見之，入賀王曰：「百姓乃皆里買牛爲王禱。」王使人問之，果有之。王曰：「訾之人二甲[2]。夫非令而擅禱者[3]，是愛寡人也。夫愛寡人，寡人亦且改法而心與之相循者，是法不立。法不立，亂亡之道也。不如人罰二甲而復與爲治。」

1 注 先慎曰：下文無「家」字。

2 注 「訾」，毀也，罰之也。

▲先慎曰：注意謂毀其人而罰以甲也，是一「訾」字而用兩義以申其說矣。案：「訾之人二甲」者，謂量其人二甲也。《國語・齊語》「訾相其質」高注、《列子・說符》「財貨無訾」張湛注並云：「訾，量也。」量

財貨曰「訾」，量民之貧富亦曰「訾」。「之」，猶「其」也。「人」，謂里人。計里買牛之力量之可以出二甲，非里中人人二甲也。下文「屯二甲」，即其義。

3 **注** 先慎曰：乾道本無「者」字，盧文弨云：「張本有。」今據補。

一曰：秦襄王病，百姓爲之禱，病愈，殺牛塞禱。郎中閻遏、公孫衍出見之曰：「非社臘之時也，奚自殺牛而祠社？」怪而問之。百姓曰：「人主病，爲之禱。今病愈，殺牛塞禱[1]。」閻遏、公孫衍說，見王，拜賀曰：「過堯、舜矣。」王驚曰：「何謂也？」對曰：「堯、舜，其民未至爲之禱也。今王病，而民以牛禱，病愈，殺牛塞禱，故臣竊以王爲過堯、舜也。」王因使人問之「何里爲之」，訾其里正與伍老屯二甲[2]。閻遏、公孫衍媿不敢言。居數月，王飲酒酣樂，閻遏、公孫衍謂王曰：「前時臣竊以王爲過堯、舜，非直敢諛也。堯、舜病，且其民未至爲之禱也。今王病而民以牛禱，病愈，殺牛塞禱。今乃訾其里正與伍老屯二甲，臣竊怪之。」王曰：「子何故不知於此？彼民之所以爲我用者，非以吾愛之爲我用者也，以吾勢之爲我用者也。吾釋勢與民相收，若是，吾適不愛，而民因不爲我用也，故遂絕愛道也[3]。」

1 注 先愼曰：「塞」、「賽」義同。《史記·封禪書》「冬賽」，《索隱》：「賽，謂報神福也。」《漢書》「賽」並作「塞」。

2 注 乇，亦罰也。

▲先愼曰：「乇」無罰義，《一切經音義》一引字書云：「乇，亦『𨛜』也。」一𨛜之中，或里正或伍老量出二甲。

3 注 先愼曰：乾道本「釋勢」作「適勢」。顧廣圻云：「吾適勢」句絶，「與民相收若是」句絶。「吾適不愛」，「不」字當衍。「而民因不為我用也」，「因」當作「固」，此以「適勢」、「適愛」相對。《藏》本、今本「勢」上「適」字作「釋」，非。俞樾云：《藏》本作「吾釋勢與民相收」，當從之。上文云：「彼民所以為我用者，非以吾愛之為我用者也，以吾勢之為我用者也。」是言君民之間，本是以勢相制，若釋勢而用愛，則吾適有不愛，民遂不為我用矣，故不如絶愛道為得也。文義本甚分明，因「釋」、「適」聲近，又涉下句有「適」字，故乾道本誤為「適勢」，顧氏謂「適勢」、「適愛」相對，非是。

▲先愼按：俞說是，改從《藏》本。

秦大饑，應侯請曰：「五苑之草著[1]、蔬菜、橡果、棗栗足以活民，請發之。」昭襄王曰：「吾秦法，使民有功而受賞，有罪而受誅。今發五苑之蔬果者[2]，使民有功與無功俱賞也。夫使民有功與無功俱賞者，此亂之道也。夫發五苑而亂，不如棄棗蔬而治。」一曰：「今發五苑之蓏蔬棗栗足以活民，是使民有功與無功互爭取也[3]。夫生而亂，不如死而治，大夫其釋之[4]。」

1 注 謂草木著地而生也。俞樾曰：「著」字衍文，蓋涉下文「今發五苑之蔬草者」，而於「草」下衍「者」字，又因「草」字及下「蔬菜」字皆從「艸」，遂又誤「者」為「著」耳。注「謂草木著地而生」，殊為曲說。

▲先慎曰：俞說是，《藝文類聚》八十七、《御覽》四百八十六、九百六十四、九百六十五、《事類賦》二十六、《初學記》二十八並引無「著」字，「草」作「果」，無下「果」字，因誤衍已久，姑存之。

2 注 先慎曰：乾道本「果」作「草」，《拾補》作「果」。盧文弨云：張本作「草」。顧廣圻云：今本「草」作「果」。按：下文云「不如棄棗蔬而治」，互異，未詳。

▲先慎按：作「果」者是也。下文「蓏蔬棗栗」，「蓏蔬」草屬，「棗栗」果屬，故此文云「蔬果」。若作「草」字，則偏而不備，下云「棄棗蔬而治」即其例。〈經〉注云「應侯欲發蔬果以救人」，「蔬果」二字本此，是注所見之本尚不誤，顧氏未之審耳，改從今本。《御覽》引作「果蔬」。

3 注 先慎曰：各本「使」作「用」，「功」下無「互」字，據《藝文類聚》改。

4 注 先慎曰：《白孔六帖》卷九十九引《韓子》：「秦飢，應侯曰：『秦王五苑之棗栗足以活人，請主發與之。」惠王依之。」疑「一曰」以下脫文。「惠」當為「昭」之誤。

田鮪教其子田章曰[1]：「欲利而身，先利而君；欲富而家，先富而國。」

1 注 先愼曰：乾道本連上，今從張榜本、趙本提行。

一曰：田鮪[1]教其子田章曰：「主賣官爵，臣賣智力，故曰『自恃無恃人[2]』。」

1 注 先愼曰：《御覽》八百二十八引「鮪」作「修」。

2 注 先愼曰：各本無「曰」字，據《御覽》引補。

公儀休相魯[1]而嗜魚，一國盡爭買魚而獻之[2]。公儀子不受。其弟[3]諫曰：「夫子嗜魚而不受者，何也？」對曰：「夫唯嗜魚，故不受也。夫即受魚，必有下人之色，有下人之色，將枉於法，枉於法則免於相。雖嗜魚，此不必能自給致我魚[4]，我又不能自給魚。即無受魚而不免於相，雖嗜魚，我能長自給魚。」此明夫恃人不如自恃也，明於人之為己者不如己之自為也。

1 注 顧廣圻曰：《藏》本同。今本「儀休」作「孫儀」，誤。《韓詩外傳》三有。
▲先慎曰：《白孔六帖》九十八、《御覽》三百八十九、九百三十五、《事類賦》二十九引並作「公儀休」，《淮南子．道應訓》作「公儀子」，高注：「公儀休，故魯博士也。」

2 注 先慎曰：《御覽》、《事類賦》引「國」作「邦」。

3 注 先慎曰：《韓詩外傳》與此同。《淮南子》作「弟子」，誤。

4 注 盧文弨曰：「自給」二字，張本無。顧廣圻曰：「自」當作「日」。
▲先慎曰：《韓詩外傳》、《淮南子》無「致我」二字。蓋本書一本作「自給」，一本作「致我」，校者識於其下，刊時失刪，遂致兩有。顧氏不考，而改「自」為「日」，終不可讀。張榜本無「能自給」三字，亦非。

【三】[1]子之相燕，貴而主斷。蘇代爲齊使燕，王問之曰：「齊王亦何如主也？」對曰：「必不霸矣。」燕王曰：「何也？」對曰：「昔桓公之霸也，內事屬鮑叔，外事屬管仲[2]，桓公被髮而御婦人，日遊於市。今齊王不信其大臣。」於是燕王因益大信子之。子之聞之，使人遺蘇代金百鎰，而聽其所使之[3]。

1 注 先慎曰：乾道本連上，今從趙本提行。

2 注 先慎曰：乾道本無「管」字，顧廣圻云：「《藏》本、今本有『管』字。」今據補。

3 注 王渭曰：「之」字衍，《戰國策》無。

一曰：蘇代爲秦使燕，見無益子之，則必不得事而還，貢賜又不出，於是見燕王乃譽齊王。燕王曰：「齊王何若是之賢也！則將必王乎？」蘇代曰：「救亡不暇，安得王哉？」燕王曰：「何也？」曰：「其任所愛不均。」燕王曰：「其亡何也[1]？」曰：「昔者齊桓公愛管仲，置以爲仲父，內事理焉，外事斷焉，舉國而歸之，故一匡天下，九合諸侯。今齊任所愛不均，是以知其亡也。」燕王曰：「今吾任子之，天下未之聞也。」於是明日張朝而聽子之。

1 注 顧廣圻曰：《藏》本同。今本「亡」作「任」，誤。

潘壽[1]謂燕王曰：「王不如以國讓子之。人所以謂堯賢者，以其讓天下於許由，許由必不受也，則是堯有讓許由之名而實不失天下也。今王以國讓子之，子之必不受也，則是王有讓子之之名而與堯同行也。」於是燕王因舉國而屬之[2]，子之大重。

1 注 顧廣圻曰：〈燕策〉作「鹿毛壽」，〈燕世家〉同。《正義》云：「一作『厝毛』。甘陵縣本名『厝』。」《索隱》云「《春秋後語》亦作『厝毛壽』」，又引此。

2 注 先慎曰：乾道本無「是」字。顧廣圻云：今本「於」下有「是」字，誤。按：此當依《策》衍「於」字，「屬」下補「子」字。

▲先慎按：乾道本脫「是」字，此當各依本書，今據今本增。

一曰：潘壽，闞者[1]。燕使人聘之。潘壽見燕王曰：「臣恐子之之如益也。」王曰：「何益哉[2]？」對曰：「古者禹死，將傳天下於益，啓之人因相與攻益而立啓。今王信愛子之，將傳國子之，太子之人盡懷印，爲子之之人無一人在朝廷者[3]，王不幸棄群臣，則子之亦益也。」王因收吏璽，自三百石以上皆效之子之，子之大重。

1 注 先慎曰：《拾補》「闞」作「隱」，盧文弨云：《藏》本、張本作「闞」。顧廣圻云：「今本『闞』作『隱』也。」

2 注 先慎曰：問何以如益？

3 注 顧廣圻曰：《藏》本同。今本「為」作「璽」，誤。按：「為」下當有「吏」字。

▲先愼曰：顧說非，「為」字下屬，讀「于嬀反」。

夫人主之所以鏡照者，諸侯之士徒也，今諸侯之士徒皆私門之黨也。人主之所以自羽翼者，巖穴之士徒也[1]，今巖穴之士徒皆私門之舍人也。是何也？奪褫之資在子之也[2]。故吳章曰：「人主不佯憎、愛人。佯愛人不得復憎也，佯憎人不得復愛也。」

1 **注** 先愼曰：乾道本「羽翼」作「淺娋」，《拾補》作「羽翼」。盧文弨云：張本作「淺娋」。顧廣圻云：「今本作『羽翼』。」

▲先愼按：《漢書．張良傳》：「太子相四皓，高帝曰：『羽翼已成。』」則「巖穴之士」真人主之羽翼。「淺娋」二字不辭，改從今本。

2 **注** 先愼曰：乾道本「褫」作「號」。顧廣圻云：「號」，《藏》本作「號」，今本作「蹏」。按：此未詳。

▲先愼按：作「褫」是也。《說文》：「褫，奪衣也。」《易．訟卦》：「或錫之鞶帶，終朝三褫之。」侯果云：「褫，解也。」「褫」字從「衣」旁，乾道本譌作「号」旁，《藏》本又譌為「足」旁，因去「虎」上「厂」以成字耳。改從今本。

一曰：燕王欲傳國於子之也，問之潘壽。對曰：「禹愛益，而任天下於益，已而以啓人爲吏。及老，而以啓爲不足任天下，故傳天下於益，而勢重盡在啓也。已而啓與友黨攻益而奪之天下，是禹名傳天下於益，而實令啓自取之也。此禹之不及堯、舜明矣。今王欲傳之子之，而吏無非太子之人者也。是名傳之，而實令太子自取之也。」燕王乃收璽，自三百石以上皆效之子之，子之遂重[1]。

1 注 先愼曰：乾道本不重「子之」二字。盧文弨云：「舊不重，張本有。」顧廣圻云：「《藏》本重『子之』，是也，《策》有。」今據補。

方吾子曰：「吾聞之古禮，行不與同服者同車[1]，不與同族者共家[2]，而況君人者乃借其權而外其勢乎！」

1 注 先愼曰：據〈經〉，服，衣也。

2 注 顧廣圻曰：「不」上當有「居」字。

▲先愼曰：張榜本脫「不」字。

吳章謂韓宣王曰[1]：「人主不可佯愛人，一日不可復憎；不可以佯憎人，一日不可復愛也[2]。故佯憎、佯愛之徵見，則諛者因資而毀譽之，雖有明主，不能復收，而況於以誠借人也！」

1 注 先慎曰：乾道本連上，今依張榜本、趙本提行。

2 注 先慎曰：「佯愛人」、「佯憎人」皆當重。

趙王遊於圃中，左右以菟與虎而輟之[1]，虎[2]盼然環其眼[3]。王曰：「可惡哉，虎目也！」左右曰：「平陽君之目可惡過此[4]。見此未有害也，見平陽君之目如此者，則必死矣。」其明日，平陽君聞之，使人殺言者，而王不誅也。

1 注 輟而觀之。

2 注 先慎曰：乾道本無「之虎」二字，張榜本、趙本「之虎」二字作「觀之」，趙無注文。顧廣圻云：「觀之」二字，此舊注誤入正文。

▲先慎按：《御覽》九百七、《事類賦》二十三引「輟」下有「之虎」二字，「虎」字屬下讀，今據增。

3 注 環轉其眼以作怒也。王渭曰：「盼」當作「眄」。

▲先慎曰：《事類賦》二十三引「盼」作「眄」，亦非。《說文》：「盻，恨視貌。」「盼」、「眄」二字，形與「盻」近而誤。

4 注 先慎曰：《事類賦》注引本書注云：「平陽君，王弟也。」今本脫。

衛君入朝於周，周行人問其號。對曰：「諸侯辟疆。」周行人卻之曰：「諸侯不得與天子同號[1]。」衛君乃自更曰「諸侯燬」，而後內之。仲尼聞之曰：「遠哉禁偪！虛名不以借人[2]，況實事乎？」

1 注 開辟疆土者，天子之號。

2 注 名「辟疆」，未必能「辟疆」，故曰「虛」也。

▲先慎曰：「諸侯辟疆」、「諸侯燬」兩「諸」字，皆涉「諸侯不得與天子同號」句而誤，「諸」當作「衛」。

【四】搖木者一一攝其葉則勞而不徧，左右拊其本而葉徧搖矣[1]。臨淵而搖木，鳥驚而高，魚恐而下。善張網者引其綱，不一一攝萬目而後得[2]，則是勞而難，引其綱而魚已囊矣。故吏者，民之本綱者也，故聖人治吏不治民[3]。

1 注 「拊」，擊動也。

2 注 先慎曰：乾道本不重「一一攝萬目而後得」八字，據《御覽》八百三十四引增。張榜本上句「不」字作「若」，據誤本而改也。

3 注 治吏猶引綱，理人猶張目。

救火者[1]，令吏挈壺甕而走火，則一人之用也，操鞭箠指麾而趣使人，則制萬夫。是以聖人不親細民，明主不躬小事。

1 注 先慎曰：乾道本連上，今從趙本提行。

造父方耨[1]，得有子父乘車過者[2]，馬驚而不行，其子下車牽馬，父子推車[3]，請造父助我推車[4]。造父因收器輟而寄載之[5]，援其子之乘，乃始檢轡持筴，未之用也，而馬轡驚矣[6]。使造父而不能御，雖盡力勞身助之推車，馬猶不肯行也。令使身佚[7]，且寄載有德於人者，有術而御之也。故國者，君之車也；勢者，君之馬也。無術以御之，身雖勞猶

不免亂[8]；有術以御之，身處佚樂之地，又致帝王之功也[9]。

1 注 先慎曰：舊連上，今提行。

2 注 顧廣圻曰：《藏》本同。今本「得」作「時」，誤。按：「得」上有脫文。俞樾曰：「得」當作「見」。因古「得」字作「㝵」，故「得」與「見」二字往往相混。《史記．趙世家》「踰年歷歲未得一城」，《趙策》「得」作「見」，《留侯世家》「果見穀城山下黃石」，《漢書》「見」作「得」，竝其證也。趙本改「得」為「時」，非是。顧氏疑「得」上有脫文，亦失之。

3 注 先慎曰：「父」下衍「子」字。

4 注 顧廣圻曰：「推車」二字當衍。

5 注 先慎曰：「輟而」二字倒。

6 注 顧廣圻曰：《藏》本同。今本「驚」作「鶩」。

▲先慎曰：「驚」字不誤。「轡」當作「又」。

7 注 先慎曰：乾道本「使身」二字倒，顧廣圻云：「藏本、今本『身使』作『使身』。」今據乙。

8 注 「術」則國之轡策也。

▲先慎曰：《拾補》「雖」下有「使」字。盧文弨云：張本有。

9 注 盧文弨曰：「致」，《藏》本作「制」。

椎鍛者，所以平不夷也；榜檠者，所以矯不直也。聖人之爲法也，所以平不夷、矯不直也。

淖齒之用齊也擢閔王之筋，李兌之用趙也餓殺主父。此二君者，皆不能用其椎鍛榜檠，故身死爲戮而爲天下笑。

一曰：入齊，則獨聞淖齒而不聞齊王，入趙，則獨聞李兌而不聞趙王。故曰：人主者不操術，則威勢輕而臣擅名。

一曰：田嬰相齊。人有說王者曰：「終歲之計，王不一以數日之間自聽之，則無以知吏之姦邪得失也。」王曰：「善。」田嬰聞之，即遽請於王而聽其計。王將聽之矣，田嬰令官具押券斗石參升之計[1]。王自聽計，計不勝聽，罷食，後復坐[2]，不復暮食矣。田嬰復謂曰：「群臣所終歲日夜不敢偷怠之事也，王以一夕聽之，則群臣有爲勸勉矣。」王曰：「諾。」俄而王已睡矣，吏盡揄刀削其押券升石之計[3]。王自聽之，亂乃始生。

1 注 顧廣圻曰：下文無「斗」、「參」，作「升石」。按：此未詳。孫詒讓曰：《商子・定分篇》：「主法令之吏，謹其右券木押，以空藏之，封以法令之長印。」此「押券」即「右券」。「木押」，「押」與「柙」通。《說文・木部》：「檢，柙也。」「參升」二字疑衍。

2 注 顧廣圻曰：「罷食」句絕。「後」字當衍。

3 注 孫詒讓曰：「升石」，當依上作「斗石」，「斗」、「升」隸書形近而誤。

一曰：武靈王使惠文王蒞政，李兌爲相，武靈王不以身躬親殺生之柄，故劫於李兌。

【五】茲鄭子引輦上高梁而不能支。茲鄭踞轅而歌，前者止，後者趨，輦乃上。使茲鄭無術以致人，則身雖絕力至死[1]，輦猶不上也。今身不至勞苦而輦以上者，有術以致人之故也。

1 注 先慎曰：《拾補》「至」作「致」。盧文弨云：張本作「至」。顧廣圻云：《藏》本同。今本「至」作「致」，誤。

趙簡主出稅[1]，吏請輕重，簡主曰：「勿輕勿重。重則利入於上，若輕則利歸於民，吏無私利而正矣[2]。」

1 注 先慎曰：乾道本「稅」下有「者」字，今據《御覽》六百二十七引刪。

2 注 先慎曰：辭意未完，當有脫文。

薄疑謂趙簡主曰[1]：「君之國中飽。」簡主欣然而喜曰：「何如焉？」對曰：「府庫空虛於上，百姓貧餓於下，然而姦吏富矣。」

1 注 先慎曰：乾道本連上，今從趙本提行。

齊桓公微服以巡民家，人有年老而自養者，桓公問其故。對曰：「臣有子三人，家貧，無以妻之，傭未及反[1]。」桓公歸，以告管仲。管仲曰[2]：「畜積有腐棄之財則人飢餓，宮中有怨女則民無妻。」桓公曰：「善。」乃論宮中有婦人而嫁之[3]，下令於民曰[4]：「丈夫二十而室[5]，婦人十五而嫁。」

1 注 先慎曰：乾道本無「及」字。趙本有，《御覽》五百四十一引亦有，今據補。

2 注 先愼曰：乾道本不重「管仲」二字。顧廣圻云：今本重。

▲先愼按：《御覽》引亦重「管仲」二字，今據補。

3 注 先愼曰：乾道本「諭」作「論」，據《御覽》引改。

4 注 盧文弨曰：「曰」，張本作「也」。顧廣圻曰：「《藏》本同。今本『曰』作『也』，誤。」

▲先愼曰：《御覽》引亦作「曰」。

5 注 先愼曰：《御覽》引「二十」作「三十」。

一曰：桓公微服而行於民間，有鹿門稷者，行年七十而無妻。桓公問管仲曰：「有民老而無妻者乎？」管仲曰：「有鹿門稷者，行年七十矣而無妻。」桓公曰：「何以令之有妻？」管仲曰：「臣聞之，上有積財，則民臣必匱乏於下；宮中有怨女，則有老而無妻者。」桓公曰：「善。」令於宮中女子未嘗御出嫁之。乃令男子年二十而室，女年十五而嫁。則內無怨女，外無曠夫。

延陵卓子乘蒼龍挑文之乘[1]，鉤飾在前[2]，錯錣在後[3]，馬欲進則鉤飾禁之，欲退則錯錣貫之，馬因旁出。造父過而爲之泣涕曰：「古之治人亦然矣。夫賞所以勸之而毀存焉，罰所以禁之而譽加焉，民中立而不知所由[4]，此亦聖人之所爲泣也。」

1 注 言雕飾之。俞樾曰：「挑」，當讀為「翟」。下文「一曰延陵卓子乘蒼龍與翟文之乘」，注云「馬有翟之文」，是也。「挑」從「兆」聲，與「翟」聲相近，故「翟」通作「挑」。《尚書．顧命篇》「王乃洮頮水」，鄭讀「洮」為「濯」。《詩．大東篇》「佻佻公子」，《韓詩》「佻」作「嬥」。《爾雅．釋魚》「蜃小者珧」，衆家本「珧」作「濯」，並其例也。舊注不知「挑」即「翟」之假字，而訓為「雕飾」，誤矣。

▲先慎曰：俞說是。《御覽》七百四十六、八百九十六引「挑」作「桃」，《拾補》作「桃」。盧文弨以「挑」字為譌，非也。「挑」、「桃」並「翟」之假借。

2 注 約鉤使奮也。

3 注 「錣」，鍬也，以金飾之。

▲先慎曰：《事類賦》二十一引「錣」作「綴」。

4 注 言賞則有毀，罰即有譽，故不知其所由。

▲先慎曰：《事類賦》引「民中立」作「猶人處急世」。注「即」字趙本作「則」。

一曰：延陵卓子乘蒼龍與翟文之乘[1]，前則有錯飾，後則有利錣[2]，進則引之[3]，退則筴之。馬前不得進，後不得退，遂避而逸，因下抽刀而刎其腳。造父見之而泣[4]，終日不食，因仰天而歎曰：「筴所以進之也，錯飾在前；引所以退之也，利錣在後。今人主以其清潔也進之，以其不適左右也退之，以其公正也譽之，以其不聽從也廢之。民懼，中立而不知所由，此聖人之所爲泣也。」

1 注 馬為有翟之文。

2 注 先慎曰：乾道本脫下「有」字，顧廣圻云：「《藏》本、今本『則』下有『有』字，依上文當補。」今據增。

3 注 先慎曰：乾道本「進」上有「筴」字。顧廣圻曰：「『筴』字衍。《藏》本、今本無『進』字，此誤刪。」

▲先慎按：顧說是，「筴」字不當有，今據張榜本、趙本刪。又按：顧云：「今本多與張、趙本合，惟此條不同，故出之。」

4 注 先慎曰：乾道本無「而」字，《拾補》有，盧文弨云：「脫，張本有。」今據補。

卷第十五

思想議題

〈難一〉：反儒、墨，非俠、辯／法治與德治、賢治／法與賞罰／勢與權位／君臣之道。

〈難二〉：法與賞罰／君臣之道。

難一第三十六[1]

1 **注** 古人行事，或有不合理，韓子立義以難之。

晉文公將與楚人戰，召舅犯問之，曰：「吾將與楚人戰，彼衆我寡，爲之奈何？」舅犯曰：「臣聞之，繁禮君子，不厭忠信[1]；戰陣之閒，不厭詐僞[2]。君其詐之而已矣。」文公辭舅犯，因召雍季而問之，曰：「我將與楚人戰，彼衆我寡，爲之奈何？」雍季對曰：「焚林而田，偷[3]取多獸，後必無獸[4]；以詐遇民，偷取一時，後必無復[5]。」文公曰：「善。」辭雍季，以舅犯之謀與楚人戰以敗之[6]。歸而行爵，先雍季而後舅犯。群臣曰：「城濮之事，舅犯謀也，夫用其言而後其身，可乎？」文公曰：「此非君所知也[7]。夫舅犯言，一時之權也；雍季言，萬世之利也。」仲尼聞之，曰：「文公之霸也宜哉！既知一時之權，又知萬世之利。」

1 注 禮繁縟，故曰「繁禮」。唯忠信可以學禮，故曰「不厭忠信」。

2 注 非譎詐不能制勝，故曰「不厭詐偽」也。

3 注 苟且也。

4 注 先慎曰：乾道本無「取」字，「必」上有「不」字。顧廣圻云：今本「偷」下有「取」字，無「不」字。

▲先慎按：此皆四字句，有「取」字、無「不」字是也，改從今本。《呂氏春秋．孝行覽．義賞》作「焚藪而田，豈不獲得，而明年無獸」。

5 注 因詐得利，必以詐為俗，故無復有忠信。

▲先慎曰：乾道本注「為」作「偽」，「無」作「言」，據趙本改。

6 注 先慎曰：《呂氏春秋》云：「文公用咎犯之言而敗楚人於城濮。」

7 注 顧廣圻曰：「君」當作「若」。

或曰：雍季之對，不當文公之問。凡對問者，有因問小大緩急而對也[1]，所問高大而對以卑狹，則明主弗受也。今文公問以少遇衆，而對曰「後必無復」，此非所以應也。且文公不知一時之權，又不知萬世之利。戰而勝，則國安而身定，兵強而威立，雖有後復，莫大於此，萬世之利，奚患不至？戰而不勝，則國亡兵弱，身死名息，拔拂今日之死不及[2]，安暇待萬世之利？待萬世之利，在今日之勝；今日之勝，在詐於敵[3]；詐敵，萬世之利也[4]。故曰「雍季之對不當文公之問」。且文公又不知舅犯之言，舅犯所謂「不厭詐僞」者，不謂詐其民，謂詐其敵也[5]。敵者，所伐之國也，後雖無復，何傷哉？文公之所以先雍季者，以其功耶？則所以勝楚破軍者，舅犯之謀也，以其善言耶？則雍季乃道其後之無復也，此未有善言也，舅犯則以兼之矣。舅犯曰「繁禮君子，不厭忠信」者，忠，所以愛其下也；信，所以不欺其民也。夫既以愛而不欺矣，言孰善於此？然必曰「出於詐僞」者，軍旅之計也。舅犯前有善言，後有戰勝，故舅犯有二功而後論，雍季無一焉而先賞。「文公之霸也，不亦宜乎[6]」——仲尼不知善賞也[7]。

1 **注** 先愼曰：乾道本下「因」字作「問」。顧廣圻云：《藏》本同。今本「問」作「因」，誤。按：「有」當作「在」，十字為一句。

▲先慎按：顧說非。「問」字涉上文而誤。「因大小緩急而對」，謂因其問之大小緩急而對也，正承上「凡對問者有因」而言。若作「問」字，則文氣不屬。改從今本。

2 注 顧廣圻曰：「拔」、「拂」同字，或當衍其一也。

▲先慎曰：「拔今日之死不及」與《孟子》「救死猶恐不暇」語意正同，「拂」即「拔」之複字。或一本作「拔」，一本作「拂」，校者旁注於下，而失刪耳。

3 注 先慎曰：「詐於」當作「於詐」。

4 注 先慎曰：乾道本「也」字作「而已」二字，《拾補》無「而」字。盧文弨云：「『而』字，《藏》本、張本無。『已』字，張本作『也』。」今據刪改。

5 注 先慎曰：乾道本下「謂」字作「請」。顧廣圻云：今本「請」作「謂」。

▲先慎按：作「謂」是。言舅犯謂詐其敵，非謂詐其民也。「請」乃「謂」字形近而譌，改從今本。

6 注 先慎曰：乾道本無「也」字，盧文弨云：「此二句乃述仲尼之語，『也』字脫，《藏》本有。」今據補。

7 注 仲尼不知善賞，妄歎宜哉乎。

歷山之農者侵畔，舜往耕焉，朞年，甽畝正[1]。河濱之漁者爭坻[2]，舜往漁焉，朞年而讓長。東夷之陶者器苦窳[3]，舜往陶焉，朞年而器牢[4]。仲尼歎曰：「耕、漁與陶，非舜官也[5]，而舜往爲之者，所以救敗也。舜其信仁乎！乃躬藉處苦而民從之[6]，故曰：聖人之德化乎！」

1 注 相謙，故正也。

▲先慎曰：《藝文類聚》十一引作「朞年而耕者讓畔」。

2 注 「坻」，水中高地，釣者依之。

▲先慎曰：《藝文類聚》引「而」下有「漁者」二字。

3 注 苦窳，惡也。

4 注 先慎曰：《藝文類聚》引「器」下有「以」字。

5 注 非大人之事。

▲先慎曰：「趙本無注。」盧文弨曰：「張本有。」

6 注 顧廣圻曰：《藏》本、今本「藉」作「耕」。按：「藉」、「借」同字。

▲先慎曰：顧說是。上文「耕」、「漁」、「陶」三項，此不當僅言「耕」也。「躬藉處苦」，即下文「以身為苦而後化民」之義。

或問儒者曰：「方此時也，堯安在？」其人曰：「堯爲天子。」「然則仲尼之聖堯奈何[1]？聖人明察在上位，將使天下無姦也。今耕漁不爭[2]，陶器不窳，舜又何德而化[3]？舜之救敗也，則是堯有失也，賢舜則去堯之明察，聖堯則去舜之德化，不可兩得也。楚人有鬻楯與矛者，譽之曰：『吾楯之堅，物莫能陷也[4]。』又譽其矛曰：『吾矛之利，於物無不陷也。』或曰：『以子之矛陷子之楯，何如？』其人弗能應也。夫不可陷之楯與無不陷之矛，不可同世而立。今堯、舜之不可兩譽，矛楯之說也。且舜救敗，朞年已一過，三年已三過，舜有盡，壽有盡[5]，天下過無已者，以有盡逐無已，所止者寡矣[6]。賞罰使天下必行之，令曰：『中程者賞，弗中程者誅。』令朝至暮變，暮至朝變，十日而海內畢矣，奚待朞年？舜猶不以此說堯令從己[7]，乃躬親，不亦無術乎？且夫以身爲苦而後化民者，堯、舜之所難也；處勢而驕下者[8]，庸主之所易也。將治天下，釋庸主之所易，道堯、舜之所難，未可與爲政也。」

1 **注** 堯在上，容人為惡，仲尼謂堯為聖者奈何？
▲先慎曰：乾道本「容」作「三」，改從趙本。

2 **注** 王渭曰：「今」當作「令」。

3 注 若堯以舜在上，則自有禮讓，何須舜以化之？盧文弨曰：「而」，張本作「之」。

4 注 先慎曰：乾道本無「吾」字、「物」字。顧廣圻云：《藏》本、今本「曰」下有「吾」字。按：依〈難勢篇〉此無「吾」字。

▲先慎按：下文「吾矛之利」與此「吾楯之堅」語正相對，下「以子之矛陷子之楯」，兩「子」字與兩「吾」字文又相照，乾道本脫「吾」字耳。〈難勢篇〉作「譽其楯之堅」，文法不同，不得緣以為比。《北堂書鈔》一百二十三、《御覽》三百五十三引並有「吾」字、「物」字，今據補。〈難勢篇〉亦有「物」字。

5 注 顧廣圻曰：上「有盡」二字當衍，四字為一句。

6 注 先慎曰：乾道本「以」字在「已者」上，《拾補》無「者」字。盧文弨云：「已者」，張本作「有已」，《藏》本作「以已」。顧廣圻云：「以已」當作「已以」，「已」字句絕，「以」下屬。「者」字當衍。

▲先慎按：張榜本、趙本「以」字在「有」字上，是也。謂天下之過不止耕、漁、陶三者，以舜壽之有盡，而治無已之過，則所止者寡矣。因「以」字誤移於上，而盧、顧並去「者」字，非也。今依張、趙本改。

7 注 先慎曰：言使民從己之令也。

8 注 顧廣圻曰：《藏》本同。今本「驕」作「令」。按：此當作「矯」，〈外儲說右篇〉云：「榜檠矯直。」

管仲有病[1]，桓公往問之，曰：「仲父病，不幸卒於大命，將奚以告寡人？」管仲

曰：「微君言，臣故將謁之。願君去豎刁，除易牙，遠衛公子開方。易牙爲君主味，君惟人肉未嘗[2]，易牙烝其子首而進之[3]——夫人情莫不愛其子[4]，今弗愛其子，安能愛君？君妒而好內，豎刁自宮以治內——人情莫不愛其身，身且不愛，安能愛君？開方事君十五年[5]，齊、衛之間不容數日行，棄其母久宦不歸[6]——其母不愛，安能愛君？臣聞之：『矜僞不長，蓋虛不久[7]。』願君去此三子者也。」管仲卒死[8]而桓公弗行[9]，及桓公死，蟲出戶不葬[10]。

1 注 先愼曰：乾道本連上，今依趙本提行。

2 注 先愼曰：乾道本無「味君」二字。顧廣圻云：《藏》本「主」下有「味君主」三字，今本有「味君」二字。

▲先愼按：《藏》本衍「主」字，乾道本脫「味君」二字，今依今本增。〈十過篇〉作「為君主味，君之所未嘗食，唯人肉耳」。

3 注 先愼曰：「子首」，趙本作「首子」，說見〈十過〉及〈二柄〉兩篇。

4 注 先愼曰：乾道本「情」上有「惟」字，顧廣圻云：「《藏》本、今本無『惟』字。」今據刪。

5 注 先愼曰：乾道本「開」上有「聞」字。顧廣圻云：《藏》本、今本無「聞」字。

▲先愼按：「聞」即「開」字之誤而衍，今據刪。

6 注 先慎曰：趙本「宦」作「官」。

7 注 言蓋藏詐事不可久也。俞樾曰：「矜」字無義，乃「務」字之誤，言務為詐偽不可以長也。《管子．小稱篇》作「務偽不久，蓋虛不長」，是其證。

8 注 先慎曰：「卒」字衍。

9 注 先慎曰：乾道本無「而」字，盧文弨云：「張本有。」今據補。

10 注 顧廣圻曰：「尸」當作「戶」，下同。

或曰：管仲所以見告桓公者，非有度者之言也[1]。所以去豎刁、易牙者[2]，以不愛其身，適君之欲也。曰「不愛其身，安能愛君？」然則臣有盡死力以爲其主者[3]，管仲將弗用也[4]。曰「不愛其死力，安能愛君？」是欲君去忠臣也[5]。且以不愛其身，度其不愛其君，是將以管仲之不能死公子糾度其不死桓公也，是管仲亦在所去之域矣。明主之道不然，設民所欲以求其功，故爲爵祿以勸之；設民所惡以禁其姦，故爲刑罰以威之。慶賞信而刑罰必，故君舉功於臣而姦不用於上[6]，雖有豎刁，其奈君何？且臣盡死力以與君市[7]，君垂爵祿以與臣市，君臣之際，非父子之親也，計數之所出也[8]。君有道，則臣盡力而姦不生；無道，則臣上塞主明而下成私。管仲非明此度數於桓公也[9]，使去豎刁[10]，一豎刁又至[11]，非絕姦之道也。且桓公所以身死蟲流出尸不葬者，是臣重也，臣重之實，擅主也。有擅主之臣，則君令不下究，臣情不上通，一人之力能隔君臣之間，使善敗不聞，禍福不通，故有不葬之患也。明主之道，一人不兼官，一官不兼事。卑賤不待尊貴而進論[12]，大臣不因左右而見。百官修通，群臣輻湊，有賞者君見其功，有罰者君知其罪。見、知不悖於前，賞、罰不弊於後[13]，安有不葬之患？管仲非明此言於桓公也，使去三子，故曰「管仲無度矣」。

1 **注** 先愼曰：「度」，謂法度也。

2 **注** 先愼曰：乾道本無「去」字。顧廣圻云：《藏》本、今本有「去」字。
▲先愼按：有者是也。下「管仲非明此於桓公也，使去三子」，即承此而言，明此脫「去」字，今據補。

3 **注** 盡死力亦不愛身也。

4 **注** 盧文弨曰：「弗」，張本作「不」。

5 **注** 先愼曰：乾道本無「欲」字，《拾補》有，盧文弨云：「『欲』字脫。」今據補。

6 **注** 臣有功者舉用之，自然姦不見用也。

7 注 先愼曰：乾道本脫「君市」二字，顧廣圻云：「今本『與』下有『君市』二字，依下文當補。」今據增。

8 注 君計臣力，臣計君祿。

9 注 王先謙曰：「數」字疑衍。上云「非有度者之言」，下云「管仲無度」，即謂「此度」也。「數」字淺人所增。

10 注 先愼曰：句。

11 注 先愼曰：句。

12 注 顧廣圻曰：《藏》本同。今本無「論」字。按：「進」字當衍，上文云「舅犯有二功而後論」，〈和氏〉云「然猶兩足斬而寶乃論」，此「論」字之義。

13 注 可賞賞，可罰罰，無所蔽塞也。顧廣圻曰：「弊」讀為「蔽」。

襄子圍於晉陽中，出圍，賞有功者五人[1]，高赫為賞首[2]。張孟談曰：「晉陽之事，赫無大功，今為賞首，何也？」襄子曰：「晉陽之事，寡人國家危[3]，社稷殆矣。吾群臣無有不驕侮之意者，惟赫子不失君臣之禮[4]，是以先之。」仲尼聞之曰：「善賞哉襄子！賞一人而天下為人臣者莫敢失禮矣[5]。」

1 注 先愼曰：《御覽》六百三十三引「五人」作「四人」。

2 **注** 顧廣圻曰：「赫」，他書作「赦」。

▲先慎曰：《淮南．氾論》、〈人間訓〉、《說苑．復恩篇》、《漢書．古今人表》並作「赫」。惟《呂氏春秋．孝行覽》作「赦」。案：「赦」即「赫」，聲近而譌，當依此訂正。《史記．趙世家》作「高共」，徐廣云：「一作『赫』。」

3 **注** 顧廣圻曰：《藏》本同。今本無「家」字，誤。

▲先慎曰：《御覽》引無「家」字，《呂氏春秋》亦無，不必有「家」字者是，無「家」字者非也。顧說泥。

4 **注** 先慎曰：各本「赫」下有「子」字。按：「子」字不當有，《御覽》引無，今據刪。《呂覽》作「而不失君臣之禮者惟赫」，亦無「子」字，是其證。

5 **注** 王渭曰：此《困學紀聞》所謂「事在孔子後，孔鮒已辨其妄者也」。

或曰：仲尼不知善賞矣。夫善賞罰者，百官不敢侵職，群臣不敢失禮。上設其法而下無姦詐之心，如此，則可謂善賞罰矣。使襄子於晉陽也，令不行，禁不止，是襄子無國，晉陽無君也，尚誰與守哉？今襄子於晉陽也，知氏灌之，臼竈生鼃[1]而民無反心，是君臣親也。襄子有君臣親之澤，操令行禁止之法，而猶有驕侮之臣，是襄子失罰也[2]。爲人臣者，乘事而有功則賞。今赫僅不驕侮而襄子賞之，是失賞也[3]。明主賞不加於無功，罰不加於無罪——今襄子不誅驕侮之臣，而賞無功之赫，安在襄子之善賞也？故曰「仲尼不知善賞」。

1 **注** 先愼曰：乾道本作「曰竈生鼃」，《拾補》「曰」作「穴」。盧文弨云：「穴」，《藏》本作「臼」，「鼃」，《藏》本作「龜」。顧廣圻云：今本「臼」作「穴」，「龜」作「鼃」。按：此當依〈趙策〉作「臼竈生龜」，《說苑·權謀篇》同。《太玄經·竆》上九亦云「臼竈生鼃」，蓋本於彼也。

▲先愼按：「鼃」與「龜」、「臼」與「曰」並形近而誤，據盧、顧校改。

2 **注** 先愼曰：乾道本無「失」字，顧廣圻云：「《藏》本、今本『子』下有『失』字。」今據補。

3 **注** 臣有不驕，僅合臣禮，非有善可賞也。

▲先愼曰：乾道本注「可」作「不」，據趙本改。

晉平公與群臣飲，飲酣，乃喟然歎曰：「莫樂爲人君！惟其言而莫之違。」師曠侍坐於前，援琴撞之。公披衽而避，琴壞於壁。公曰：「太師誰撞？」師曠曰：「今者有小人言於側者，故撞之。」公曰：「寡人也。」師曠曰：「啞[1]！是非君人者之言也。」左右請除之[2]。公曰：「釋之，以為寡人戒[3]。」

1 注 歎息之聲。

2 注 盧文弨曰：「除」當作「涂」，《淮南．齊俗訓》作「欲塗」。

3 注 先慎曰：《淮南子》此下有「孔子聞之曰：『平公非不痛其體也，欲來諫者也。』韓子聞之曰：『群臣失禮而弗誅，是縱過也，有以夫公之不霸也』」，疑此下脫文。

或曰：平公失君道，師曠失臣禮。夫非其行而誅其身，君之於臣也；非其行則陳其言，善諫不聽則遠其身者，臣之於君也。今師曠非平公之行，不陳人臣之諫，而行人主之誅，舉琴而親其體，是逆上下之位，而失人臣之禮也。夫為人臣者，君有過則諫，諫不聽則輕爵祿以待之[1]，此人臣之禮義也[2]。今師曠非平公之過，舉琴而親其體，雖嚴父不加於子，而師曠行之於君，此大逆之術也[3]。臣行大逆，平公喜而聽之，是失君道也。故平公之迹不可明也[4]，使人主過於聽而不悟其失。師曠之行亦不可明也，使姦臣襲極諫而飾弒君之道。不可謂兩明[5]，此為兩過[6]。故曰「平公失君道，師曠亦失臣禮矣」。

1 注 先慎曰：「待」當作「去」。

2 注 先慎曰：「義」字衍。

3 注 顧廣圻曰：「夫為人臣者」至此六十一字當衍，乃舊注之錯入者耳。

▲先慎曰：顧說非。此六十一字專指臣下言——「夫為人臣者」至「此人臣之禮也」申上「人臣之禮」，「師曠非平公之過」至「此大逆之術也」申上「逆上下之位」，又以「嚴父不加於子」反譬而喻之，尤足見周、秦閒之文法，非舊注所能及。且注家亦無此例也。

4 注 先慎曰：趙本此及下「不可明也」，兩「明」字並作「行」。盧文弨云：《藏》本、張本作「明」，下同。馮云：「行」宜作「明」。

5 注 顧廣圻曰：「謂」字當衍。

6 注 顧廣圻曰：《藏》本同。今本「為」作「謂」，誤。

▲先慎曰：顧說非，「為」、「謂」同字。

齊桓公時，有處士曰小臣稷，桓公三往而弗得見。桓公曰：「吾聞布衣之士，不輕爵祿，無以易萬乘之主；萬乘之主，不好仁義，亦無以下布衣之士。」於是五往乃得見之。

或曰：桓公不知仁義。夫仁義者，憂天下之害，趨一國之患，不避卑辱，謂之仁義。

故伊尹以中國爲亂，道爲宰于湯；百里奚以秦爲亂，道爲虜于穆公[1]——皆憂天下之害，趨一國之患，不辭卑辱，故謂之仁義。今桓公以萬乘之勢，下匹夫之士，將欲憂齊國[2]，而小臣不行[3]，見小臣之忘民也[4]，忘民不可謂仁義。仁義者，不失人臣之禮，不敗君臣之位者也。是故四封之內，執會而朝名曰「臣」，臣吏分職受事名曰「萌」。今小臣在民萌之衆而逆君上之欲，故不可謂仁義。仁義不在焉，桓公又從而禮之。使小臣有智能而遁桓公，是隱也，宜刑[5]；若無智能而虛驕矜桓公，是誣也，宜戮——小臣之行，非刑則戮。桓公不能領臣主之理，而禮刑戮之人，是桓公以輕上侮君之俗教於齊國也，非所以爲治也。故曰「桓公不知仁義」。

1 注 先慎曰：乾道本「虜」上無「為」字。顧廣圻云：「以中國為亂」句絕，下句同。兩「于」字當作「干」。《藏》本、今本「虜」上有「為」字。

▲先慎按：有「為」字是，今據補。「道」，由也。「道為虜干穆公」，由為虜干穆公。〈難一篇〉「伊尹自為宰干湯，百里奚自為虜干穆公」（「自」，亦由也），是其證。「于」即「干」之誤。

2 注 顧廣圻曰：《藏》本「欲」作「與」，今本「欲」、「與」兩有，皆誤。

3 注 先慎曰：「行」當作「得」。

4 注 先慎曰：「小」上當脫「是」字。

5 注 德修而隱，不為臣用，故宜刑也。

▲先慎曰：乾道本脫「宜刑」二字，顧廣圻云：「今本有『宜刑』二字，依下文當補，舊注未譌。」今據增。

靡笄之役[1]，韓獻子將斬人。郤獻子聞之，駕往救之，比至，則已斬之矣。郤子因曰：「胡不以徇？」其僕曰：「曩不將救之乎？」郤子曰：「吾敢不分謗乎？」

1 注 晉代齊也。「靡笄」山名。

▲先慎曰：注「代」當作「伐」。

或曰：郤子言不可不察也，非分謗也。韓子之所斬也，若罪人，則不可救[1]——救罪人，法之所以敗也，法敗則國亂；若非罪人，則勸之以徇[2]，勸之以徇，是重不辜也[3]，重不辜，民所以起怨者也，民怨則國危。郤子之言，非危則亂，不可不察也。且韓子之所斬若罪人，郤子奚分焉？斬若非罪人，則已斬之矣，而郤子乃至，是韓子之謗已成，而郤子且後至也[4]。夫郤子曰「以徇」，不足以分斬人之謗，而又生徇之謗[5]，是子言分謗也6？昔者紂爲炮烙，崇侯、惡來又曰「斬涉者之脛」也，奚分於紂之謗7？且民之望於上也甚矣，韓子弗得8，且望郤子之得之也9，今郤子俱弗得，則民絕望於上矣10。故曰「郤子之言非分謗也，益謗也」。且郤子之往救罪也，以韓子爲非也，不道其所以爲非而勸之「以徇」，是使韓子不知其過也。夫下使民望絕於上11，又使韓子不知其失，吾未得郤子之所以分謗者也。

1 注 先愼曰：乾道本無「則」字，顧廣圻云：「《藏》本、今本有『則』字。」今據補。

2 注 顧廣圻曰：《藏》本同。今本「則」作「而」。按：當作「不可」二字，與上文「不可救」句相對。

▲先愼曰：「則」下脫「不可」二字耳，顧刪「則」字亦非。乾道本「徇」作「殉」，據張榜本改，注及下同。

3 注 斬既不辜，徇又不辜，是重不辜也。

4 注 顧廣圻曰：《藏》本同。今本無「子」字，誤。

5 注 徇既不辜，益得一謗。

6 注 顧廣圻曰：《藏》本同。今本「子」作「何」。按：句有誤。俞樾曰：此當作「是郤子之言非分謗也，益謗也」，今脫六字，則文義不明。下文云「故曰郤子之言非分謗也，益謗也」，正與此應，可以據補。

▲先愼曰：俞說是。

7 注 此助為虐，更益謗也。

8 注 不得斬謂不幸也。

9 注 望郤子正韓子之過。

10 注 君上同惡，更何所望也。

▲先慎曰：一本無注。盧文弨云：張本有。

11 注 先慎曰：「望絕」，當依上文作「絕望」。

桓公解管仲之束縛而相之。管仲曰：「臣有寵矣，然而臣卑。」公曰：「使子立高、國之上。」管仲曰：「臣貴矣[1]，然而臣貧。」公曰：「使子有三歸之家。」管仲曰：「臣富矣，然而臣疏。」於是立以爲仲父。霄略曰[2]：「管仲以賤爲不可以治國[3]，故請高、國之上；以貧爲不可以治富，故請三歸；以疏爲不可以治親，故處仲父。管仲非貪，以便治也。」

1 注 先慎曰：〈外儲說左下〉「貴」作「尊」。

2 注 顧廣圻曰：未詳。

3 注 王渭曰：「國」當作「貴」。

或曰1：今使臧獲奉君令詔卿相，莫敢不聽，非卿相卑而臧獲尊也，主令所加，莫敢不從也。今使管仲之治不緣桓公2，是無君也，國無君不可以爲治。若負桓公之威，下桓公之令，是臧獲之所以信也，奚待高、國、仲父之尊而後行哉？當世之行事都丞3之下徵令者，不辟尊貴，不就卑賤4。故行之而法者，雖巷伯信乎卿相；行之而非法者，雖大吏詘乎民萌。今管仲不務尊主明法，而事增寵益爵，是非管仲貪欲富貴，必闇而不知術也。故曰「管仲有失行，霄略有過譽」。

1 注 先慎曰：乾道本連上，今從趙本提行。

2 注 謂擅出其令，故曰「不緣」也。

3 注 「都丞」宦官之卑者也。

▲先慎曰：注「宦」字，趙本無。盧文弨云：「脫。」

4 注 二官雖卑，奉命徵令，亦不以尊即避，卑即就也。

韓宣王問於樛留：「吾欲兩用公仲、公叔，其可乎？」樛留對曰：「昔魏兩用樓、翟[1]而亡西河，楚兩用昭、景[2]而亡鄢、郢。今君兩用公仲、公叔，此必將爭事而外市[3]，則國必憂矣。」

1 注 樓緩、翟璜也。顧廣圻曰：「樓、翟」，樓鼻、翟強也。事見〈魏策〉，舊注誤甚。

▲先慎曰：〈說林上〉「樓、翟」作「犀首、張儀」。

2 注 昭、景，楚之二姓。

3 注 與鄰國交私以示己利，故曰「外市」也。

或曰：昔者齊桓公兩用管仲、鮑叔，成湯兩用伊尹、仲虺。夫兩用臣者國之憂，則是桓公不霸，成湯不王也。湣王一用淖齒而身死乎東廟[1]，主父一用李兌，減食而死。主有術[2]，兩用不爲患；無術，兩用則爭事而外市[3]，一則專制而劫弒[4]。今留無術以規上，使其主去兩用一，是不有西河、鄢、郢之憂，則必有身死、減食之患。是樛留未有善以知言也[5]。

1 注 先愼曰：乾道本「身」作「手」。盧文弨云：「手」字譌。

▲先愼按：盧說是。下「則必有身死減食之患」，「身死」即指湣王而言，明「手」為「身」之誤。《拾補》

作「身」，今從之。

2 注 顧廣圻曰：《藏》本同。今本「主」下有「誠」字，誤。

3 注 先慎曰：乾道本重「爭」字，盧文弨云：「凌本不重。」今據刪。

4 注 顧廣圻曰：「一」下當有「用」字。

5 注 先慎曰：「有」當作「為」。

難二第三十七

景公過晏子曰：「子宮小，近市，請徙子家豫章之圃[1]。」晏子再拜而辭曰：「且嬰家貧[2]，待市食而朝暮趨之，不可以遠。」景公笑曰：「子家習市，識貴賤乎？」是時景公繁於刑，晏子對曰：「踴貴而屨賤[3]。」景公曰：「何故？」對曰：「刑多也。」景公造[4]然變色曰：「寡人其暴乎！」於是損刑五。

1 注 顧廣圻曰：與《左傳》不合。

2 注 先慎曰：「且」當作「臣」。

3 注 先慎曰：「踴」即「踊」之俗字。

4 注 音「亡老反」。顧廣圻曰：「造」，讀為「楚」。

或曰：晏子之貴踴，非其誠也，欲便辭以止多刑也[1]，此不察治之患也。夫刑當無多，不當無少[2]，無以不當聞，而以太多說，無術之患也。敗軍之誅以千百數，猶且不止[3]，即治亂之刑如恐不勝，而姦尚不盡。今晏子不察其當否，而以太多爲說，不亦妄乎？夫惜草茅者耗禾穗，惠盜賊者傷良民。今緩刑罰、行寬惠，是利姦邪而害善人也，此非所以爲治也。

1 注 卒問而對，非深思也。亂國重典，豈惡刑多！在當與不當耳，不在多少。

2 注 苟不當，雖少，猶以為多也。

3 注 顧廣圻曰：《藏》本「且」作「北」，今本「且」、「北」兩有，皆誤。

齊桓公飲酒醉，遺其冠，恥之，三日不朝。管仲曰：「此非有國之恥也[1]，公胡不雪之以政[2]？」公曰：「善[3]。」因發倉囷賜貧窮，論囹圄出薄罪。處三日而民歌之曰：

「公乎，公乎！胡不復遺其冠乎[4]！」

1 注 盧文弨曰：「非」字《意林》無。

▲先慎曰：《意林》脫「非」字，《御覽》四百九十七、六百八十四、八百四十五、《事類賦》十七引並有「非」字。

2 注 先慎曰：乾道本「胡」下有「其」字，據《御覽》、《事類賦》引刪。《意林》亦無「其」字。

3 注 先慎曰：乾道本「善」上有「胡其」二字。張榜本無，《藝文類聚》十九、《御覽》、《事類賦》引並無「胡其」二字，今據刪。

4 注 先慎曰：各本無「其」字及上「乎公乎」三字，據《藝文類聚》、《御覽》引補。《意林》「冠」上亦有「其」字。

或曰[1]：管仲雪桓公之恥於小人，而生桓公之恥於君子矣[2]。使桓公發倉囷而賜貧窮，論囹圄而出薄罪，非義也，不可以雪恥使之而義也。桓公宿義，須遺冠而後行之，則是桓公行義，非爲遺冠也[3]。是雖雪遺冠之恥於小人，而亦遺義之恥於君子矣[4]。且夫發囷倉而賜貧窮者，是賞無功也；論囹圄而出薄罪者，是不誅過也。夫賞無功則民偷幸而望於上[5]，不誅過則民不懲而易爲非，此亂之本也，安可以雪恥哉？

1 注 先愼曰：乾道本連上，今據張、趙本提行。

2 注 先愼曰：小人以遺冠為恥，君子以遺義為恥。

3 注 盧文弨曰：「非」字衍。顧廣圻曰：「行」當作「遺」。

▲先愼曰：顧說是。張榜本無「非也」二字，不知上文「行」為「遺」之誤而刪之也。

4 注 顧廣圻曰：《藏》本同。今本「遺」下有「宿」字，誤。「亦」下當有「生」字。

5 注 遺冠得賜，常望遺冠。

昔者文王侵盂、克莒、舉豐[1]，三舉事而紂惡之，文王乃懼，請入洛西之地、赤壤之國，方千里，以請解炮烙之刑[2]，天下皆說。仲尼聞之曰：「仁哉文王！輕千里之國而請解炮烙之刑。智哉文王！出千里之地而得天下之心。」

1 注 先愼曰：各本「盂」作「孟」，「豐」作「酆」。王引之云：「孟」為「盂」字之誤也。《竹書紀年》：「帝辛三十四年，周師取耆及邘。」《書大傳》：「文王受命二年伐邘。」《史記·周本紀》：「文王敗耆國，明年，伐邘。」作「盂」者借字。顧廣圻云：「克」，今本作「堯」，誤。「酆」，他書又作「豐」。

▲先慎按：「孟」為「盂」之誤，「堯」為「克」之誤。《御覽》八十四引正作「侵盂、克莒、舉豐」，今據改。

2注 先慎曰：各本「以」下有「請」字。案：此承上「請入洛西之地」而言，不當有「請」字，淺人以下文「請解炮烙之刑」，遂於此誤加「請」字，今據《藝文類聚》十二引刪。

或曰：仲尼以文王爲智也，不亦過乎！夫智者知禍難之地而辟之者也，是以身不及於患也。使文王所以見惡於紂者，以其不得人心耶？則雖索人心以解惡可也。紂以其大得人心而惡之，己又輕地以收人心，是重見疑也。固其所以桎梏囚於羑里也。鄭長者有言：「體道，無爲、無見也。」此最宜於文王矣，不使人疑之也。仲尼以文王爲智，未及此論也。

晉平公問叔向曰：「昔者齊桓公九合諸侯，一匡天下，不識臣之力也？君之力也[1]？」叔向對曰：「管仲善制割，賓胥無善削縫[2]，隰朋善純緣[3]，衣成，君舉而服之，亦臣之力也，君何力之有？」師曠伏琴而笑之。公曰：「太師奚笑也？」師曠對曰：「臣笑叔向之對君也。凡爲人臣者，猶炮宰和五味而進之君，君弗食，孰敢強之也？臣請譬之：君者，壞地也；臣者，草木也，必壞地美然後草木碩大，亦君之力也[4]，臣何力之有？」

1 注 先慎曰：乾道本無「君之力也」四字。盧文弨云：孫貽穀云：「《文選·四子講德論》注引作『臣之力邪君之力邪』，此脫四字」。顧廣圻云：「識」下當有「君之力也」四字。「也」，讀為「邪」，《新序》四作「乎」。

▲先慎案：張榜本有「君之力也」四字，今據補。《御覽》六百二十引作「君之力臣之力」。

2 注 言損益若女工翦削彌縫。

3 注 言增飾若女工之純緣也。顧廣圻曰：《新序》二人事互易。

4 注 先慎曰：乾道本無「也」字。盧文弨云：「『也』字脫，張本有。」今據補。

或曰：叔向、師曠之對皆偏辭也。夫一匡天下，九合諸侯，美之大者也，非專君之力也，又非專臣之力也。昔者宮之奇在虞，僖負羈在曹，二臣之智，言中事，發中功，虞、曹俱亡者，何也？此有其臣而無其君者也。且蹇叔處干而干亡[1]，處秦而秦霸[2]，非蹇叔愚於干而智於秦也，此有君與無臣也[3]，向曰「臣之力也」不然矣。昔者桓公宮中二市，婦閭[4]二百[5]，被髮而御婦人，得管仲爲五百長，失管仲得豎刁而身死，蟲流出尸不葬[6]。

以爲非臣之力也，且不以管仲爲霸；以爲君之力也，且不以豎刁爲亂。昔者晉文公慕於齊女而忘歸[7]，咎犯極諫，故使得反晉國[8]。故桓公以管仲合，文公以舅犯霸[9]，而師曠曰「君之力也」又不然矣。凡五霸所以能成功名於天下者，必君臣俱有力焉。故曰「叔向、師曠之對皆偏辭也」。

1 **注** 先慎曰：《拾補》「干」作「盂」。盧文弨云：《藏》本、張本同。或改作「虞」。顧廣圻云：今本「干」作「于」，下同。按：此未詳。俞樾云：「干」，即「虞」也。《莊子．刻意篇》：「夫有干越之劍」，《釋文》引司馬云：「干，吳也。」《荀子．勸學篇》「干、越、夷、貉之子」，楊倞注：「『干、越』猶言『吳、越』」。《淮南子．原道篇》「干、越生葛絺」，高誘注亦云：「干，吳也」，是吳有「干」名，而「虞」與「吳」古同聲而通用。《左傳正義》云：「《譜》云：『虞，姬姓也，武王克商，封虞仲之庶孫以為虞仲之後，處中國為西吳，後世謂之虞公。』然則虞之始封，本為西吳，蓋以別於荊、蠻之吳，因《春秋》經、傳皆作「虞」，而西吳之名廢矣。《漢書．地理志》：「河東郡大陽，吳山在西，上有吳城，周武王封太伯後於此，是為虞公。」夫虞之故城謂之「吳城」，是「虞」即「吳」也。吳得稱「干」，則虞亦得稱「干」也。「蹇叔處干」，即處虞也。

▲先慎按：俞說是。今本作「于」，形近而誤，或作「虞」者，不知「干」即「虞」而改為「虞」也。

2 注 先慎曰：乾道本脫「處」字，顧廣圻云：「今本有『處』字，依上文當有。」今據補。

3 注 盧文弨曰：「與」，或改「而」。顧廣圻曰：「臣」當作「君」。

4 注 里門也。

5 注 先慎曰：〈周策〉作「宮中七市，女閭七百」。

6 注 先慎曰：「尸」當作「戶」。

7 注 先慎曰：乾道本「忘」作「亡」，盧文弨云：「『亡』，張本作『忘』，是也。」今據改。

8 注 先慎曰：乾道本無「得」字，盧文弨云：「『得』字脫，一本有。」今據補。

9 注 先慎曰：乾道本「文公」下無「以」字，顧廣圻云：「今本『公』下有『以』字。按：依上文當有。」今據補。

齊桓公之時，晉客至，有司請禮，桓公曰「告仲父」者三[1]。而優[2]笑曰：「易哉為君！一曰『仲父』，二曰『仲父』。」桓公曰：「吾聞君人者勞於索人，佚於使人。吾得仲父已難矣，得仲父之後，何為不易乎哉？」

1 注 有司三請，皆曰「告仲父」。

2 注 「優」，俳優，樂者名。

或曰：桓公之所應優，非君人者之言也。桓公以君人爲勞於索人，何索人爲勞哉？伊尹自以爲宰干湯，百里奚自以爲虜干穆公[1]。虜，所辱也；宰，所羞也，蒙羞辱而接君上，賢者之憂世急也。然則君人者無逆賢而已矣[2]，索賢不爲人主難。且官職所以任賢也，爵祿所以賞功也，設官職，陳爵祿，而士自至，君人者奚其勞哉？使人又非所佚也，人主雖使人，必以度量準之[3]，以刑名參之，以事遇於法則行[4]，不遇於法則止，功當其言則賞，不當則誅——以刑名收臣，以度量準下，此不可釋也，君人者焉佚哉？索人不勞，使人不佚，而桓公曰「勞於索人，佚於使人」者，不然。且桓公得管仲又不難[5]，管仲不死其君而歸桓公，鮑叔輕官讓能而任之，桓公得管仲又不難明矣。已得管仲之後，奚遽易哉？管仲非周公旦。周公旦假爲天子七年，成王壯，授之以政，非爲天下計也，爲其職也。夫不奪子而行天下者，必不背死君而事其讎，背死君而事其讎者，必不難奪子而行天下，不難奪子而行天下者[6]，必不難奪其君國矣。管仲，公子糾之臣也，謀殺桓公而不能，其君死而臣桓公，管仲之取舍非周公旦，未可知也[7]。若使管仲大賢也，且爲湯、武。湯、武[8]，桀、紂之臣也，桀、紂作亂，湯、武奪之。今桓公以易居其上，是以桀、紂之行居湯、武之上，桓公危矣。若使管仲不肖人也，且爲田常。田常，簡公之臣也，而弒其君。今桓公以易居其上，是以簡公之易居田常之上也，桓公又危矣。管仲非周公旦以明矣[9]，然爲湯、武與田常，未可知也，爲湯、武有桀、紂之危，爲田常有簡公之亂也[10]。已得仲父之後，桓公奚遽易哉[11]？若使桓公之任管仲，必知不欺己也，是知不欺主之臣也。然雖知不欺主之臣[12]，今[13]桓公以任管仲之專借豎刁、易牙，蟲流出尸而不葬[14]，桓公不知臣欺主與不欺主已明矣，而任臣如彼其專也，故曰「桓公闇主」。

1 注 俞樾曰：兩「以」字皆衍文。「自」，由也。言由為宰以干湯，由為虜以干穆公也。〈難一篇〉：「故伊尹以中國為亂，道為宰干湯，百里奚以秦為亂，道為虜干穆公。」「道」，亦「由」也，與此一律。

2 注 先慎曰：乾道本「逆」作「道」。顧廣圻云：《藏》本、今本「道」作「逆」，誤。

▲先慎按：作「逆」是，顧說非。改從《藏》本、今本。

3 注 先慎曰：乾道本脫「以」字，顧廣圻云：「《藏》本、今本有『以』字。」今據補。

4 注 顧廣圻曰：下「以」字當衍。

5 注 先慎曰：乾道本無「得」字，顧廣圻云：「今本有『得』字，依下文當有。」今據補。

6 注 顧廣圻曰：《藏》本同。今本「不」下有「難」字，誤。

▲先慎曰：張榜本有「難」字，旁注云：「『難』作『肯』。」

7 注 張榜曰：當云「非周公旦亦以明矣，然其賢與不賢未可知也」。盧文弨曰：「未」字衍。

▲先慎曰：張說是。「未」上當有脫文。

8 注 先慎曰：乾道本不重「湯武」二字，顧廣圻云：「今本重。按：依下文當重。」今據補。

9 注 顧廣圻曰：《藏》本同。今本「旦」下有「亦」字，誤。

▲先慎曰：「以」當作「已」。

10 注 先慎曰：下「之」字，張榜本無。

11 注 先慎曰：趙本「遽」作「處」，誤。

12 注 先慎曰：「雖」當為「唯」之誤。「惟」、「唯」古通，此承上起下之詞。謂桓公任仲，知不欺己，則桓公能皆知不欺已之臣。乃惟管仲之不欺己，因謂豎刁、易牙亦不欺己，遂以任管仲者任二人，則桓公不知欺與不欺亦明矣。「唯」誤作「雖」，遂不可讀。

13 注 王先謙曰：「今」字無義，疑「令」之譌。

14 注 先慎曰：「尸」當作「戶」。乾道本「不」作「作」。盧文弨云：「而」字衍。顧廣圻云：今本「作」作「不」，誤。按：當作「後」。

▲先慎按：作「不」字是，上文「蟲流出尸不葬」即其證，今據改。

李兌治中山，苦陘令上計而入多。李兌曰：「語言辨，聽之說，不度於義，謂之『窕言1』。無山林澤谷之利而入多者，謂之『窕貨』。君子不聽窕言，不受窕貨，子姑免矣2。」

1 注 苟且也。顧廣圻曰：「語言辨」句絕。「說」，讀為「悅」。孫詒讓曰：蒲阪云：「『李兌』合作『李克』，其治中山已見〈外儲說左下〉。『語言』，下文作『言語』；『辨』、『辯』通；『聽』合作『聰』。《魏都賦》注引李克書曰：『言語辯聰之說而不度於義者，謂之膠言。』」（《文選注》）案：蒲阪圓據劉逵引李克書校正此文，郅塙（《御覽》一百六十一引《史記》，亦以此為李克事，今《史記》無此文。又案：此〈難〉諸篇皆襍舉古書之文而難之，李克書即《漢書．藝文志》儒家「李克」七篇之佚文，劉逵所引未全，此可以補之。）惟「窕言」、「膠言」義兩通（《廣雅．釋詁》云「膠，欺也」，《方言》云「膠，詐也」，此李克書「膠」字之義），當各從本書。昭二十一年《左傳》云「小者不窕」，杜注云：「窕，細不滿。」（《呂氏春秋．適音篇》高注義同）。蓋「窕」本為空虛不充滿之言，引申之，凡虛假不實者通謂之「窕」。「窕言」者，虛言不可信以為實，下文「窕貨」者，虛貨不可恃以為富也。舊注釋為「苟且」，蓋讀為「恌愉」字，於義未切。

▲先慎曰：「聽」字不誤，《選注》作「聰」，形近而誤。玩下文自知。

2 **注** 先慎曰：乾道本「子」作「之」，今據張榜本、趙本改。

或曰：李子設辭曰：「夫言語辨，聽之說，不度於義者，謂之窕言。」辯，在言者；說，在聽者，言非聽者也[1]。所謂「不度於義」，非謂聽者，必謂所聽也。聽者，非小人則君子也。小人無義，必不能度之義也，君子度之義，必不肯說也。夫曰「言語辨，聽之說，不度於義」者，必不誠之言也。入多之爲窕貨也，未可遠行也。李子之姦弗蚤禁，使至於計，是遂過也。無術以知而入多，入多者，穰也[2]，雖倍入，將奈何？舉事愼陰陽之和，種樹節四時之適，無早晚之失、寒溫之災，則入多。不以小功妨大務，不以私欲害人事[3]，丈夫盡於耕農，婦人力於織紝，則入多。務於畜養之理，察於土地之宜，六畜遂、五穀殖，則入多。明於權計，審於地形、舟車、機械之利，用力少，致功大，則入多。利商市關梁之行，能以所有致所無，客商歸之，外貨留之，儉於財用，節於衣食，宮室器械，周於資用，不事玩好，則入多。入多，皆人爲也。若天事，風雨時、寒溫適，土地不加大而有豐年之功，則入多。人事、天功[4]，二物者皆入多，非山林澤谷之利也。夫「無山林澤谷之利入多」，因謂之「窕貨」者，無術之言也[5]。

1 注 顧廣圻曰：《藏》本、今本「也」下有「則辨非說者也」六字。按：此不當有。

2 注 「穰」，豐多也。

3 注 先慎曰：乾道本「私」上有「和」字。顧廣圻云：《藏》本、今本無「和」字。
▲先慎案：「私」、「和」二字形近而誤衍，此與上「不以小功妨大務」句相對成文，不應此多一字，據《藏》本刪。

4 注 盧文弨曰：張本「功」作「工」。

5 注 先慎曰：乾道本「言」作「害」，顧廣圻曰：「《藏》本、今本『害』作『言』。」今據改。

趙簡子圍衛之郛郭[1]，犀楯、犀櫓立於矢石之所不及[2]，鼓之而士不起。簡子投枹曰：「烏乎[3]！吾之士數弊也。」行人燭過[4]免冑而對曰：「臣聞之，亦有君之不能耳，士無弊者[5]。昔者吾先君獻公并國十七[6]，服國三十八，戰十有二勝，是民之用也。獻公沒，惠公即位，淫衍暴亂，身好玉女[7]，秦人恣侵，去絳十七里[8]，亦是人之用也。惠公沒，文公授之[9]，圍衛、取鄴[10]，城濮之戰，五敗荊人，取尊名於天下，亦此人之用也。亦有君不能耳[11]，士無弊也。」簡子乃去楯、櫓，立矢石之所及，鼓之而士乘之，戰大勝。簡子曰：「與吾得革車千乘，不如聞行人燭過之一言也。」

1 注 先慎曰：「郛」、「郭」同義，「郛」當作「附」。《呂氏春秋．貴直篇》作「附郭」，高注：「附郭，近郭也。」「郛」、「附」聲近而誤。

2 注 簡子以犀為脅櫓而自臥之。「櫓」，楯類也。

▲先慎曰：乾道本無「不」字。盧文弨云：「犀楯犀櫓」，《呂氏春秋．貴直篇》作「犀蔽屏櫓」，「所」下脫「不」字。注「脅」字疑作「楯」，又「臥」字譌。

▲先慎按：盧說是，今依《拾補》增「不」字。「犀」，堅也，說見〈姦劫弒臣篇〉。

3 注 先慎曰：張榜本「烏」作「嗚」。

4 注 先慎曰：偽〈子華子去趙篇〉趙簡子有「燭過小人」之語。

5 注 但者不能用之耳。

▲先慎曰：乾道本脫「士」字。顧廣圻云：《藏》本、今本「無」上有「士」字。

▲先慎案：有「士」字是，今據補。《御覽》三百五十一引《呂氏春秋》「士何弊之有」，今呂書亦脫「士」字。

6 注 先慎曰：《呂氏春秋》作「兼國十九」。

7 注 先慎曰：張榜本「玉」誤「王」。

8 注 先慎曰：《呂氏春秋》作「秦人襲我，遜去絳七十」。

9 注 先愼曰：乾道本「受」作「授」。顧廣圻云：「授」當作「受」。

▲先愼按：張榜本作「受」，今據改。

10 注 顧廣圻曰：《呂氏春秋》「鄴」作「曹」。

11 注 先愼曰：乾道本「能」下有「士」字。顧廣圻云：《藏》本、今本無「士」字。

▲先愼按：《呂氏春秋》亦無「士」字，此涉下文而衍，今據刪。

或曰：行人未有以說也，乃道惠公以此人是敗，文公以此人是霸，未見所以用人也[1]，簡子未可以速去楯、櫓也[2]。嚴親在圍，輕犯矢石，孝子之所愛親也[3]。孝子愛親，百數之一也[4]。今以爲身處危而人尚可戰，是以百族之子於上皆若孝子之愛親也，是行人之誣也[5]。好利惡害，夫人之所有也。賞厚而信，人輕敵矣[6]；刑重而必，失人不比矣[7]。長行徇上，數百不一失[8]。喜利畏罪，人莫不然。將衆者不出乎莫不然之數，而道乎百無一人之行[9]，行人未知用衆之道也[10]。

1 注 文能以賞信必罰，未必去櫓親立於矢石閒。

2 注 先愼曰：乾道本「楯」作「脅」。顧廣圻云：《藏》本、今本「脅」作「楯」。

▲先慎按：上云「簡子乃去楯櫓，立矢石之所及」，此即承上而云，作「楯」字是，今據改。

3 注 孝子所以輕犯矢石而救者，謂親愛。王渭曰：「所」下當有「以」字。

4 注 犯難救親，百人無一人，言孝稀也。

5 注 能孝於親者尚百無一，況於君百族而行孝哉！是誣也。顧廣圻曰：《藏》本同。今本「百族之子」下有「愛」字，誤。

▲先慎曰：張榜本「若」作「有」，乾道本注「一」作「益」，據趙本改。

6 注 顧廣圻曰：「人」上當有「夫」字。

7 注 顧廣圻曰：《藏》本同。今本無「失」字。按：「失」當作「夫」。

▲先慎曰：「比」，趙本作「北」。

8 注 顧廣圻曰：《藏》本同。今本「失」作「人」。按：此當衍。

9 注 先慎曰：乾道本「一」作「失」，《拾補》作「一」，盧文弨云：「『失』字譌。」今依改。

10 注 先慎曰：乾道本無「行」字、「用」字，顧廣圻云：「今本有『行』字，《藏》本、今本有『用』字。」今據補。

卷第十六

思想議題

〈難三〉：法與賞罰／勢與權位／術不欲見：察姦與考核／君臣之道。

〈難四〉：法與賞罰／君臣之道／術不欲見：察姦與考核。

難三第三十八

魯穆公問於子思曰：「吾聞龐𢆯氏之子不孝[1]，其行奚如？」子思對曰：「君子尊賢以崇德，舉善以觀民[2]。若夫過行，是細人之所識也，臣不知也。」子思出，子服厲伯入見，問龐𢆯氏子[3]，子服厲伯對曰：「其過三，皆君之所未嘗聞[4]。」自是之後，君貴子思而賤子服厲伯也。

1 注 顧廣圻曰：「𢆯氏」，《論衡．非韓篇》作「㒂是」。按：「氏」、「是」同字。「𢆯」，當依《論衡》

作「撊」，字書無「糋」字。《史記・酷吏傳》云「濟南瞯氏」，《漢書音義》云「音小兒癇病也」，即此姓。「龐」，當是其里也。

2 注 顧廣圻曰：《藏》本、今本「觀」作「勸」，《論衡》作「勸」。按：此以「觀」為是。「觀」，示也。

3 注 先慎曰：乾道本無「問」字。顧廣圻云：《藏》本、今本有「問」字。

▲先慎按：《論衡》亦有「問」字，今據補。

4 注 顧廣圻曰：「之」，當依《論衡》作「子」。

▲先慎曰：《論衡》「嘗」作「曾」。

或曰：魯之公室，三世劫於季氏，不亦宜乎！明君求善而賞之，求姦而誅之，其得之一也。故以善聞之者，以說善同於上者也；以姦聞之者，以惡姦同於上者也。此宜賞譽之所及也[1]。不以姦聞，是異於上而下比周於姦者也，此宜毀罰之所及也。今子思不以過聞，而穆公貴之，厲伯以姦聞，而穆公賤之——人情皆喜貴而惡賤，故季氏之亂成而不上聞，此魯君之所以劫也。且此亡王之俗[2]，取魯之民所以自美，而穆公獨貴之，不亦倒乎？

1 注 聞善、聞姦俱當賞也。

▲先慎曰：乾道本「及」作「力」。顧廣圻云：《藏》本、今本「力」作「及」。
▲先慎按：作「及」是，今據改。下「此宜毀罰之所及也」，正作「及」。
2 注 顧廣圻曰：「王」當作「主」。

文公出亡，獻公使寺人披攻之蒲城[1]，披斬其袪，文公奔翟。惠公即位，又使攻之惠竇[2]，不得也。及文公反國，披求見。公曰：「蒲城之役，君令一宿，而汝即至；惠竇之難，君令三宿，而汝一宿，何其速也？」披對曰：「君令不二。除君之惡，惟恐不堪[3]，蒲人、翟人，余何有焉[4]？今公即位，其無蒲、翟乎？且桓公置射鉤而相管仲。」君乃見之。

1 注 先慎曰：「獻公」，一本作「獻子」，誤。
2 注 顧廣圻曰：「惠竇」，當依《左傳》作「渭濱」。
3 注 先慎曰：乾道本無「惟」字。顧廣圻云：《藏》本、今本有「惟」字。
▲先慎按：《左傳》亦有，今據補。
4 注 當時君為蒲、翟之人，無臣之分，則何有焉？盧文弨曰：注「無臣之分」，「之」馮改「主」。

或曰：齊、晉絕祀，不亦宜乎！桓公能用管仲之功而忘射鉤之怨，文公能聽寺人之言而棄斬袪之罪，桓公、文公能容二子者也。後世之君，明不及二公；後世之臣，賢不如二子。以不忠之臣事不明之君[1]，君不知，則有燕操[2]、子罕、田常之賊；知之，則以管仲、寺人自解。君必不誅，而自以爲有桓、文之德，是臣讎而明不能燭[3]，多假之資，自以爲賢而不戒，則雖無後嗣，不亦可乎[4]！且寺人之言也，直飾[5]君令而不貳者，則是貞於君也。死君後生臣不愧而後爲貞[6]，今惠公朝卒而暮事文公，寺人之「不貳」何如？

1 注 先慎曰：乾道本「以」字在「臣」字下。顧廣圻云：今本「以」字在「不」字上。
▲先慎按：此當乙，今據改。

2 注 子之也。

3 注 顧廣圻曰：《藏》本同。今本「讎」下有「君」字。

4 注 王先謙曰：韓子此言，殆為楚、魏相張儀之類而發。

5 注 非誠言也。
▲先慎曰：趙本注「誠」作「識」，誤。

6 注 不皆死而後為貞。

▲先愼曰：乾道本下「後」字作「復」，《拾補》上「後」字亦作「復」。盧文弨云：「復」作「後」，譌。注「不」字疑「必」。顧廣圻云：今本「復」作「後」。按：「復」、「後」互誤。「生」下當更有「生」字。

▲先愼按：今本「復」作「後」，是也。此言君死後臣生不愧，如荀息立奚齊、立卓子之類，而後為貞。若君朝卒而讐立，遂臣事之，非貞也。此與下文語意相承，極為明顯。乾道、《道藏》本誤「後」為「復」，其義遂晦耳。上「後」字不譌，盧、顧說並非，改從今本。

人有設桓公隱者曰[1]：「一難，二難，三難，何也？」桓公不能射[2]，以告管仲。管仲對曰：「一難也，近優而遠士。二難也，去其國而數之海。三難也，君老而晚置太子。」桓公曰：「善。」不擇日而廟禮太子。

1 注 先愼曰：乾道本連上，今從趙本提行。

2 注 先愼曰：乾道本「射」作「對」，盧文弨云：「對，《藏》本作『射』。」今據改。

或曰：管仲之射隱不得也。士之用不在近遠。而俳優侏儒，固人主之所與燕也，則近優而遠士而以爲治，非其難者也。夫處勢而不能用其有[1]，而悖不去國[2]，是以一人之力禁一國。以一人之力禁一國者，少能勝之。明能照遠姦而見隱微，必行之令，雖遠於海，內必無變。然則去國之海而不劫殺，非其難者也。楚成王置商臣以爲太子，又欲置公子職，商臣作難，遂弒成王。公子宰[3]，周太子也，公子根有寵，遂以東州反[4]，分而爲兩國。此皆非晚置太子之患也。夫分勢不二，庶孽卑，寵無藉，雖處耄老[5]，晚置太子可也。然則晚置太子，庶孽不亂，又非其難也。物之所謂難者，必借人成勢而勿使侵害己[6]，可謂一難也。貴妾不使二后，二難也[7]。愛孽不使危正適，專聽一臣而不敢隅君[8]，此則可謂三難也。

1 注 先慎曰：乾道本「勢」作「世」，盧文弨云：「世，張本作『勢』。」顧廣圻云：「《藏》本『世』作『勢』，是也。」今據改。

2 注 顧廣圻云：《藏》本同。今本「悖」作「徒」。按：「悖」當作「恃」。

3 注 先慎曰：〈六微篇〉「宰」作「朝」，說見上。

4 注 顧廣圻云：「州」，讀為「周」，見〈六微篇〉。

5 注 先慎曰：乾道本「耄老」作「大臣」，誤，改從趙本。「庶孽卑」句。「寵無藉」，謂所寵之人無借以權勢也。

6 注 先慎曰：乾道本無「使」字，盧文弨云：「『使』字脫，張本有。」今據補。

7 注 先慎曰：「二后」猶「並后」也。「二難」上，依上下文當有「可謂」二字。

8 注 顧廣圻曰：《藏》本同。今本「隅」作「偶」。按：「隅」當作「愚」。

▲先慎曰：「隅」、「偶」形近易譌。《詩·抑》「維德之隅」，〈劉熊碑〉作「偶」，是二字古人已有誤者。此「隅」當作「偶」，顧說非。

葉公子高問政於仲尼[1]。仲尼曰：「政在悅近而來遠。」哀公問政於仲尼。仲尼曰：「政在選賢。」齊景公問政於仲尼。仲尼曰：「政在節財。」三公出，子貢問曰：「三公問夫子政一也，夫子對之不同，何也？」仲尼曰：「葉都大而國小，民有背心，故曰『政在悅近而來遠』。魯哀公有大臣三人，外障距諸侯四鄰之士，內比周而以愚其君[2]，使宗廟不掃除、社稷不血食者，必是三臣也，故曰『政在選賢』。齊景公築雍門，爲路寢，一朝而以三百乘之家賜者三[3]，故曰『政在節財』。」

1 注 先慎曰：乾道本連上，今從趙本提行。

2 注 先慎曰：趙本「其」作「於」。

3 注　謂以大夫之業世賜與為寢也。

▲先慎曰：注「世」，趙本作「也」。盧文弨云：「業也」當作「菜地」。又「寢也」當作「寢者」。

或曰：仲尼之對，亡國之言也。葉民有倍心[1]，而說之「悅近而來遠[2]」，則是教民懷惠。惠之爲政，無功者受賞，則有罪者免，此法之所以敗也。法敗而政亂[3]，以亂政治敗民，未見其可也。且民有倍心者，君上之明有所不及也，不紹葉公之明[4]，而使之悅近而來遠，是舍吾勢之所能禁而使與不行惠以爭民[5]，非能持勢者也。夫堯之賢，六王之冠也，舜一從而咸包，而堯無天下矣。有人無術以禁下，恃爲舜而不失其民，不亦無術乎？明君見小姦於微，故民無大謀；行小誅於細，故民無大亂——此謂「圖難於其所易」也[6]，「爲大者於其所細」也。今有功者必賞，賞者不得君[7]，力之所致也；有罪者必誅，誅者不怨上，罪之所生也。民知誅罰之皆起於身也[8]，故疾功利於業[9]，而不受賜於君。「太上，下智有之[10]」，此言太上之下民無說也[11]，安取懷惠之民？上君之民無利害，說以「悅近來遠」，亦可舍已。哀公有臣外障距、內比周以愚其君，而說之以「選賢」，此非功伐之論也，選其心之所謂賢者也。使哀公知三子外障距、內比周也，則三子不一日立矣。哀公不知選賢，選其心之所謂賢，故三子得任事。燕子噲[12]賢子之而非孫卿[13]，故身死爲僇。夫差智太宰嚭而愚子胥，故滅於越。魯君不必知賢，而說以「選賢」，是使哀公有夫差、燕噲之患也。明君不自舉臣，臣相進也[14]；不自賢[15]，功自徇也[16]。論之於任，試之於事，課之於功。故群臣公正而無私[17]，不隱賢，不進不肖。然則人主奚勞於選賢？景公以百乘之家賜，而說以「節財」，是使景公無術以享厚樂[18]，而獨儉於上，未免於貧也。有君以千里養其口腹，則雖桀、紂不侈焉。齊國方三千里，而桓公以其半自養，是侈於桀、紂也，然而能爲五霸冠者，知侈儉之地也。爲君不能禁下而自禁者謂之「劫」，不能飾下而自飾者謂之「亂」，不節下而自節者謂之「貧[19]」。明君使人無私，以詐而食者禁；力盡於事，歸利於上者必聞，聞者必賞；污穢爲私者必知，知者必誅。然故忠臣盡忠於公[20]，民士竭力於家，百官精剋於上[21]，侈倍景公，非國之患也[22]。然則說之以「節財」，非其急者也。夫對三公一言而三公可以無患，知下之謂也。知下明[23]則禁於微，禁於微則姦無積[24]，姦無積則無比周，無比周則公私分，公私分則朋黨散，朋黨散則無外障距、內比周之患。知下明則見精沐[25]，見精沐則誅賞明，誅賞明則國不貧。故曰「一對而三公無患，知下之謂也[26]」。

1 注 先慎曰：乾道本「葉」作「恐」，盧文弨云：「『恐』，張本作『葉』。」今據改。

2 注 先慎曰：乾道本「說」上有「誠」字，顧廣圻云：「《藏》本、今本無『誠』字。」今據刪。

3 注 先慎曰：乾道本無「政」字，顧廣圻云：「《藏》本、今本有。」今據增。

4 注 盧文弨曰：「紹」，淩本作「畓」。顧廣圻曰：「句有誤。」孫詒讓曰：「紹」當作「詔」。謂詔告之以尚明之義。「紹」、「詔」形聲並相近。

5 注 顧廣圻曰：《藏》本同。今本「不」作「天下」二字。按：「不」字當作「下」，形近誤。今本添「天」字，誤甚。

6 注 顧廣圻曰：《藏》本、今本「難」下有「者」字。

7 注 顧廣圻曰：「得」當作「德」。

8 注 顧廣圻曰：「罰」當作「賞」。

9 注 先慎曰：《拾補》「疾」作「習」。盧文弨云：張本作「疾」。顧廣圻云：《藏》本同。今本「疾」作「習」，誤。

10 注 顧廣圻曰：「智」，讀為「知」。按：此《老子》第十七章文。

11 注 盧文弨曰：張本無「民」字。

12 注 顧廣圻曰：《藏》本同。今本「子」作「王」，誤。

13 注 顧廣圻曰：「孫卿」，荀卿也，其事未詳。

14 注 顧廣圻曰：「臣」當作「功」。

15 注 顧廣圻曰：「賢」上當脫「選」字。

16 注 顧廣圻曰：《藏》本同。今本重「功」字，誤。「自」作「相」。

17 注 先慎曰：乾道本「正」作「政」，今據趙本改。

18 注 先慎曰：「以享厚樂」，乾道本作「使智□之侈」，《藏》本作「使智之侈」，改從今本。

19 注 先慎曰：依上文，「不」下當有「能」字。

20 注 先慎曰：乾道本「公」上有「方」字。顧廣圻云：《藏》本、今本無「方」字。按：句有誤。

▲先慎按：「方」字衍。「然故」，即「然則」也。王引之《經傳釋詞》云：「故，猶『則』也。」「忠臣盡忠於公」與「民士竭力於家」、「百官精剋於上」一律，「公」上不當有「方」字，今據刪。

21 注 精廉剋己。

22 注 但如上，雖侈，非國之患也。

▲先慎曰：乾道本注「但」作「伊」，據趙本改。

23 注 顧廣圻曰：「也」下當有脫文。此「知下明則」云云，哀公之無患也。下文「知下明則」云云，景公之無患也。所脫為葉公之無患也，因「知下明則」複出而誤漏之耳。

24 注 先慎曰：乾道本不重「禁於微」三字，顧廣圻云：「今本重『禁於微』。按：此當更有。」今據補。

25 注 王渭曰：「精沐」二字疑。孫詒讓曰：「精沐」，疑當為「精悉」。《說文》：「悉，詳盡也。」「悉」或變作「悉」，又作「怵」，與「沐」形近，因而致誤。

26 注 韓子以齊桓侈於桀、紂猶未虧德，形於翰墨，著以為教，一何逆理之甚。其不得死秦獄，未必不由此也。

▲先慎曰：趙本無此注文。盧文弨云：張本有。

鄭子產晨出，過東匠之閭[1]，聞婦人之哭，撫其御之手而聽之。有閒，遣吏執而問之，則手絞其夫者也[2]。異日，其御問曰：「夫子何以知之？」子產曰：「其聲懼。凡人於其親愛也，始病而憂，臨死而懼，已死而哀。今哭已死，不哀而懼，是以知其有姦也。」

1 注 先慎曰：乾道本「東」作「東」。顧廣圻云：《論衡》「東」作「東」，「閭」作「宮」。

▲先慎按：張榜本、趙本並作「東」，今據改。

2 注 顧廣圻曰：《論衡》「絞」作「殺」，下「異日」作「翼日」。

或曰：子產之治，不亦多事乎[1]？姦必待耳目之所及而後知之[2]，則鄭國之得姦者寡矣。不任典成之吏[3]，不察參伍之政[4]，不明度量，恃盡聰明[5]、勞智慮而以知姦，不亦無術乎？且夫物衆而智寡，寡不勝衆，智不足以徧知物[6]，故因物以治物。下衆而上寡，寡不勝衆者，言君不足以徧知臣也，故因人以知人。是以形體不勞而事治，智慮不用而姦得。故宋人語曰：「一雀過羿，羿必得之，則羿誣矣[7]。以天下爲之羅，則雀不失矣。」夫知姦亦有大羅，不失其一而已矣。不修其理，而以己之胷察爲之弓矢，則子產誣矣。老子曰：「以智治國，國之賊也。」其子產之謂矣。

1 注 不以法度而用智，故曰「多事」也。

2 注 先慎曰：乾道本「姦必」作「必姦」，據趙本改。《論衡・非韓篇》正作「姦必」。

3 注 「典」，主也。謂因事而責成之。

▲先慎曰：《論衡》「成」作「城」。乾道本注「因」作「其」，據趙本改。

4 注 先慎曰：《論衡》「政」作「正」，二字古通。

5 注 先慎曰：乾道本「盡」作「毒」。顧廣圻云：《藏》本、今本「毒」作「盡」。按：此以「毒」與「勞」對文。

▲先慎案：顧說非，《論衡》亦作「盡」，今據改。《論衡》「恃」作「待」，誤，當依此訂正。

6 注 謂若因龍以治鱗蟲，因鳳以治羽鳥也。

▲先慎曰：乾道本「故」下有「則」字。顧廣圻云：今本無「則」字。俞樾云：「故」、「則」二字無義，趙本刪「則」字，當從之。惟此文有從舊注羼入者，《韓子》原文當云：「且夫物衆而智寡，寡不勝衆，故因物以治物；下衆而上寡，寡不勝衆，故因人以知人。」舊注於上句「寡不勝衆」云「言智不足以徧知物也」，於下句「寡不勝衆」云「言君不足以徧知臣也」，傳寫誤入正文，而又有錯誤，遂參差而不可讀矣。

▲先慎案：俞說是。「則」字依趙本刪。

7 注 羿雖善射，見雀未必一一得之，故曰「誣」也。

▲先慎曰：乾道本不重「羿」字，盧文弨云：「凌本重『羿』字。」今據增。

秦昭王問於左右曰：「今時韓、魏孰與始強？」左右對曰：「弱於始也。」「今之如耳、魏齊孰與曩之孟常[1]、芒卯？」對曰：「不及也。」王曰：「孟常、芒卯率強韓、魏，猶無奈寡人何也[2]！」左右對曰：「甚然！」中期伏瑟[3]而對曰：「王之料天下過矣！夫六晉之時，知氏最強，滅范、中行，又率韓、魏之兵以伐趙[4]，灌以晉水，城之未沈者三板。知伯出，魏宣子御，韓康子為驂乘，知伯曰：『始吾不知水可以滅人之國，吾乃今知之。汾水可以灌安邑，絳水可以灌平陽。』魏宣子肘韓康子，康子踐宣子之足，肘、足接乎車上，而知氏分於晉陽之下。今足下雖強，未若知氏；韓、魏雖弱，未至如其在晉陽之下也[5]。此天下方用肘、足之時，願王勿易之也。」

1 **注** 盧文弨曰：「常」，張本作「嘗」，下同。

2 **注** 顧廣圻曰：《策》下有「今以無能之如耳、魏齊帥弱韓、魏以攻秦，其無奈寡人何亦明矣。」

▲先慎曰：《說苑．敬慎篇》亦有，疑此脫。

3 **注** 先慎曰：各本「伏瑟」作「推琴」。顧廣圻云：《史記．魏世家》云「中旗憑琴」，《索隱》云：「按《戰國策》作『推琴』，《春秋後語》『中旗伏琴』，而《韓子》作『推瑟』，《說苑》作『伏瑟』，文各不同。」按：《索隱》引此作「瑟」，是也。「推」當作「馮」，「馮」、「伏」同字。〈難二篇〉云：「師曠伏琴而笑之。

▲先慎案：《御覽》四百五十九引作「中旗伏瑟」，今據改。

4 **注** 先慎曰：各本「又率」作「而從」，今據《御覽》改。《說苑》亦作「又率」。

5 **注** 先慎曰：「其」字疑衍。

或曰[1]：昭王之問也有失，左右、中期之對也有過。凡明主之治國也，任其勢。勢不可害，則雖強天下無奈何也，而況孟常、芒卯、韓、魏能奈我何？其勢可害也，則不肖如如耳[2]、魏齊及韓、魏猶能害之。然則害與不侵[3]，在自恃而已矣，奚問乎？自恃其不可侵，則強與弱奚其擇焉[4]？夫不能自恃[5]而問其奈何也，其不侵也幸矣！申子曰：「失之數而求之信，則疑矣」，其昭王之謂也。知伯無度，從韓康、魏宣而圖以水灌滅其國[6]，此知伯之所以國亡而身死、頭爲飲杯之故也。今昭王乃問孰與始強，其未有水人之患也[7]，雖有左右，非韓、魏之二子也，安有肘、足之事？而中期曰「勿易」，此虛言也。且中期之所官，琴瑟也，絃不調，弄不明，中期之任也，此中期所以事昭王者也。中期善承其任，未慊昭王也，而爲所不知，豈不妄哉？左右對之曰「弱於始」與「不及」則可矣，其曰「甚然[8]」則諛也。申子曰：「治不踰官，雖知不言。」今中期不知而尙言之，故曰「昭王之問有失，左右、中期之對皆有過也」。

1 注　先愼曰：乾道本連上，今從趙本提行。

2 注　先愼曰：乾道本不重「如」字，盧文弨云：「脫，凌本重。」今據補。

3 注　先愼曰：下「自」字趙本作「曰」。盧文弨云：「曰」字譌。

4 注 先慎曰：乾道本無「則」字，顧廣圻云：「《藏》本、今本有『則』字。」今據補。

5 注 先慎曰：乾道本「夫不能」作「失在不」，今據趙本改。

6 注 先慎曰：「其」，《拾補》作「人」。盧文弨云：「其」字譌。

▲先慎案：盧說非，「其」指韓、魏言，即上「汾水灌安邑，絳水灌平陽」也。

7 注 先慎曰：乾道本「未」作「畏」，「也」作「乎」。盧文弨云：凌本、秦本「畏」作「未」，「乎」作「也」。顧廣圻云：「畏」字當有誤，未詳。

▲先慎按：「畏」、「未」聲近而譌。「未有水人之患」與「安有肘足之事」文法一律，今據改。

8 注 盧文弨曰：四字句。

管子曰：「見其可，說之有證；見其不可，惡之有形。賞罰信於所見，雖所不見，其敢爲之乎？見其可，說之無證[1]；見其不可，惡之無形。賞罰不信於所見，而求所不見之外，不可得也。」

1 注 先慎曰：乾道本「證」上有「說」字。顧廣圻云：《藏》本、今本無下「說」字。

▲先慎按：「說」字涉上文而衍，今據刪。

或曰：廣廷嚴居，衆人之所肅也；晏室獨處，曾、史之所優也[1]。觀人之所肅，非行[2]，情也。且君上者，臣下之所爲飾也。好惡在所見，臣下之飾姦物以愚其君，必也。明不能燭遠姦、見隱微，而待之以觀飾行、定賞罰，不亦弊乎？

1 注 先愼曰：「優」，趙本作「慢」，古字通用。
2 注 顧廣圻曰：《藏》本同。今本「行」作「得」，誤。

管子曰：「言於室，滿於室；言於堂，滿於堂，是謂天下王。」

或曰：管仲之所謂「言室滿室」、「言堂滿堂」者，非特謂遊戲、飲食之言也，必謂大物也。人主之大物，非「法」則「術」也。法者，編著之圖籍，設之於官府，而布之於百姓者也。術者，藏之於胸中，以偶衆端而潛御群臣者也[1]。故法莫如顯而術不欲見。是以明主言法，則境內卑賤莫不聞知也，不獨滿於堂。用術，則親愛近習莫之得聞也，不得滿室。而管子猶曰「言於室，滿室；言於堂，滿堂」，非法、術之言也。

1 注 先愼曰：張榜本「衆」作「重」。

難四第三十九

衛孫文子聘於魯，公登亦登。叔孫穆子趨進曰：「諸侯之會，寡君未嘗後衛君也。今子不後寡君一等，寡君未知所過也，子其少安。」孫子無辭，亦無悛容。穆子退而告人曰：「孫子必亡。亡臣而不後君[1]，過而不悛，亡之本也。」

1 注 顧廣圻曰：《藏》本、今本不重「亡」字。按：當依《左傳》云：「孫子必亡，為臣而君。」衍「不後」二字。

▲先慎曰：按：此相傳當日之語不同，應各依本書為是。「亡臣」即下「其所以亡，其失所以得君也」。「亡臣」之「亡」，讀若「忘」。孫子自忘己尚為臣，故與魯君並行而不違。下文「孫子君於衛而後不臣於魯」，正申「亡臣而不後君」之說。顧氏依《左傳》改本書，失本書恉矣。

或曰：天子失道，諸侯伐之[1]，故有湯、武；諸侯失道，大夫伐之，故有齊、晉。臣而伐君者必亡，則是湯、武不王，晉、齊不立也[2]。孫子君於衛[3]，而後不臣於魯，臣之君也[4]。君有失也，故臣有得也。不命亡於有失之君，而命亡於有得之臣，不察[5]。魯不得誅衛大夫，而衛君之明不知不悛之臣，孫子雖有是二也，臣以亡[6]？其所以亡，其失所以得君也[7]。

1 注 顧廣圻曰：「伐」當作「代」，「代之」，代為君也。下文盡同。

2 注 先慎曰：依上文，「晉、齊」當作「齊、晉」。

3 注 顧廣圻曰：句絕。

4 注 王先謙曰：臣之君，謂臣變而為君也。

5 注 顧廣圻曰：二字句絕。

▲先慎曰：「命」與「言」通。《書．大禹謨》「咸聽朕命」，《墨子．兼愛篇》下作「咸聽朕言」，〈禹謨〉即本《墨子》改「言」為「命」，可見古人「命」、「言」二字相通。此謂穆子不言衛君有失之當亡，而言衛臣有得之必亡，是謂不明。

6 注 顧廣圻曰：《藏》本同。今本無「臣」字，誤。按：「臣」當為「巨」。「詎」、「巨」同字。

7 注 顧廣圻曰：《藏》本同。今本無「亡其」二字，誤。「亡」句絕，下七字為一句。

▲先慎曰：「其所以亡」，謂亡其為臣也。「其失所以得君」，謂失其為臣之禮，故得為其君也。

或曰[1]：臣主之施，分也。臣能奪君者，以得相踦也。故非其分而取者，衆之所奪也；辭其分而取者，民之所予也。是以桀索崏山之女，紂求比干之心，而天下離[2]；湯身易名[3]，武身受詈[4]，而海內服；趙咺走山[5]，田外僕[6]，而齊、晉從。則湯、武之所以王，齊、晉之所以立，非必以其君也，彼得之而後以君處之也[7]。今未有其所以得而行其所以處，是倒義而逆德也。倒義，則事之所以敗也；逆德，則怨之所以聚也——敗亡之不察，何也？

1 **注** 先慎曰：前三篇皆一難，此篇先立一義以難古人，又立一義以自難前說，其文皆出於韓子。

2 **注** 先慎曰：乾道本「離」作「謂」，顧廣圻云：「今本『謂』作『離』。」今據改。

3 **注** 顧廣圻曰：未詳。

▲先慎曰：《路史》：「桀殺關龍逄，湯聞而歎，使人哭之，桀怒，囚湯於夏臺，已而得釋。」以下文受詈例之，當即此事。

4 **注** 顧廣圻曰：見〈喻老篇〉。

5 **注** 顧廣圻曰：「咺」當作「宣」。《左傳》「宣子未出山而復」，是其事也。

6 **注** 顧廣圻曰：《藏》本同。今本「田」下有「氏」字，誤。此當有「成」字。即田成子去齊，走而之燕，負傳隨鴟夷子皮事也。見〈說林上篇〉。

7 注 趙用賢曰：非必奪君之位，分所當得也。以分所當得而後自處於君位也。

魯陽虎欲攻三桓，不尅而奔齊，景公禮之[1]。鮑文子諫曰：「不可。陽虎有寵於季氏而欲伐於季孫[2]，貪其富也。今君富於季孫，而齊大於魯，陽虎所以盡詐也。」景公乃囚陽虎。

1 注 顧廣圻曰：《藏》本、今本重「齊」字，誤。

2 注 先慎曰：「伐」下衍「於」字。

或曰[1]：千金之家，其子不仁，人之急利甚也。桓公，五伯之上也，爭國而殺其兄，其利大也。臣主之間，非兄弟之親也。劫殺之功，制萬乘而享大利，則群臣孰非陽虎也？事以微巧成，以疏拙敗。群臣之未起難也，其備未具也。群臣皆有陽虎之心，而君上不知，是微而巧也。陽虎貪於天下，以欲攻上，是疏而拙也。不使景公加誅於拙虎[2]，是鮑文子之說反也。臣之忠、詐，在君所行也。君明而嚴則群臣忠，君懦而闇則群臣詐。知微之謂明，無赦之謂嚴[3]。不知齊之巧臣而誅魯之成亂，不亦妄乎？

1 注 先慎曰：乾道本連上，今從趙本提行。

2 注 顧廣圻曰：「誅」下當有脫文，本云「不使景公加誅於齊之巧臣，而使加誅於拙虎。」下文云「不知齊之巧臣」，其證也。

3 注 先慎曰：乾道本「赦」上有「救」字，《拾補》無，盧文弨云：「『救』字衍。」今據刪。

或曰：仁、貪不同心。故公子目夷辭宋，而楚商臣弑父，鄭去疾予弟[1]，而魯桓弑兄，五伯兼并，而以桓律人[2]——則皆無貞廉也。且君明而嚴則群臣忠，陽虎爲亂於魯，不成而走，入齊而不誅，是承爲亂也。君明則誅，知陽虎之可以濟亂也[3]，此見微之情也。語曰：「諸侯以國爲親。」君嚴則陽虎之罪不可失，此無赦之實也[4]。則誅陽虎，所以使群臣忠也。未知齊之巧臣而廢明亂之罰，責以未然而不誅昭昭之罪，此則妄矣。今誅魯之罪亂以威群臣之有姦心者，而可以得季、孟、叔孫之親，鮑文之說，何以爲反？

1 注 顧廣圻曰：與《左傳》不同，〈鄭世家〉亦云：「堅者，靈公庶弟，而去疾之兄也」。

2 注 先慎曰：「桓」上當有「三」字。

3 注 先慎曰：「誅知」，趙本作「知誅」，誤。「誅」字句，「知」下屬。

4 注 先慎曰：乾道本「赦」上有「救」字，據《拾補》刪。

鄭伯將以高渠彌爲卿，昭公惡之，固諫不聽。及昭公即位，懼其殺己也，辛卯，弒昭公而立子亶也[1]。君子曰：「昭公知所惡矣。」公子圉曰：「高伯其爲戮乎，報惡已甚矣。」

1 注 盧文弨曰：「亶」，《左傳・桓十七年傳》作「亹」，疑此因形近而譌。下「公子圉」，《傳》作「達」，亦然。

或曰：公子圉之言也，不亦反乎？昭公之及於難者，報惡晚也。然則高伯之晚於死者，報惡甚也。明君不懸怒[1]，懸怒則臣罪，輕舉以行計[2]，則人主危。故靈臺之飲[3]，衛侯怒而不誅，故褚師作難[4]；食黿之羹，鄭君怒而不誅，故子公殺君。君子之舉「知所惡」，非甚之也，曰知之若是其明也，而不行誅焉，以及於死，故曰[5]「知所惡」，以見其無權也。人君非獨不足於見難而已，或不足於斷制。今昭公見惡，稽罪而不誅，使渠彌含憎懼死以徼幸，故不免於殺，是昭公之報惡不甚也[6]。

1 注 有怒不行且舉之，故曰「懸怒」。

2 注 顧廣圻曰：《藏》本同。今本「臣」下有「懼」字。按：「臣罪」當作「罪臣」。此下當重有「罪臣輕舉以行計」七字。

3 注 顧廣圻曰：與《左傳》不同。

4 注 先愼曰：乾道本「褚」作「楮」，據趙本改。

5 注 先愼曰：乾道本無「曰」字，《拾補》有。盧文弨云：張本無。顧廣圻云：《藏》本同。今本「故」下有「曰」字。按：當有「舉」字。

▲先愼按：有「曰」字是，今據補。

6 注 先愼曰：「昭公」當作「高伯」。昭公含怒未發，不得言「昭公之報惡」。此即難公子圉「高伯其為戮乎，報惡已甚矣」之語。今本皆誤「高伯」為「昭公」，文義不可通矣。

或曰：報惡甚者，大誅報小罪。大誅報小罪也者[1]，獄之至也。獄之患，故非在所以誅也[2]，以讎之衆也。是以晉厲公滅三郤而欒、中行作難，鄭子都殺伯咺而食鼎起禍[3]，吳王誅子胥而越句踐成霸。則衛侯之逐，鄭靈之弒，不以褚師之不死而子公之不誅也[4]，以未可以怒而有怒之色，未可誅而有誅之心。怒其當罪[5]，而誅不逆人心，雖懸奚害？夫未立有罪，即位之後，宿罪而誅，齊、胡之所以滅也[6]。君行之臣[7]，猶有後患，況爲臣而行之君乎？誅既不當，而以盡爲心，是與天下爲讎也，則雖爲戮，不亦可乎[8]？

1 注 先慎曰：乾道本無下「報」字，顧廣圻云：「《藏》本、今本有『報』字。」今據補。

2 注 顧廣圻曰：「獄之患」句絕。「以」當作「已」。

3 注 顧廣圻曰：未詳。

4 注 先慎曰：乾道本「子公」作「公父」。顧廣圻云：今本「公父」作「子公」，誤。

▲先慎按：作「子公」是。上「子公弒君」與「褚師作難」對言，是其證，改從今本。事見《左傳》。

5 注 先慎曰：乾道本「之」作「其」，盧文弨云：「『其』，秦本作『之』。」今據改。

6 注 先慎曰：乾道本「齊」下有「故」字。顧廣圻云：「《藏》本、今本無『故』字。《國語》『昔齊騶馬繻以胡公入於貝水』即其事。」今據刪。

7 注 顧廣圻曰：四字為一句。

8 注 先慎曰：《拾補》「乎」下有「哉」字。盧文弨云：脫，張本有。

衛靈公之時[1]，彌子瑕有寵於衛國。侏儒有見公者曰：「臣之夢踐矣[2]。」公曰：「奚夢[3]？」「夢見竈者，爲見公也。」公怒曰：「吾聞見人主者夢見日[4]，奚爲見寡人而夢見竈乎？」侏儒曰：「夫日兼照天下，一物不能當也。人君兼照一國，一人不能壅也，故將見人主而夢日也。夫竈，一人煬焉，則後人無從見矣。或者一人煬君邪？則臣雖夢竈，不亦可乎？」公曰：「善。」遂去雍鉏[5]，退彌子瑕而用司空狗。

1 **注** 先慎曰：乾道本無「公」字。盧文弨云：「脫，張本有。」顧廣圻云：「《藏》本有『公』字，是也，〈七術篇〉有。」今據補。

2 **注** 先慎曰：乾道本「踐」作「淺」，《拾補》作「踐」，今據改。〈七術篇〉作「賤」亦誤。

3 **注** 先慎曰：此下當依〈七術篇〉有「對曰」二字。

4 **注** 先慎曰：乾道本「聞」下無「見」字。《拾補》有，〈七術篇〉有，今據補。《拾補》「夢」下刪「見」字，非。

5 **注** 顧廣圻曰：「雍鉏」，〈趙策〉作「壅疽」。

▲先慎曰：《孟子》、〈衛策〉作「癰疽」，《說苑．至公篇》作「雍雎」，皆音近通借。

或曰：侏儒善假於夢以見主道矣，然靈公不知侏儒之言也。「去雍鉏，退彌子瑕而用司空狗」者，是去所愛而用所賢也。鄭子都賢慶建而壅焉[1]，燕子噲賢子之而壅焉，夫去所愛而用所賢，未免使一人煬己也。不肖者煬主，不足以害明，今不加知而使賢者煬己[2]，則必危矣[3]。

1 注 顧廣圻曰：未詳。

2 注 先慎曰：乾道本「己」上有「主」字。顧廣圻云：今本無「己」字，誤。按：依下文當衍「主」字。

▲先慎按：《拾補》有「己」字，無「主」字，盧文弨云：「『主』字非。」今據刪。

3 注 先慎曰：乾道本「必危」二字作「賢」，誤。顧廣圻云：「《藏》本、今本『賢』作『必危』二字。按：依下文是也。」今據改。

或曰：屈到嗜芰，文王嗜菖蒲葅，非正味也，而二賢尚之，所味不必美。晉靈侯說參無恤[1]，燕噲賢子之，非正士也[2]，而二君尊之，所賢不必賢也。非賢而賢用之[3]，與愛而用之同[4]，賢誠賢而舉之[5]，與用所愛異狀[6]。故楚莊舉叔孫而霸[7]，商辛用費仲而滅，此皆用所賢而事相反也。燕噲雖舉所賢而同於用所愛，衛奚距然哉[8]？則侏儒之未可見也[9]。君壅而不知其壅也，已見之後而知其壅也，故退壅臣，是加知之也[10]。曰[11]「不加知而使賢者煬己，則必危」，而今以加知矣，則雖煬己，必不危矣。

1 注 顧廣圻曰：未詳。

2 注 先慎曰：乾道本重「之」字，顧廣圻云：「《藏》本不更有『之』字，是也。」今據刪。

3 注 顧廣圻曰：《藏》本同。今本無下「賢」字，誤。

4 注 顧廣圻曰：句絕。

5 注 顧廣圻曰：六字為一句。

6 注 顧廣圻曰：「狀」字衍。

7 注 王渭曰：「叔孫」當作「孫叔」。

8 注 先慎曰：《拾補》「奚」下有「獨」字，「距」作「詎」。盧文弨云：「距」字非。顧廣圻云：「距」讀為「遽」。

▲先慎按：顧說是。

9 注 先慎曰：乾道本「見」上有「可」字，盧文弨云：「『可』字，凌、秦本無。」今據刪。

10 注 顧廣圻曰：「之」字當衍。

11 注 顧廣圻曰：《藏》本同。今本「日」作「曰」，誤。

卷第十七

思想議題

〈難勢〉：勢與權位／法與賞罰。
〈問辯〉：反儒、墨，非俠、辯／法與賞罰。
〈問田〉：法與賞罰。
〈定法〉：法與賞罰／勢與權位／術不欲見：察姦與考核。
〈說疑〉：法與賞罰／術不欲見：察姦與考核／君臣之道。
〈詭使〉：反儒、墨，非俠、辯／君臣之道／法與賞罰。

難勢第四十

慎子曰：「飛龍乘雲，騰蛇遊霧，雲罷霧霽[1]，而龍蛇與螾螘同矣，則失其所乘也。賢人而詘於不肖者[2]，則權輕位卑也；不肖而能服於賢者，則權重位尊也。堯爲匹夫不能治三人，而桀爲天子能亂天下，吾以此知勢位之足恃，而賢智之不足慕也。夫弩弱而矢高者，激於風也；身不肖而令行者，得助於衆也。堯教於隸屬而民不聽，至於南面而王天下，令則行，禁則止。由此觀之，賢智未足以服衆，而勢位足以缶賢者也[3]。」

1 注 先愼曰：《初學記》二、《御覽》十五、《事類賦》三引「霽」作「散」。

2 注 盧文弨曰：張本「賢」上有「故」字。

3 注 盧文弨曰：「缶」，疑「𤴓」之譌。「𤴓」，古「正」字。《墨子》往往用此。顧廣圻曰：句有誤。俞樾曰：「缶」乃「詘」字之誤。「詘」闕壞而為「出」字，又因誤為「缶」也。上文云「賢人乃詘於不肖者，則權輕位卑也」，此即勢位足以詘賢者之說。趙本作「任賢」者，乃不得其字而臆改，不可從也。

▲先愼曰：俞說是，張榜本亦改作「任」。

應愼子曰：飛龍乘雲，騰蛇遊霧，吾不以龍蛇爲不託於雲霧之勢也。雖然，夫釋賢而專任勢[1]，足以爲治乎，則吾未得見也。夫有雲霧之勢，而能乘遊之者，龍蛇之材美也[2]。今雲盛而螾弗能乘也，霧醲而蟺不能遊也，夫有盛雲、醲霧之勢而不能乘遊者，螾蟺之材薄也。今桀、紂南面而王天下，以天子之威爲之雲霧，而天下不免乎大亂者，桀、紂之材薄也。且其人以堯之勢以治天下也，其勢[3]何以異桀之勢也，亂天下者也[4]。夫勢者，非能必使賢者用已，而不肖者不用已也[5]，賢者用之則天下治，不肖者用之則天下亂。人之情性，賢者寡而不肖者衆，而以威勢之利濟亂世之不肖人，則是以勢亂天下者多矣[6]，以勢治天下者寡矣。夫勢者，使治而利亂者也，故《周書》曰：「毋爲虎傅翼，將飛入邑[7]，擇人而食之。」夫乘不肖人於勢，是爲虎傅翼也。桀、紂爲高臺深池以盡民力，爲炮烙以傷民性[8]，桀、紂得乘四行者[9]，南面之威爲之翼也。使桀、紂爲匹夫，未始行一而身在刑戮矣[10]。勢者，養虎狼之心，而成暴亂之事者也[11]，此天下之大患也。勢之於治亂，本末有位也[12]，而語專言勢之足以治天下者，則其智之所至者淺矣。夫良馬固車，使臧獲御之則爲人笑，王良御之而日取千里——車馬非異也，或至乎千里，或爲人笑，則巧拙相去遠矣[13]。今以國位爲車[14]，以勢爲馬，以號令爲轡[15]，以刑罰爲鞭筴，使堯、舜御之則天下治，桀、紂御之則天下亂，則賢不肖相去遠矣。夫欲追速致遠，不知任王良；欲進利除害，不知任賢能，此則不知類之患也。夫堯、舜亦治民之王良也。

1 **注** 乾道本「釋」作「擇」，《拾補》「擇」作「釋」，顧廣圻云：「當作『釋』。」今據改。

2 **注** 盧文弨曰：下「之」字，凌本無。王先謙曰：此與下「螾螘之材薄也」對文，明下「之」字衍。

3 注 顧廣圻曰：《藏》本同。今本無「以」、「也其勢」四字。

▲先慎曰：張榜本無「以」、「也」二字。按：「其勢」二字下讀。

4 注 盧文弨曰：一本無「者」字。顧廣圻曰：《藏》本、今本無上「也」字。按：「也」當作「以」。

5 注 顧廣圻曰：兩「己」字當有誤，未詳。俞樾曰：兩「己」字，當作兩「人己」之「己」，即以勢而言，勢者人人得而用之，不能使賢者用我，而不肖者不用我也。顧氏由不達古人語意耳。

6 注 盧文弨曰：一本無「矣」字。

7 注 先慎曰：乾道本無「將」字。顧廣圻云：《藏》本、今本「飛」上有「將」字。按：「之」字當衍。

▲先慎按：《逸周書．寤儆篇》正有「將」字，今據補。彼脫「為」字，當依此訂。

8 注 顧廣圻曰：句當有脫字。「高臺」一也，「深池」二也，「炮烙」三也。下文云「四行」，其一未見。

▲先慎曰：此隨舉二人暴虐之事，非必有四行也，炮烙即非桀所為，顧說太泥。

9 注 顧廣圻曰：《藏》本「乘」作「成」，今本「四」作「肆」，皆誤。「乘」，當作「兼」，下文云「未始行一」，其證也。

▲先慎曰「乘」下脫「勢」字，「四」當作「肆」。「肆行」，即指「盡民力」、「傷民性」言。顧說非。

10 注 先慎曰：言匹夫未一行桀、紂之暴亂，刑戮隨之也。顧氏以「一」對「四」言，非。

11 注 先慎曰：乾道本「暴」下有「風」字。顧廣圻云：今本無「風」字。按：句有誤。

▲先愼按：無「風」字是，改從今本。此謂桀、紂得有天下之勢以為之傳翼，所以暴亂之事成也。

12 注 顧廣圻曰：「末」當作「未」。

13 注 先愼曰：乾道本無「巧」字。顧廣圻云：《藏》本、今本有「巧」字。

▲先愼案：《治要》亦有，今據補。

14 注 先愼曰：《治要》無「位」字。

15 注 先愼曰：《治要》「轡」下有「銜」字。

復應之曰：其人以勢爲足恃以治官。客曰「必待賢乃治」，則不然矣。夫勢者，名一而變無數者也[1]。勢必於自然，則無爲言於勢矣。吾所爲言勢者，言人之所設也。今曰「堯、舜得勢而治，桀、紂得勢而亂」，吾非以堯、桀爲不然也。雖然，非一人之所得設也[2]。夫堯、舜生而在上位[3]，雖有十桀、紂不能亂者，則勢治也；桀、紂亦生而在上位，雖有十堯、舜而亦不能治者，則勢亂也。故曰「勢治者，則不可亂；而勢亂者，則不可治也。」此自然之勢也，非人之所得設也。若吾所言，謂人之所得勢也而已矣[4]，賢何事焉？何以明其然也？客曰：「人有鬻矛與楯者[5]，譽其楯之堅，物莫能陷也，俄而又譽其矛曰：『吾矛之利，物無不陷也。』人應之曰：『以子之矛，陷子之楯，何如？』其人弗能應也[6]。」以爲不可陷之楯與無不陷之矛，爲名不可兩立也。夫賢之爲勢不可禁，而勢之爲道也無不禁，以不可禁之勢[7]，此矛楯之說也，夫賢、勢之不相容亦明矣。且夫堯、舜、桀、紂千世而一出，是比肩隨踵而生也[8]。世之治者不絕於中，吾所以爲言勢者，中也。中者，上不及堯、舜而下亦不爲桀、紂，抱法處勢則治，背法去勢則亂。今廢勢背法而待堯、舜，堯、舜至乃治，是千世亂而一治也；抱法處勢而待桀、紂，桀、紂至乃亂，是千世治而一亂也。且夫治千而亂一，與治一而亂千也，是猶乘驥駬而分馳也，相去亦遠矣[9]。夫棄隱栝之法[10]，去度量之數，使奚仲爲車，不能成一輪。無慶賞之勸，刑罰之威，釋勢委法，堯、舜戶說而人辯之，不能治三家。夫勢之足用亦明矣，而曰「必待賢」則亦不然矣[11]。且夫百日不食以待粱肉，餓者不活[12]，今待堯、舜之賢乃治當世之民，是猶待粱肉而救餓之說也。夫曰「良馬固車，臧獲御之則爲人笑，王良御之則日取乎千里」，吾不以爲然。夫待越人之善海游者[13]以救中國之溺人，越人善游矣，而溺者不濟矣[14]。夫待古之王良以馭今之馬，亦猶越人救溺之說也，不可亦明矣。夫良馬固車[15]，五十里而一置，使中手御之，追速致遠，可以及也，而千里可日致也，何必待古之王良乎！且御，非使王良也，則必使臧獲敗之；治，非使堯、舜也，則必使桀、紂亂之。此味非飴蜜也，必苦菜亭歷也[16]。此則積辯累辭，離理失術，兩末之議也[17]，奚可以難夫道理之言乎哉！客議未及此論也[18]。

1 **注** 先慎曰：有自然之勢，有人設之勢。

2 **注** 先慎曰：乾道本無「今曰」至「設也」，據《藏》本、張榜本、趙本補三十二字。

3 **注** 先慎曰：乾道本「堯」作「聖」。顧廣圻云：《藏》本、今本「聖」作「堯」，非也。「舜」上當有脫文。

▲先慎按：顧氏不審上文有三十三字之本，故疑此下脫文。「堯、舜」承上言，「堯」不當作「聖」。御覽六百二十四、《初學記》九引並作「堯」與《藏》本、今本合，是其證，今據改。《初學記》引「夫」上有「今」字，《藝文類聚》五十二引無「舜」字，有「堯」字，蓋「堯」下脫「舜」字，然亦足見「聖」為「堯」之誤。

4 **注** 先慎曰：乾道本無「設也若吾所言謂人之所得」十一字。顧廣圻云：「謂人之所得」下有脫文。俞樾云：「勢」當作「設」。上文云「此自然之勢也，非人之得設也」，故此曰「若吾所言，謂人之所得設也而已矣」。「設」誤作「勢」，文不可通。顧氏因疑有脫文，非是。

▲先慎案：張榜本「得」下有「設也若吾所言謂人之所得」十一字，是，今據增。上「吾」字乃「客」之誤，

當作「若客所言，謂人之所得設也；若吾所言，謂人之所得勢也而已矣」。「若客所言，謂人之得設」，正承上「非人之所得設也」而來，語極明晰。「客」誤為「吾」，遂不可讀，乾道本因刪去「若吾所言，謂人之所得設也」十一字耳。顧氏知有缺文而失於考校，俞氏又強為之說而不加參訂，均非。

5 注 先慎曰：〈難一篇〉「矛」、「楯」互易。《白孔六帖》五十八引無「與」字。

6 注 先慎曰：《白孔六帖》「陷子之楯何如」作「擊子之楯如之何」。

7 注 顧廣圻曰：《藏》本同。今本「勢」下有「與無不禁之道」，誤。按：當云「以不可禁之賢與無不禁之勢」。

8 注 先慎曰：「是」上當有「反」字。

9 注 先慎曰：騏、駬並千里馬，乘而分馳，違背必速。

10 注 先慎曰：張榜本、趙本「栝」作「括」。《公羊》何休序云「隱括使就繩墨」，是也。字當作「桰」，《說文》：「桰，檃也，從『木』，『昏』聲。」今通用炊竈木之「栝」。又或從「括」，《書·太甲》「往省括于度」，是也。

11 注 先慎曰：乾道本無「不」字，顧廣圻云：「《藏》本、今本有『不』字」，今據增。

12 注 先慎曰：《御覽》八百六十三引「活」作「育」。

13 注 盧文弨曰：「海」字疑衍。

▲先慎曰：「海」即「游」字誤而複者。

14 注 先慎曰：上「矣」字當衍。「善」上當有「雖」字。〈說林上篇〉「越人雖善游，子必不生矣」，語句正同。

15 注 先慎曰：張榜本脫「馬」字。

16 注 先慎曰：乾道本「菜」作「萊」，顧廣圻云：「今本『萊』作『菜』。」今據改。

17 注 盧文弨曰：「末」，張、凌本作「未」。顧廣圻云：句有誤。

18 注 顧廣圻曰：句有誤。

▲先慎曰：語意明顯，顧說謬。

問辯第四十一

或問曰：「辯安生乎？」對曰：「生於上之不明也。」問者曰：「上之不明因生辯也，何哉？」對曰：「明主之國，令者，言最貴者也，法者，事最適者也。言無二貴，法不兩適，故言行而不軌於法令者必禁。若其無法令而可以接詐應變、生利揣事者，上必采其言而責其實，言當則有大利，不當則有重罪，是以愚者畏罪而不敢言，智者無以訟[1]，此所以無辯之故也。亂世則不然：主上有令[2]，而民以文學非之，官府有法，民以私行矯之[3]，人主顧漸其法令而尊學者之智行[4]，此世之所以多文學也[5]。夫言行者，以功用為之的彀者也。夫砥礪殺矢而以妄發[6]，其端未嘗不中秋毫也，然而不可謂善射者，無常儀的也。設五寸之的，引十步之遠[7]，非羿、逢蒙不能必中者，有常也[8]。故有常，則羿、逢蒙以五寸的為巧[9]，無常，則以妄發之中秋毫為拙。今聽言觀行，不以功用為之的彀[10]，言雖至察，行雖至堅，則妄發之說也。是以亂世之聽言也，以難知為察，以博文為辯；其觀行也，以離群為賢，以犯上為抗。人主者說辯察之言，尊賢抗之行，故夫作法術之人，立取舍之行、別辭爭之論[11]而莫為之正。是以儒服帶劍者眾，而耕戰之士寡；『堅白』、『無厚』之詞章[12]，而憲令之法息。故曰『上不明，則辯生焉』。」

1 注 先慎曰：「訟」，讀為「誦」。

2 注 先慎曰：乾道本無「上」字，顧廣圻云：「《藏》本、今本有。」今據補。

3 注 先慎曰：依上文「民」上當有「而」字。

4 注 趙用賢曰：「漸」，沒也，音「尖」。

5 **注** 先慎曰：張榜本「所」下脫「以」字。

6 **注** 先慎曰：「殺矢」，用諸田獵之矢，見《周禮·考工記·冶氏》注。

7 **注** 先慎曰：〈外儲說左上篇〉同。按：「十步」當作「百步」。

8 **注** 先慎曰：「常」下脫「儀的」二字，〈外儲說〉有。

9 **注** 先慎曰：張榜本、趙本「巧」作「功」，誤。「巧」與下文「拙」正相對待，〈外儲說〉作「巧」，是其證。

10 **注** 先慎曰：張榜本、趙本「功」作「公」，誤。

11 **注** 先慎曰：張榜本無「故夫」至此十七字。

12 **注** 先慎曰：《史記·荀卿傳》：「趙有公孫龍，為堅白異同之辨。」《鄧析子·無厚篇》：「天不能屏勃厲之氣，全夭折之人，使為善之民必壽，此於民無厚也。凡民有穿窬為盜者，有詐偽相迷者，此皆生於不足，起於貧窮，而君必執法誅之，此於民無厚也。堯、舜位為天子，而丹朱、商均為布衣，此於子無厚也。周公誅管、蔡，此於弟無厚也。」

問田第四十二

徐渠問田鳩曰：「臣聞智士不襲下而遇君，聖人不見功而接上。今陽成義渠[1]，明將也，而措於毛伯[2]；公孫亶回[3]，聖相也，而關於州部，何哉？」田鳩曰：「此無他故異物，主有度，上有術之故也。且足下獨不聞楚將宋觚而失其政，魏相馮離而亡其國？二君者驅於聲詞，眩乎辯說，不試於毛伯，不關乎州部，故有失政亡國之患。由是觀之，夫無毛伯之試，州部之關，豈明主之備哉！」

1 注 先慎曰：乾道本「今」作「令」，《拾補》作「今」。盧文弨云：「『令』字非。」今據改。

2 注 顧廣圻曰：「毛」，當作「屯」。〈外儲說右篇〉云「屯二甲」，義同。

▲先慎曰：顧說「毛」當作「屯」，是。其引「屯二甲」為證，非。「屯伯」即「屯長」，見《商君書·境內篇》。「措」，當依下文作「試」。

3 注 顧廣圻曰：《文心雕龍·書記》引此云「孫亶回」，無「公」字，省耳。

堂谿公謂韓子曰：「臣聞服禮辭讓，全之術也；修行退智，遂之道也。今先生立法術[1]，設度數，臣竊以爲危於身而殆於軀。何以効之[2]？所聞先生術曰：『楚不用吳起而削亂，秦行商君而富彊[3]，二子之言已當矣，然而吳起支解而商君車裂者，不逢世遇主之患也。』逢遇不可必也，患禍不可斥也，夫舍乎全遂之道而肆乎危殆之行，竊爲先生無取焉。」韓子曰：「臣明先生之言矣[4]。夫治天下之柄，齊民萌之度，甚未易處也。然所以廢先王之教[5]而行賤臣之所取者，竊以爲立法術、設度數，所以利民萌、便衆庶之道也。故不憚亂主闇上之患禍，而必思以齊民萌之資利者，仁智之行也。憚亂主闇上之患禍而避乎死亡之害，知明夫身而不見民萌之資利者，貪鄙之爲也[6]。臣不忍嚮貪鄙之爲，不敢傷仁智之行，先王有幸臣之意，然有大傷臣之實[7]。」

1 注 先愼曰：乾道本「生」作「王」，今據《拾補》改。

2 注 先愼曰：乾道本「効」作「效」，盧文弨云：「『效』，《藏》本作『効』。」今據改。

3 注 先愼曰：乾道本「彊」作「疆」，今據張榜本、趙本改。

4 注 先愼曰：乾道本無「臣」字，顧廣圻云：「《藏》本、今本有。」今據補。

5 注 王渭曰：「王」當作「生」，下同。

6 注 先愼曰：乾道本「知明夫身而不見民萌之資利者」作「知明而不見民萌之資夫科身者」。盧文弨云：

「『夫』字、『身』字，凌本無。」顧廣圻云：「此當作『知明夫身而不見民萌之資利者』。乾道本『利』作『科』，譌。」今據改。

7 注 俞樾曰：「先王」當作「先生」，即謂堂谿公也。公諷韓子舍全遂之道而肆危殆之行，故曰「先生有幸臣之意」。「幸臣」，猶「愛臣」也，《呂氏春秋．至忠篇》「王必幸臣與臣之母」，是也。韓子自謂「不忍嚮貪鄙之為，不敢傷仁智之行」。若從堂谿公言，則仁智之行傷矣，故曰「然有大傷臣之實」。此「有」字，當讀為「又」。

定法第四十三

問者曰：「申不害、公孫鞅，此二家之言，孰急於國？」應之曰：「是不可程也。人不食，十日則死；大寒之隆，不衣亦死。謂之衣、食孰急於人，則是不可一無也，皆養生之具也。今申不害言術而公孫鞅爲法。術者，因任而授官，循名而責實[1]，操殺生之柄，課群臣之能者也，此人主之所執也。法者，憲令著於官府，刑罰必於民心，賞存乎慎法，而罰加乎姦令者也[2]，此臣之所師也。君無術則弊於上，臣無法則亂於下，此不可一無，皆帝王之具也。」

1 注 先愼曰：乾道本「責」作「貴」，誤。據張榜本、趙本改。

2 注 盧文弨曰：「姦」，馮改作「奸」。

問者曰[1]：「徒術而無法，徒法而無術，其不可何哉？」對曰：「申不害，韓昭侯之佐也。韓者，晉之別國也。晉之故法未息，而韓之新法又生；先君之令未收，而後君之令又下。申不害不擅其法，不一其憲令，則姦多[2]。故利在故法前令則道之[3]，利在新法後令則道之，利在故、新相反[4]，前、後相悖[5]，則申不害雖十使昭侯用術[6]，而姦臣猶有所譎其辭矣。故託万乘之勁韓[7]，七十年而不至於霸王者[8]，雖用術於上，法不勤飾於官之患也。公孫鞅之治秦也，設告相坐而責其實[9]，連什伍而同其罪，賞厚而信，刑重而必，是以其民用力勞而不休，逐敵危而不卻，故其國富而兵強。然而無術以知姦，則以其富強也資人臣而已矣。及孝公、商君死，惠王即位，秦法未敗也，而張儀以秦殉韓、魏[10]。惠王死，武王即位，甘茂以秦殉周[11]。武王死，昭襄王即位，穰侯越韓、魏而東攻齊[12]，五年而秦不益一尺之地[13]，乃成其陶邑之封[14]，應侯攻韓八年，成其汝南之封[15]——自是以來，諸用秦者皆應、穰之類也。故戰勝則大臣尊，益地則私封立，主無術以知姦也[16]。商君雖十飾其法，人臣反用其資。故乘強秦之資，數十年而不至於帝王者，法不勤飾於官[17]，主無術於上之患也。」

1 注 先慎曰：「問」，張榜本作「或」。

2 注 先慎曰：「不一其憲令」句，「則姦多」句。

3 注 先慎曰：「道」，讀為「導」，與下「使昭侯用術」同意。「利在故法前令」，申不害則使昭侯用故法前令；其「利在新法後令」，則使昭侯用新法後令。「前令」、「後令」即上「先君之令」、「後君之令」。今人以「前」、「後」兩字逗，非也。

4 注 盧文弨曰：「利在」二字衍。

5 注 先慎曰：乾道本「悖」作「勃」。顧廣圻云：今本「勃」作「悖」，誤。

▲先慎案：《說文》「誖」下云「亂也」，或從「心」作「悖」；「勃」下云「排也」。明乖亂之字應作「悖」，而「勃」為叚借字。顧氏以正字為誤，蓋未之審耳，今據。

6 注 先慎曰：張榜本「用」誤「利」。

7 注 先慎曰：「万」，張榜本、趙本作「萬」。

8 注 顧廣圻曰：「七十」有誤，或當作「十七」。

9 注 先慎曰：「相」字淺人所加，此與下「連什伍而同其罪」對文。

10 注 顧廣圻曰：句絕。

11 注 先慎曰：依上文，「甘」上當有「而」字。

12 注 先慎曰：《御覽》一百九十八引無「韓」字。

13 注 先慎曰：各本「一尺」作「尺土」，據《御覽》引改。

14 注 先慎曰：各本「成」作「城」，據《御覽》引改。

15 注 顧廣圻曰：《藏》本同。今本「成」作「城」，誤。上文「乃城其陶邑之封」，亦當作「成」。

▲先慎曰：《御覽》此亦作「成」，不誤。

16 注 先慎曰：張榜本「主」作「其」誤。「主」，謂秦王也。

17 注 盧文弨曰：「不」，或改「雖」。顧廣圻曰：「不」當作「雖」。

問者曰：「主用申子之術而官行商君之法，可乎？」對曰：「申子未盡於法也[1]。申子言『治不踰官，雖知弗言[2]』。『治不踰官』，謂之守職也可[3]，『知而弗言』，是謂過也[4]。人主以一國目視，故視莫明焉；以一國耳聽，故聽莫聰焉。今知而弗言，則人主尙安假借矣[5]？商君之法曰[6]：『斬一首者爵一級，欲爲官者爲五十石之官；斬二首者爵二級[7]，欲爲官者爲百石之官。』官爵之遷與斬首之功相稱也。今有法曰『斬首者令爲醫匠』，則屋不成而病不已。夫匠者，手巧也；而醫者，齊藥也[8]，而以斬首之功爲之，則不當其能。今治官者，智能也[9]；今斬首者，勇力之所加也。以勇力之所加[10]而治智能之官[11]，是以斬首之功爲醫匠也。故曰『二子之於法術，皆未盡善也』。」

1 注 顧廣圻曰：當云「申子未盡於術，商君未盡於法也」。脫去六字。

2 注 先愼曰：乾道本無「治」字、「弗」字，顧廣圻云：「《藏》本、今本『知』下有『弗』字，今本『不』上有『治』字，按依下文當有。又見〈難三篇〉，『弗』亦作『不』。」今據補。

3 注 顧廣圻曰：《藏》本、今本「也可」作「可也」。

▲先愼曰：張榜本無「可」字。

4 注 先愼曰：乾道本「是」下有「不」字。盧文弨云：「不」字脫，《藏》本、張本有。「也」、「邪」同。

顧廣圻曰：今本無「不」字。按：句有誤。

▲先愼按：「不」字衍文。下「知而弗言，則人主尚安假借矣」，即「是謂過也」意，今據改。

5 注 先愼曰：「矣」當作「乎」。

6 注 先慎曰：乾道本「曰」作「日」，據張榜本、趙本改。

7 注 先慎曰：乾道本「爵二級」作「爵一級」，據張榜本、趙本改。

8 注 先慎曰：乾道本無「病不」至「者齊」十三字，空十八字。顧廣圻云：「《藏》本、今本有『病不已夫匠者手巧也而醫者齊』十三字。」今依《藏》本、今本補，說詳下。

9 注 先慎曰：乾道本無「能也」二字，顧廣圻云：「空四字，《藏》本、今本有『能也』二字。」今據補。

10 注 先慎曰：乾道本無「勇力之所加也以」七字，不空，合計「屋不成」下缺五字，「智」下缺二字，正符七字之數，足見今本之字非肊撰也。今據今本補「勇力之所加也以」七字。

11 注 先慎曰：乾道本「治」下有「者」字。顧廣圻云：《藏》本、今本無「者」字，此未詳。

▲先慎按：「者」字衍，今據刪。此謂以勇力所得之官，而理智能之事，不當其能，無異令斬首之人為醫匠也。

說疑第四十四[1]

1 注 顧廣圻曰：「疑」，讀為「擬」。

凡治之大者，非謂其賞罰之當也。賞無功之人，罰不辜之民[1]，非所謂明也[2]。賞有功，罰有罪，而不失其人，方在於人者也[3]，非能生功止過者也。是故禁姦之法，太上禁其心，其次禁其言，其次禁其事。今世皆曰「尊主安國者，必以仁義智能」，而不知卑主危國者之必以仁義智能也。故有道之主，遠仁義，去智能，服之以法。是以譽廣而名威，民治而國安，知用民之法也。凡術也者，主之所以執也；法也者，官之所以師也。然使郎中日聞道於郎門之外，以至於境內日見法，又非其難者也。

1 注 先愼曰：乾道本「辜」下無「之」字，顧廣圻云：「《藏》本、今本有。」今據補。

2 注 顧廣圻曰：「明」字當衍。

3 注 顧廣圻曰：《藏》本同。今本「人方」作「當乃」，誤。按：「在」當作「任」，形近誤。

▲先愼曰：顧說是。讀當以「而不失其人」句，「方在於人者也」句。

昔者有扈氏有失度，讙兜氏有孤男，三苗有成駒，桀有侯侈[1]，紂有崇侯虎，晉有優施，此六人者，亡國之臣也。言是如非，言非如是，內險以賊其外，小謹以徵其善，稱道往古使良事沮，善禪其主以集精微[2]，亂之以其所好[3]——此夫郎中、左右之類者也。往世之主，有得人而身安國存者，有得人而身危國亡者，得人之名一也，而利害相千万也4，故人主左右不可不愼也。爲人主者，誠明於臣之所言，則別賢、不肖如黑白矣。

1 注 顧廣圻曰：《墨子·所染篇》云：「夏桀染於干辛、推哆。」又〈明鬼篇〉云：「推哆、大戲主別兕虎。」〈古今人表〉下中有「推侈」，即此「侯侈」。又《呂氏春秋·簡選篇》云：「移、大犧。」《淮南子·主術訓》云：「推移、大犧。」「侈」、「哆」、「移」皆同字耳。王念孫曰：「侯」常作「隹」，形相似而誤（隸書從「隹」從「侯」之字往往譌溷，說見《墨子·非命篇》「惟舌」下）。《墨子·所染篇》、〈明鬼篇〉竝作「推哆」、《晏子·諫篇》、《漢書·古今人表》並作「推侈」，「隹」與「推」聲相近，故通作「推」也，其為「隹」字無疑。

2 注 顧廣圻曰：句有誤。

▲先愼曰：「禪」與「擅」通，《莊子·人間世》釋文「禪，本作『擅』」，是也。《說文》：「擅，專也。」「精微」，猶精細也。言平日擅專其主，無毫髮之可間也。

3 注 先愼曰：投其所欲，引為不善也。

4 注 先愼曰：趙本「万」作「萬」。

若夫許由、續牙[1]、晉伯陽[2]、秦顛頡、衛僑如[3]、狐不稽[4]、重明[5]、董不識[6]、卞隨、務光、伯夷、叔齊，此十二人者，皆上見利不喜，下臨難不恐，或與之天下而不取，有萃辱之名[7]，則不樂食穀之利。夫見利不喜，上雖厚賞，無以勸之；臨難不恐，上雖嚴刑，無以威之——此之謂不令之民也。此十二人者[8]，或伏死於窟穴，或槁死於草木，或飢餓於山谷，或沉溺於水泉。有民如此[9]，先古聖王皆不能臣，當今之世，將安用之？

1 注 顧廣圻曰：此七友在第三。

2 注 顧廣圻曰：「晉」字當衍。此七友在第四。

3 注 顧廣圻曰：未詳。俞樾曰：「顛頡」，晉人而係之秦；「僑如」，魯人而係之衛，不可曉。且其人亦非如下文所云「伏死窟穴」者也。據下方云「若夫齊田恒、宋子罕、魯季孫意如、晉僑如、衛子南勁、鄭太宰欣、楚白公、周單荼、燕子之，此九人者之為其臣也，皆朋黨比周以事其君」云云，疑「魯季孫意如、晉僑如」當作「晉顛頡、魯僑如」，而傳寫誤入上文，又移「晉」字於「伯陽」之上，遂妄竄入「秦」字耳。

4 注 顧廣圻曰：《莊子．大宗師》「狐不偕」，《釋文》：「司馬云：『古賢人也』。」

5 注 顧廣圻曰：未詳。

6 注 顧廣圻曰：此七友在第五。按：〈齊策〉云「舜有七友」，姚校云：「雄陶、方回、續牙、伯陽、東不訾、秦不虛、靈甫。」〈古今人表〉上下有「雛陶、續身、柏陽、東不訾、秦不虛」。顏師古曰：「雛陶以下，皆舜之友也。」「身」或作「耳」，「虛」或作「宇」，並見《尸子》。上中有「方回」，其「靈甫」。〈人表〉未見也。此「續牙」即「續身」，「伯陽」即「柏陽」，「董不識」即「東不訾」，其餘或皆彼之駁異耳。

7 注 顧廣圻曰：《藏》本同。今本「萃」作「卑」。

▲先慎曰：「萃」字不誤，《說文》：「萃，讀若『瘁』。」「瘁」即「顇」字。「顇」，顦顇也。《荀子·富國篇》「勞苦頓萃而愈無功」，正作「萃」，是其證。今本改「萃」為「卑」，失其義矣。

8 注 先慎曰：乾道本無「人」字，盧文弨云：「凌本有。」今據補。

9 注 先慎曰：乾道本無「民」字，顧廣圻云：「《藏》本、今本有。」今據補。

若夫關龍逢、王子比干、隨季梁、陳泄冶、楚申胥[1]、吳子胥，此六人者，皆疾爭強諫以勝其君。言聽事行，則如師徒之勢[2]；一言而不聽，一事而不行，則陵其主以語，從之以威，雖身死家破[3]、要領不屬、手足異處，不難爲也。如此臣者，先古聖王皆不能忍也，當今之時，將安用之？

1 注 顧廣圻曰：「申胥」當作「葆申」。「葆申」者，楚文王之臣，極言文王茹黃狗、宛路矰、丹姬事而變更之，下文所謂「疾爭強諫以勝其君」者也。見《呂氏春秋》，高誘注云：「葆，太葆，官。名申。」又載《說苑》，「葆」作「保」，〈古今人表〉同。「葆」、「保」同字也。

2 注 盧文弨曰：「勢」，秦本作「合」。

3 注 先慎曰：乾道本「從」作「待」，「威雖身」作「其身雖」。顧廣圻云：今本「待」作「從」，「其身雖」作「威雖身」。按：句有誤。

▲先慎按：今本是。「從之以威」句，此如鬻拳諫君以兵之類，改從今本。

若夫齊田恒[1]、宋子罕、魯季孫意如、晉僑如[2]、衛子南勁[3]、鄭太宰欣[4]、楚白公、周單荼[5]、燕子之，此九人者之為其臣也，皆朋黨比周以事其君，隱正道而行私曲，上逼君，下亂治，援外以撓內、親下以謀上[6]，不難為也。如此臣者，唯聖王智主能禁之，若夫昏亂之君[7]，能見之乎？

1 注 先慎曰：乾道本「齊田」作「田齊」，盧文弨云：「『田齊』倒，張本作『齊田』。」今據改。

2 注 顧廣圻曰：未詳。

▲先愼曰：「晉」字衍。此即魯叔孫宣伯。
3 注 顧廣圻曰：未詳。
4 注 顧廣圻曰：未詳。下文云：「太宰欣取鄭。」
5 注 顧廣圻曰：未詳。下文：「單氏之取周。」
6 注 顧廣圻曰：《藏》本同。今本「親」作「侵」，誤。
7 注 先愼曰：「若夫」二字不當有。

若夫后稷、皋陶、伊尹、周公旦、太公望、管仲、隰朋、百里奚、蹇叔、舅犯、趙衰[1]、范蠡、大夫種、逢同、華登，此十五人者爲其臣也[2]，皆夙興夜寐，卑身賤體，竦心白意，明刑辟、治官職以事其君，進善言、通道法而不敢矜其善，有成功立事而不敢伐其勞[3]，不難破家以便國，殺身以安主，以其主爲高天泰山之尊，而以其身爲壑谷鬴洧之卑[4]，主有明名廣譽於國，而身不難受壑谷鬴洧之卑[5]。如此臣者，雖當昏亂之主，尚可致功，況於顯明之主乎？此謂霸王之佐也。

1 注 先愼曰：乾道本下作「襄」，《拾補》作「衰」，顧廣圻云：「『襄』當作『衰』。」今依《拾補》改。

2 注 盧文弨曰：「為其」疑倒，下同。

▲先慎曰：「者」下脫「之」字。上文「此九人者之為其臣也」，下文「此十二人者之為其臣也」，句法一律，明此脫「之」字。讀當以十字為句。盧氏疑「為其」倒，非也。

3 注 先慎曰：「立事」上當有脫字。

4 注 顧廣圻曰：「鬴洧」，未詳。王先謙曰：《爾雅．釋文》：「鬴，古『釜』字。」「釜洧」即「釜鍑」也。「洧」，古讀與「复」聲之字近。《水經．洧水注》：「甲庚溝水枝分，東逕洧陽故城南，俗謂之復陽城，非也。」蓋「洧」、「復」字類音讀變，是其證也。「洧」可讀為「復」，則亦可讀為「鍑」。《方言》「釜，自關而西或讀之『釜』，或謂之『鍑』」，明「釜」、「鍑」連文。此「鬴洧」即「釜鍑」之通叚字矣。「鬴洧」，四旁高而中央卑，與壑谷地形之卑相類，故並以為身卑之喻。

5 注 顧廣圻曰：句有誤。

▲先慎曰：主得美名而身受卑名也。上文指位言，此指名言，文複而義不同。

若夫周滑之[1]、鄭王孫申[2]、陳公孫寧、儀行父、荊芋尹申亥[3]、隨少師越、種干[4]、吳王孫頟[5]、晉陽成泄[6]、齊豎刁、易牙，此十二人者之爲其臣也[7]，皆思小利而忘法義，進則揜蔽賢良以陰闇其主，退則撓亂百官而爲禍難，皆輔其君、共其欲，苟得一說於主[8]，雖破國殺衆不難爲也。有臣如此，雖當聖王，尚恐奪之，而況昏亂之君，其能無失乎？有臣如此者，皆身死國亡，爲天下笑。故周威公身殺，國分爲二[9]；鄭子陽身殺，國分爲三[10]；陳靈公身死於夏徵舒氏[11]；荊靈王死於乾谿之上；隨亡於荊；吳并於越；智伯滅於晉陽之下；桓公身死七日不收。故曰「諂諛之臣，唯聖王知之，而亂主近之，故至身死國亡。」

1 注 顧廣圻曰：《藏》本同。今本「之」作「伯」。按：依下文，此周威王所用也，今無可考。

2 注 顧廣圻曰：依下文，此鄭子陽所用也。

▲先慎曰：鄭無王孫，「王」當為「公」之誤。

3 注 先慎曰：趙本「芋」作「芊」。盧文弨云：「芊」，誤。

4 注 顧廣圻曰：「種干」，下文未見。

5 注 顧廣圻曰：「頟」，《國語》作「雒」，「頟」、「雒」同字也，他書「頟」作「駱」。

6 注 顧廣圻曰：依下文，智伯所用也。

7 注 顧廣圻曰：按上文，但有十一人，當有脫文。

8 注 先慎曰：「說」，即「悅」字。

9 注 先慎曰：「周威公」，河南桓公揭之子，桓公自封少子班於鞏以奉王，號東周，而河南遂號西周。不詳身殺之事。

10 注 先慎曰：其事未詳。

11 注 先慎曰：乾道本無「公」字，顧廣圻云：「《藏》本、今本有。」今據補。

聖王明君則不然。內舉不避親，外舉不避讐，是在焉從而舉之，非在焉從而罰之。是以賢良遂進而姦邪并退，故一舉而能服諸侯。其在記曰：「堯有丹朱而舜有商均，啓有五觀，商有太甲，武王有管、蔡。」五王之所誅者，皆父兄子弟之親也，而所殺亡其身[1]、殘破其家者，何也？以其害國傷民敗法類也[2]。觀其所舉，或在山林藪澤巖穴之間，或在囹圄緤紲纏索之中[3]，或在割烹芻牧飯牛之事。然明主不羞其卑賤也[4]，以其能、爲可以明法[5]，便國利民，從而舉之，身安名尊。

1 注 王先謙曰：「而」下「所」字當衍。

2 注 顧廣圻曰：《藏》本同。今本「法」下有「圯」字，誤。

3 注 盧文弨曰：「纏」當作「纆」。顧廣圻曰：《藏》本，今本「緤」作「縲」。

4 **注** 顧廣圻曰：《藏》本「然」下有「後」字，今本有「而」字，皆誤。

5 **注** 顧廣圻曰：《藏》本，今本無「為」字。按：「能」字逗。

亂主則不然。不知其臣之意行而任之以國，故小之名卑地削，大之國亡身死，不明於用臣也。無數以度其臣者[1]，必以其衆人之口斷之。衆之所譽，從而說之；衆之所非，從而憎之。故爲人臣者破家殘賥[2]，內構黨與、外接巷族以爲譽[3]，從陰約結以相固也，虛相[4]與爵祿以相勸也。曰[5]：「與我者將利之，不與我者將害之。」衆貪其利，劫其威。彼誠喜，則能利己，忌怒[6]，則能害己。衆歸而民留之，以譽盈於國，發聞於主，主不能理其情，因以爲賢。彼又使譎詐之士，外假爲諸侯之寵使[7]，假之以輿馬，信之以瑞節，鎭之以辭令，資之以幣帛，使諸侯淫說其主[8]，微挾私而公議。所爲使者，異國之主也，所爲談者，左右之人也[9]。主說其言而辯其辭，以此人者，天下之賢士也。內外之於左右[10]，其諷一而語同，大者不難卑身尊位以下之，小者高爵重祿以利之。夫姦人之爵祿重而黨與彌衆，又有姦邪之意，則姦臣愈反而說之，曰：「古之所謂聖君明王者[11]，非長幼弱也及以次序也[12]。以其搆黨與，聚巷族，偪上弒君而求其利也。」彼曰：「何知其然也？」因曰：「舜偪堯，禹偪舜，湯放桀，武王伐紂——此四王者，人臣弒其君者也，而天下譽之。察四王之情，貪得人之意也[13]；度其行[14]，暴亂之兵也。然四王自廣措也，而天下稱大焉；自顯名也，而天下稱明焉。則威足以臨天下，利足以蓋世，天下從之。」又曰：「以今時之所聞，田成子取齊，司城子罕取宋，太宰欣取鄭，單氏取周，易牙之取衛[15]，韓、魏、趙三子分晉——此六人[16]，臣之弒其君者也。」姦臣聞此，蹷然舉耳以爲是也。故內搆黨與，外攄巷族[17]，觀時發事，一舉而取國家。且夫內以黨與劫弒其君，外以諸侯之權矯易其國[18]，隱正道[19]，持私曲，上禁君，下撓治者，不可勝數也。是何也？則不明於擇臣也。記曰：「周宣王以來，亡國數十，其臣弒其君而取國者衆矣[20]。」然則難之從內起與從外作者，相半也。能一盡其民力，破國殺身者，尚皆賢主也。若夫轉身法易位，全衆傳國[21]，最其病也。

1 注 顧廣圻曰：《藏》本同。今本「無」上有「夫」字，誤。
▲先慎曰：「數」，謂術數。

2 注 趙用賢曰：「睟」，音「粹」，貨也。

3 注 先慎曰：相為名譽。

4 注 顧廣圻曰：「相」字當衍。

5 注 顧廣圻曰：《藏》本，今本「曰」作「且」。按：「曰」字是。

6 注 先慎曰：「忌」當作「誠」。

7 注 顧廣圻曰：句絕。

8 注 顧廣圻曰：《藏》本同。今本「侯」下有「而」字，誤。按：句有誤。

▲先慎曰：「侯」字衍。「使諸淫說其主」，謂使譎詐之士誦說於主前也。

9 注 先慎曰：如蘇代為齊使燕，而使子之重權也。

10 注 盧文弨曰：「之於」二字或刪去。

11 注 先慎曰：乾道本「者」上有「君」字。顧廣圻云：「聖君明王」句絕，「君者」上當有脫文。《藏》本同。今本無下「君」字。

▲先慎按：無下「君」字是，今據刪。「曰」字上亦當有「者」字，各本奪「曰」上「者」字，連寫，於「王」下增「君」字以補其缺耳。「而說之者」，即謂姦臣之黨與，故下文「姦臣聞此，蹷然舉耳以為是也」。顧氏不知「君」字為「曰」字上「者」字之誤，因讀「聖君明王」句絕，則疑「君者」上有脫文，宜矣。

12 注 顧廣圻曰：「幼弱」二字，當衍其一。上「也」字當作「世」。九字為一句。

13 注 顧廣圻曰：「人」字衍。

14 注 顧廣圻曰：三字為一句。

15 注 顧廣圻曰：未詳。

▲先慎曰：《呂氏春秋．先識覽》：「衛公子啓方以書社四十下衛。」此「易牙」疑「開方」之誤。「取」當作「下」。或因易牙倡亂，而開方始降衛，歸罪於易牙，故云然。

16 注 俞樾曰：上文自「田成子」以下凡八人，不得言「六」。「六」疑「亦」字之誤，承上文「舜偪堯，禹偪舜，湯放桀，武王伐紂」而言，故云「亦」也。

▲先慎曰：此與上不相承。「六」當作「八」，「人」下當有「者」字，與上「此四王者」文法一例。俞說非。

17 注 盧文弨曰：「攄」，張本作「攎」。

▲先慎曰：「攄」、「攎」並誤，當依上文「接」。

18 注 先慎曰：乾道本「權矯」作「懽矯」，顧廣圻云：「今本『懽驕』作『權矯』。按：今本是也。」改從今本。

19 注 先慎曰：乾道本「正道」作「敦適」。顧廣圻云：今本「敦適」作「正道」。未詳。

▲先慎按：作「正道」是也。「正道」，謂法度，與下「私曲」對文。上云「皆朋黨比周以事其君，隱正道而行私曲」，〈飭邪篇〉「群臣朋黨比周以隱正道行私曲」，並作「正道」，即其證，改從今本。

20 注 先慎曰：乾道本「君」上有「其」字，「取」上無「而」字。盧文弨云：「『而』字脫，張本有。」顧廣坼云：「今本無下『其』字。」今據改。

21 注 顧廣圻曰：今本無「身」字，「傳」作「傳」。按：句當有誤，未詳。俞樾曰：「法」字衍文。「傳」當作「傳」。上所謂「破國殺身者」，以國君死社稷而言也，故曰「尚皆賢主也」。此所謂「轉身易位，全衆傳國」者，則晉靜公、齊康公之類，是以其不能死而反見屈於臣，故曰「最其病也」。趙本改「傳」為「傳」，正得其字。惟不知「法」字之衍，而刪去「身」字，失之。

爲人臣者[1]，誠明於臣之所言，則雖罼弋馳騁[2]，撞鐘舞女，國猶且存也。不明臣之所言，雖節儉勤勞，布衣惡食，國猶自亡也。趙之先君敬侯，不修德行而好縱慾，適身體之所安、耳目之所樂，冬日罼弋，夏浮淫，爲長夜，數日不廢御觴，不能飲者以筩灌其口，進退不肅、應對不恭者斬於前——故居處、飲食如此其不節也，制刑殺戮如此其無度也。然敬侯享國數十年[3]，兵不頓於敵國，地不虧於四鄰，內無君臣百官之亂，外無諸侯鄰國之患，明於所以任臣也。燕君子噲，邵公奭之後也[4]，地方數千里，持戟數十萬，不安子女之樂，不聽鍾石之聲，內不湮汗池臺榭[5]，外不罼弋田獵，又親操耒耨以修畎畝。子噲之苦身以憂民如此其甚也，雖古之所謂聖王明君者，其勤身而憂世不甚於此矣。然而子噲身死國亡，奪於子之，而天下笑之，此其何故也[6]？不明乎所以任臣也。

1 注 先慎曰：乾道本「臣」作「主」，顧廣圻曰：「今本『主』作『臣』。按：依上下文當作『臣』。」今據改。

2 注 盧文弨曰：「罼」，張本作「畢」。

3 注 先慎曰：《史・世家》：「敬侯即位十二年卒。」

4 注 先慎曰：趙本「邵」作「召」，古字通。

5 注 先慎曰：此句衍一字。

6 注 先慎曰：「何故」二字倒。

故曰：人臣有五姦，而主不知也。爲人臣者[1]，有侈用財貨賂以取譽者，有務慶賞賜予以移衆者，有務朋黨狥智尊士以擅逞者，有務解免赦罪獄以事威者，有務奉下、直曲、怪言、偉服、瑰稱以眩民耳目者——此五者明君之所疑也[2]，而聖主之所禁也。去此五者，則譟詐之人不敢北面談立[3]，文言多、實行寡而不當法者，不敢誣情以談說[4]。是以群臣居則修身，動則任力，非上之令不敢擅作疾言誣事，此聖王之所以牧臣下也。彼聖主明君，不適疑物以闚其臣也[5]。見疑物而無反者，天下鮮矣。

1 注 先慎曰：乾道本「臣」作「二」，據趙本改。

2 注 顧廣圻曰：「疑」，讀為「擬」，下文同。又本篇二字互見。

3 注 顧廣圻曰：句有誤。王先謙曰：「談立」二字疑倒。

▲先慎曰：「譟」當作「詭」。人君南面，故臣言「北面」。

4 注 先慎曰：乾道本「敢誣」作「誣敢」，顧廣圻云：「今本作『敢誣』。」今據改。

5 注 先慎曰：「適」疑作「道」。

故曰：孽有擬適之子，配有擬妻之妾，廷有擬相之臣，臣有擬主之寵，此四者，國之所危也。故曰：內寵並后，外寵貳政，枝子配適，大臣擬主，亂之道也。故《周記》曰：「無尊妾而卑妻，無孽適子而尊小枝[1]，无尊嬖臣而匹上卿，無尊大臣以擬其主也。」四擬者破，則上無意、下無怪也[2]。四擬不破，則隕身滅國矣。

1 注 先慎曰：「無孽適子」，謂無以適子為孽也。

2 注 先慎曰：君不道疑物以闚其臣，臣不誣情以談說，是謂上無意，下無怪。

詭使第四十五

聖人之所以為治道者三：一曰「利」，二曰「威」，三曰「名」。夫利者所以得民也，威者所以行令也，名者上下之所同道也。非此三者，雖有不急矣。今利非無有也而民不化，上威非不存也而下不聽從，官非無法也而治不當名——三者非不存也，而世一治一亂者，何也？夫上之所貴與其所以為治相反也[1]。

1 注 先慎曰：《拾補》「與」上有「嘗」字。盧文弨云：「脫，秦本有。疑當作『常』。」

夫立名號所以為尊也，今有賤名輕實者，世謂之[1]「高」。設爵位所以為賤貴基也，而簡上不求見者，世謂之「賢」。威利所以行令也，而無利輕威者，世[2]謂之「重」。法令所以為治也，而不從法令、為私善者，世謂之「忠」。官爵所以勸民也，而好名義、不進仕者，世謂之「烈士[3]」。刑罰所以擅威也，而輕法、不避刑戮死亡之罪者，世謂之「勇夫[4]」。民之急名也甚，其求利也如此，則士之飢餓乏絕者，焉得無巖居苦身以爭名於天下哉？故世之所以不治者，非下之罪，上失其道也。常貴其所以亂，而賤其所以治，是故下之所欲，常與上之所以爲治相詭也。今下而聽其上，上之所急也。而惇愨純信、用心怯言，則謂之「窶[5]」。守法固、聽令審，則謂之「愚」。敬上畏罪，則謂之「怯」。言時節，行中適，則謂之「不肖」。無二心私學，聽吏從教者[6]，則謂之「陋」。難致謂之「正」。難予謂之「廉」。難禁謂之「齊」。有令不聽從謂之「勇」。無利於上謂之「愿」。寬惠行德謂之「仁[7]」。重厚自尊謂之「長者」。私學成群謂之「師徒」。閒靜安居謂之「有思[8]」。損仁逐利謂之「疾[9]」。險躁佻反覆謂之「智[10]」。先爲人而後自爲，類名號言，汎愛天下，謂之「聖」。言大本[11]稱而不可用，行而乖於世者，謂之「大人」。賤爵祿，不撓上者，謂之「傑」。下漸行如此，入則亂民，出則不便也[12]。上宜禁其欲、滅其迹而不止也[13]，又從而尊之，是教下亂上以爲治也。

1 注 先愼曰：乾道本無「之」字。顧廣圻云：《藏》本、今本有「之」字。

▲先愼按：依下文常有，今據補。

2 注 先愼曰：乾道本無「世」字。顧廣圻云：《藏》本、今本有。

▲先愼按：依上下文當有，今據補。

3 注 顧廣圻云：句絶。

4 注 顧廣圻云：句絕。

5 注 先慎曰：乾道本「則」作「時」，據《藏》本、今本改。「怯言」二字，當為「少欲」之誤。因「少欲」二字錯簡在「寬惠行德」句上，乾道本遂涉下文之字而誤增。《藏》本以意改為「壹者」，張、趙本改為「二者」，並非。

6 注 先慎曰：乾道本「聽」上有「吏」字，顧廣圻云：「今本無『吏』字。」今據刪。

7 注 先慎曰：乾道本「寬」上有「少欲」二字。顧廣圻云：今本無「少欲」二字。

▲先慎按：「少欲」二字，當在上「用心」下，誤衍於此，據今本刪。上下文皆四字句，無脫文。

8 注 先慎曰：乾道本「閒」作「閑」，據趙本改。

9 注 顧廣圻曰：句絕。

10 注 顧廣圻曰：當脫一字。「險躁」連讀，下文云「而險躁讒諛者任」。

▲先慎曰：「佻」字衍文。「險躁反覆」四字為句。

11 注 顧廣圻曰：《藏》本同。今本「本」作「不」。按：句有誤。

12 注 盧文弨曰：「便」，一作「使」。

13 注 先慎曰：乾道本「迹」作「近」，顧廣圻云：「《藏》本、今本『近』作『迹』。」今據改。

凡上所治者[1]，刑罰也，今有私行義者尊[2]。社稷之所以立者，安靜也，而譟險讒諛者任。四封之內所以聽從者，信與德也，而陂知傾覆者使。令之所以行、威之所以立者恭儉聽上[3]，而巖居非世者顯。倉廩之所以實者，耕農之本務也，而綦組錦繡刻畫爲末作者富。名之所以成、城池之所以廣者[4]，戰士也，今死之孤飢餓乞於道[5]，而優笑酒徒之屬乘車衣絲。賞祿所以盡民力、易下死也，今戰勝攻取之士勞而賞不霑，而卜筮視手理狐蠱爲順辭於前者日賜[6]。上握度量，所以擅生殺之柄也，今守度奉量之士欲以忠嬰上而不得見，巧言利辭、行姦軌以倖偷世者數御[7]。據法直言、名刑相當、循繩墨、誅姦人所以爲上治也而愈疏遠，諂施、順意、從欲以危世者近習。悉租稅、專民力所以備難、充倉府也，而士卒之逃事狀匿[8]、附託有威之門以避傜賦，而上不得者萬數。夫陳善田利宅，所以厲戰士也[9]，而斷頭裂腹、播骨乎平原野者[10]，無宅容身死田畝[11]，而女妹有色、大臣左右無功者，擇宅而受，擇田而食。賞利一從上出、所以善剬下也[12]，而戰介之士不得職[13]，而閒居之士尊顯[14]。上以此爲教，名安得無卑？位安得無危[15]？夫卑名位者，必下之不從法令、有二心無私學[16]、反逆世者也，而不禁其行、不破其群以散其黨，又從而尊之，用事者過矣。上世之所以立廉恥者[17]，所以屬下也[18]，今士大夫不羞汙泥醜辱而宦[19]，女妹私義之門不待次而宦[20]。賞賜之所以爲重也[21]，而戰鬬有功之士貧賤，而便辟優徒超級[22]。名號誠信所以通威也，而主揜障。近習、女謁並行，百官主爵遷人，用事者過矣。大臣官人與下先謀比周，雖不法行[23]，威利在下，則主卑而大臣重矣。

1 注 先慎曰：乾道本無「上」字，盧文弨云：「一本有」。今據補。

2 注 顧廣圻曰：「私」下「行」字當衍。

3 注 顧廣圻曰：《藏》本同。今本「儉」下有「也不」二字，誤。按：「上」字下當有「也」字。

4 注 顧廣圻曰：「池」，當作「地」。俞樾曰：顧說是也。惟「城地」連文，近於不辭，「城」疑衍文。「名之所以成」、「土地之所以廣」兩文相對，不當有「城」字，蓋即「成」字之誤而衍者。

5 注 顧廣圻曰：《藏》本同。今本「死」下有「士」字，誤。

6 注 俞樾曰：「蟲」乃「蠱」之誤。《春秋》「蟲牢」，《春秋繁露．竹林篇》作「蠱牢」，即其例矣。「狐蠱」二字連文，見僖十五年《左傳》。

7 注 先慎曰：《廣雅．釋詁》：「御，進也。」「數」，音「色角反」。此言巧言利辭之人，得常常進見也。

8 注 俞樾曰：「狀匿」即「藏匿」也。「狀」與「壯」通，《考工記．㮚氏》「凡鑄金之狀」，故書「狀」作「壯」，是也。「壯」與「莊」通，《漢書．古今人表》「柳壯」，〈檀弓〉作「柳莊」是也。而「藏」字

《說文》所無，古書多以「臧」為之。「臧」、「莊」聲近。「狀」通作「壯」，「壯」又通作「莊」，則亦可通作「臧」矣。王先謙曰：「狀」即「伏」字形近而誤。「伏匿」二字見《史記·范雎傳》。俞說迂曲。

9 注 先慎曰：乾道本「厲戰士」作「戰士卒」。盧文弨云：「脫『厲』字，衍『卒』字。」據《拾補》補。

10 注 顧廣圻曰：《藏》本同。今本「原」下有「曠」字，誤。按：「平」字當衍，涉「乎」字形近耳。

11 注 顧廣圻曰：今本重「身」字。《藏》本「畝」作「敏」，今本作「奪」。按：句有誤。

▲ 先慎曰：乾道本不誤，今本作「身死田奪」，非。「無宅容身」，則其田不待身死而奪也。《藏》本「畝」作「敏」，形近而誤。「死田畝」，即孟子「死溝壑」之意。生既無宅，故死於外也。

12 注 先慎曰：乾道本無「以」字。《拾補》「善制」作「擅制」。盧文弨云：「『以』字脫，張本有。『制』，《藏》本作『剬』。」顧廣圻云：「『剬』、『制』字同。『所』下當有『以』字。」今據張本補。

13 注 顧廣圻曰：「戰」當作「耿」。

14 注 先慎曰：乾道本「居」作「官」，顧廣圻云：「今本『官』作『居』。」今據改。

15 注 先慎曰：乾道本無「危」字，盧文弨云：「『危』字脫，秦本有。」今據補。

16 注 盧文弨曰：「無」字衍。顧廣圻曰：「二心」、「私學」，上下文凡五見。

17 注 先慎曰：乾道本「上」下有「世」字，顧廣圻云：「今本無『世』字。」今據刪。

18 注 王念孫曰：「屬」，乃「厲」之誤，說詳上〈有度篇〉。

19 注 先愼曰：句絶。

20 注 先愼曰：句絶。

21 注 先愼曰：乾道本「所」上有「之」字。顧廣圻云：今本無「之」字，誤。

▲先愼按：顧氏句讀誤耳，此與下「誠信所以通威也」句法一律，不當有「之」字，從今本刪。

22 注 先愼曰：「便」上「而」字衍。

23 注 顧廣圻曰：《藏》本同。今本無「與下先謀」、「雖」五字。按：句有誤，未詳。

夫立法令者以廢私也，法令行而私道廢矣，私者，所以亂法也。而士有二心私學、巖居窞路[1]，託伏深慮，大者非世，細者惑下。上不禁，又從而尊之，以名[2]化之以實，是無功而顯，無勞而富也。如此，則士之有二心私學者，焉得無深慮、勉知詐與[3]誹謗法令以求索，與世相反者也。凡亂上反世者，常士有二心私學者也。故《本言》曰：「所以治者，法也；所以亂者，私也。法立，則莫得爲私矣。」故曰「道私者亂，道法者治」。上無其道，則智者有私詞，賢者有私意。上有私惠，下有私欲，聖智成群，造言作辭，以非法措於上[4]，上不禁塞，又從而尊之，是教下不聽上、不從法也。是以賢者顯名而居，姦人賴賞而富。賢者顯名而居，姦人賴賞而富，是以上不勝下也。

1 注 顧廣圻曰：《藏》本同。今本「路」作「處」誤。

2 注 顧廣圻曰：「又從而尊之」五字為一句。上下文及此凡四見。「以名」上有脫文，當本重「尊之」二字而脫耳。

3 注 盧文弨曰：凌本無「與」字。

4 注 顧廣圻曰：《藏》本同。今本「措」作「令」。按：句有誤。

卷第十八

思想議題

〈六反〉：人性趨利避害／反儒、墨，非俠、辯／法與賞罰／君臣之道／術不欲見：察姦與考核。

〈八說〉：反儒、墨，非俠、辯／法與賞罰／術不欲見：察姦與考核。

〈八經〉：人性趨利避害／法與賞罰／勢與權位／術不欲見：察姦與考核／君臣之道。

六反第四十六

畏死遠難[1]，降北之民也，而世尊之曰「貴生之士」。學道立方，離法之民也，而世尊之曰「文學之士」。遊居厚養，牟食之民也，而世尊之曰「有能之士」。語曲牟知[2]，僞詐之民也，而世尊之曰「辯智之士」。行劍攻殺，暴憿之民也[3]，而世尊之曰「磏勇之士[4]」。活賊匿姦，當死之民也，而世尊之曰「任譽之士[5]」——此六民者，世之所譽也。赴險殉誠，死節之民[6]，而世少之曰「失計之民」也。寡聞從令，全法之民也，而世少之曰「樸陋之民」也。力作而食，生利之民也，而世少之曰「寡能之民」也。嘉厚純粹，整穀之民也[7]，而世少之曰「愚戇之民」也。重命畏事，尊上之民也，而世少之曰「怯懾之民」也。挫賊遏姦，明上之民也[8]，而世少之曰「讇讒之民」也——此六民者，世之所毀也。姦僞無益之民六，而世譽之如彼；耕戰有益之民六，而世毀之如此，此之謂「六反」。布衣循私利而譽之，世主聽虛聲而禮之，禮之所在，利必加焉。百姓循私害而訾之，世主壅於俗而賤之，賤之所在，害必加焉。故名賞在乎私惡當罪之民，而毀害在乎公善宜賞之士，索國之富強，不可得也。

1 注 先愼曰：乾道本無「遠」字。顧廣圻云：今本有「遠」字。按：句有誤，未詳所當作。

▲先愼按：有「遠」字是。「難」，讀為「患難」之「難」，與下「雖犯軍旅之難」同。《禮記．曲禮》：「臨難無苟免。」「遠難」即「免難」之義。「畏死遠難」，有倖生之心，用以當敵，必不恥降北之辱。此「遠」字不可少，據今本增。

2 注 顧廣圻曰：「牟」字有誤，未詳所當作。

▲先愼曰：《淮南．時則訓》高注：「牟，多也。」「知」，讀曰「智」。

3 注 顧廣圻曰：本書〈亡徵篇〉有「暴慠」即此。未知孰是。

▲先慎曰：作「慠」是，說詳〈亡徵篇〉。

4 注 先慎曰：《說文》：「磏，厲石也。」凡棱利之義即此字之轉注，經、傳皆以「廉」為之。

5 注 盧文弨曰：「譽」疑是「俠」。

6 注 先慎曰：依上下文，「民」下常有「也」字。

7 注 王先謙曰：「整」，正。「穀」，善也。

8 注 先慎曰：「明上」，謂奉揚法令。

古者有諺曰：「爲政猶沐也，雖有棄髮，必爲之。」愛棄髮之費[1]而忘長髮之利，不知權者也。

1 注 先慎曰：趙本重「髮」字。盧文弨云：下「愛」字，《藏》本不重。顧廣圻云：「必為之」句絕。今本重「愛」字，誤。

▲先慎案：「必為之」，謂不以損髮而不沐。〈八說篇〉「沐者有棄髮」云云，與此意同。

夫彈痤者痛，飲藥者苦，爲苦憊之故不彈痤、飲藥，則身不活、病不已矣[1]。

1 注 顧廣圻曰：自此至末，皆當連，各本多提行，皆非是。

今上下之接，無子父之澤[1]，而欲以行義禁下，則交必有郄矣。且父母之於子也，產男則相賀，產女則殺之。此俱出父母之懷衽，然男子受賀，女子殺之者，慮其後便[2]、計之長利也。故父母之於子也，猶用計算之心以相待也，而況無父子之澤乎！

1 注 先慎曰：依下文，「子父」當作「父子」。

2 注 王渭曰：句絕。

今學者之說人主也，皆去求利之心，出相愛之道[1]，是求人主之過於父母之親也[2]，此不熟於論恩詐而誣也[3]，故明主不受也[4]。聖人之治也，審於法禁，法禁明著則官法[5]；必於賞罰，賞罰不阿則民用[6]。官官治[7]則國富，國富則兵強[8]，而霸王之業成矣。霸王者，人主之大利也。人主挾大利以聽治，故其任官者當能，其賞罰無私。使士民明焉盡力致死，則功伐可立而爵祿可致，爵祿致而富貴之業成矣[9]。富貴者，人臣之大利也。人臣挾大利以從事，故其行危至死，其力盡而不望[10]。此謂君不仁，臣不忠，則不可以霸王矣[11]。

1 注 王先謙，如《孟子》說世主不言利，而以仁為先。

2 注 先愼曰：乾道本無「於」字，今從《拾補》增。盧文弨云：「於」字，馮校增。

3 注 顧廣圻曰：《藏》本同。今本「恩」作「思」，誤。盧文弨曰：「思」，張本作「恩」。

4 注 先愼曰：乾道本無「主」字，顧廣圻云：「今本『明』下有『主』字。按：此當有。」今據補。

5 注 顧廣圻曰：句絕。「法」，依下文當作「治」。

6 注 顧廣圻曰：句絕。

7 注 顧廣圻曰：當作「民用官治」四字。

8 注 盧文弨曰：下「國」字，張本無。

9 注 盧文弨曰：「致」，張本作「至」。

10 注 先愼曰：大臣盡力從事，雖行危，至死無怨。

11 注 顧廣圻曰：「不」字當衍。〈外儲說右篇〉云：「君通於不仁，臣通於不忠，則可以王矣。」此其證也。

夫姦必知則備，必誅則止；不知則肆，不誅則行。夫陳輕貨於幽隱，雖曾、史可疑也；懸百金於市，雖大盜不取也。不知，則曾、史可疑於幽隱；必知，則大盜不取懸金於市。故明主之治國也，衆其守而重其罪[1]，使民以法禁而不以廉止。母之愛子也倍父，父令之行於子者十母[2]；吏之於民無愛，令之行於民也萬父母。父母積愛而令窮[3]，吏用威嚴而民聽從[4]，嚴愛之筴亦可決矣。且父母之所以求於子也，動作則欲其安利也，行身則欲其遠罪也；君上之於民也，有難則用其死，安平則盡其力。親以厚愛關子於安利而不聽[5]，君以無愛利求民之死力而令行。明主知之，故不養恩愛之心而增威嚴之勢。故母厚愛處[6]，子多敗，推愛也[7]；父薄愛教笞[8]，子多善，用嚴也[9]。

1 注 先慎曰：張榜本「而」作「其」，誤。守者衆，以防於未發；罪者重，以杜其效尤。

2 注 盧文弨曰：「者」，一作「也」。

3 注 先慎曰：乾道本不重「父母」二字。顧廣圻云：今本「積」上有「父母」二字，誤。
▲先慎按：上「十母」、「萬父母」並句絕。「父母積愛」與「吏用威嚴」相對成文，不當省「父母」二字，顧說非，改從今本。

4 注 先慎曰：乾道本無「用」字，盧文弨云：「『用』字脫，張本有。」今據補。

5 注 盧文弨曰：「關」或作「開」。

6 注 顧廣圻曰：句有誤，當脫一字。

7 注 推，行也。

8 注 顧廣圻曰：五字為一句。

9 注 先慎曰：張榜本無「故母」至「用嚴」大小二十四字。

今家人之治產也[1]，相忍以飢寒[2]，相強以勞苦，雖犯軍旅之難、饑饉之患[3]，溫衣美食者，必是家也。相憐以衣食，相惠以佚樂，天饑歲荒，嫁妻、賣子者，必是家也。故法之爲道，前苦而長利；仁之爲道，偷樂而後窮。聖人權其輕重，出其大利，故用法之相忍，而棄仁人之相憐也[4]。學者之言，皆曰「輕刑[5]」，此亂亡之術也。凡賞罰之必者[6]，勸禁也。賞厚，則所欲之得也疾；罰重，則所惡之禁也急[7]。夫欲利者必惡害，害者，利之反也，反於所欲，焉得無惡？欲治者必惡亂，亂者，治之反也。是故欲治甚者，其賞必厚矣；其惡亂甚者，其罰必重矣。今取於輕刑者，其惡亂不甚也，其欲治又不甚也[8]，此非特無術也，又乃無行。是故決賢、不肖、愚、知之美[9]，在賞罰之輕重。且夫重刑者，非爲罪人也，明主之法，揆也。治賊，非治所揆也，治所揆也者，是治死人也[10]；刑盜，非治所刑也，治所刑也者，是治胥靡也。故曰：重一姦之罪而止境內之邪，此所以爲治也。重罰者，盜賊也；而悼懼者，良民也，欲治者奚疑於重刑[11]？若夫厚賞者，非獨賞功也，又勸一國[12]。受賞者甘利，未賞者慕業，是報一人之功而勸境內之衆也，欲治者何疑於厚賞？今不知治者，皆曰「重刑傷民，輕刑可以止姦，何必於重哉？」此不察於治者也。夫以重止者，未必以輕止也；以輕止者，必以重止矣。是以上設重刑者而姦盡止[13]，姦盡止則此奚傷於民也[14]？所謂重刑者，姦之所利者細，而上之所加焉者大也，民不以小利蒙大罪[15]，故姦必止者也[16]。所謂輕刑者，姦之所利者大，上之所加焉者小也[17]，民慕其利而傲其罪[18]，故姦不止也。故先聖有諺曰：「不躓於山，而躓於垤[19]。」山者大，故人順之[20]，垤微小，故人易之也。今輕刑罰，民必易之。犯而不誅，是驅國而棄之也；犯而誅之，是爲民設陷也。是故輕罪者，民之垤也。是以輕罪之爲民道也[21]，非亂國也則設民陷也，此則可謂傷民矣！

1 注 顧廣圻曰：《藏》本同。今本「今」作「令」，誤。

2 注 先愼曰：盧文弨《拾補》出「飢」字云：「饑，張本作『飢』。按：下『饑饉』、『天饑』，作『飢』非。」

▲先愼按：下二「飢」字張榜本作「饑」，不誤。

3 注 先愼曰：「饑」字從張榜本改，下同。

4 注 顧廣圻曰：「人」字當衍，此「仁」與「法」相對也。

5 注 先慎曰：乾道本無「刑」字，顧廣圻云：「今本有『刑』字。按：依下文當有。」今據補。

6 注 先慎曰：乾道本「必」作「心」。顧廣圻云：「今本『心』作『必』，誤。」王先謙云：「『必』字是，上言『必於賞罰』即其證。若作『心』，則不當有『者』字。」改從今本。

7 注 先慎曰：乾道本「惡」作「惠」，《拾補》作「惡」，盧文弨云：「『惠』字非。」今據改。

8 注 顧廣圻曰：《藏》本「也」下更有「其欲治又不甚也」七字，今本有「其欲治又不甚也者」八字，皆誤。

9 注 顧廣圻曰：《藏》本同。今本「知」作「智」，「美」作「分」。按：句有誤。俞樾曰：「美」乃「筴」字之誤。上文云「嚴愛之筴亦可決矣」，此云「決賢不肖愚知之筴」，其文義正相似。作「美」者，形近而誤，今本改「美」為「分」，未得其字。

10 注 俞樾曰：此當作「明主之法也揆賊，非治所揆也，治所揆也者，是治死人也」，方與下文「刑盜非治所刑也，治所刑也者，是治胥靡也」，文法一律。「揆賊」之「揆」誤移在上句，因移下句「治」字以補之，義不可通矣。《道藏》本、趙本但於「所揆也者」上加一「治」字，猶未盡得也。又按：「揆」字未詳何義，據與「刑盜」對文，疑「揆」當作「殺」。古字或以「蔡」為之，《尚書·禹貢》「二百里蔡」，鄭注云：「『蔡』之言『殺』。」是「蔡」、「殺」聲近義通。《說文·米部》臣鍇引《左傳》「粲蔡叔」，今作「蔡叔」，亦其例也。「蔡」誤作「葵」，傳寫者又以意改為「揆」耳。

11 注 先慎曰：乾道本「刑」下有「名」字。顧廣圻云：「《藏》本同。今本能『名』字。按：依下文不當有。」今據刪。

12 注 顧廣圻曰：四字為一句。

13 注 先慎曰：「者」字涉上下文而衍。

14 注 先慎曰：能止姦，則重刑無傷。

15 注 先慎曰：乾道本「蒙」作「加」，盧文弨云：「加，張本作『蒙』。」今據改。

16 注 先慎曰：下文無「者」字。

17 注 先慎曰：依上文「上」上當有「而」字。

18 注 先慎曰：「傲其罪」，謂輕易其刑。

19 注 先慎曰：《淮南子．人間訓》堯戒「蹎」作「蹪」，「垤」作「蛭」，高注：「蹪，蹎也，蛭，蟻也。」按依義當作「垤」。

20 注 顧廣圻曰：「順」，讀為「慎」。

21 注 先慎曰：「民」字不當有。此言輕罪之道非欲亂國，即為民設陷也。「民」字涉上下文而衍。

今學者皆道書筴之頌語[1]，不察當世之實事，曰：「上不愛民，賦斂常重，則用不足

而下恐上[2]，故天下大亂。」此以爲足其財用以加愛焉，雖輕刑罰可以治也。此言不然矣。凡人之取重賞罰[3]，固已足之之後也。雖財用足而厚愛之，然而輕刑猶之亂也[4]。夫富家之愛子[5]，財貨足用[6]，財貨足用則輕用[7]，輕用則侈泰；親愛之則不忍，不忍則驕恣。侈泰則家貧，驕恣則行暴，此雖財用足而愛厚[8]，輕利之患也。凡人之生也，財用足則隳於用力，上治懦則肆於爲非[9]。財用足而力作者神農也，上治懦而行修者曾、史也，夫民之不及神農、曾、史亦已明矣[10]。

1 **注** 先愼曰：「頌語」，猶「美語」也。

2 **注** 盧文弨曰：「恐」疑是「怨」。

▲先愼曰：盧說是。下不足於用則怨上，故下云「此以為足其財用以加愛」，「愛」與「怨」文正相對。

3 **注** 王渭曰：「賞」當作「刑」。

4 **注** 先愼曰：乾道本「厚」上有「後」字，據趙本刪。言上雖足民於財用而厚愛之，若不重罰，民猶趨亂。下云「則雖足民何可以為治」是也。

5 **注** 先愼曰：乾道本「富」作「當」，《拾補》「當」作「富」。盧文弨云：「『當』字譌。」今據改。

6 **注** 盧文弨曰：「財貨」，張本倒，下同。

7 注 先慎曰：此「財貨」二字，乾道本作「貨財」，據趙本乙。

8 注 顧廣圻曰：《藏》本同。今本「雖」作「則」，誤。按：「雖」當作「唯」。

9 注 先慎曰：乾道本無「治」字，《拾補》有。盧文弨云：舊倒，依下文改。

▲先慎按：趙本不誤，今據改。

10 注 先慎曰：乾道本無「已」字，盧文弨云：「『已』字脫，張本有。」今據補。

老聃有言曰：「知足不辱，知止不殆。」夫以殆辱之故而不求於足之外者，老聃也。今以爲足民而可以治[1]，是以民爲皆如老聃也。故桀貴在天子而不足於尊[2]，富有四海之內而不足於寶。君人者雖足民，不能足使爲天子[3]，而桀未必以天子爲足也[4]，則雖足民，何可以爲治也？故明主之治國也，適其時事以致財物，論其稅賦以均貧富，厚其爵祿以盡賢能，重其刑罰以禁姦邪，使民以力得富，以事致貴，以過受罪，以功致賞而不念慈惠之賜，此帝王之政也[5]。

1 注 先慎曰：「民而」當作「而民」。

2 注 先慎曰：此與下相對，「子」下疑脫「之位」二字。

3 注 先慎曰：乾道本「為」下有「君」字，顧廣圻云：「《藏》本、今本無『君』字。」今據刪。

4 注 先慎曰：乾道本「以」作「為」，《拾補》「為」作「以」。盧文弨云：「為」字，張本無。顧廣圻云：今本「必」下有「以」字，誤。

▲先慎按：今本「以」、「為」兩有，非也。張本「為」作「以」，是，今據改。

5 注 先慎曰：張榜本「帝」誤作「常」。

人皆寐，則盲者不知，皆嘿；則暗者不知[1]。覺而使之視，問而使之對，則暗、盲者窮矣。不聽其言也，則無術者不知；不任其身也，則不肖者不知。聽其言而求其當，任其身而責其功，則無術、不肖者窮矣。夫欲得力士而聽其自言，雖庸人與烏獲不可別也，授之以鼎俎[2]，則罷健效矣。故官職者，能士之鼎俎也，任之以事而愚智分矣。故無術者得於不用，不肖者得於不任，言不用而自文以爲辯，身不任而自飾以爲高[3]，世主眩其辯、濫其高而尊貴之，是不須視而定明也，不待對而定辯也，暗、盲者不得矣。明主聽其言必責其用，觀其行必求其功，然則虛舊之學不談，矜誣之行不飾矣。

1 注 先慎曰：盲、暗混於寐、嘿之中，人莫能辨。

2 注 顧廣圻曰：「俎」字當衍，下句同。

3 注 先愼曰：乾道本「任」下有「者」字，顧廣圻云：「今本無『者』字。按：依上句不當有。」今據刪。

八說第四十七

爲故人行私謂之「不棄[1]」，以公財分施謂之「仁人」，輕祿重身謂之「君子」，枉法曲親謂之「有行」，棄官寵交謂之「有俠」，離世遁上謂之「高傲」，交爭逆令謂之「剛材[2]」，行惠取衆謂之「得民」。不棄者吏有姦也，仁人者公財損也，君子者民難使也，有行者法制毀也，有俠者官職曠也，高傲者民不事也，剛材者令不行也，得民者君上孤也——此八者匹夫之私譽，人主之大敗也。反此八者，匹夫之私毀，人主之公利也。人主不察社稷之利害，而用匹夫之私譽，索國之無危亂，不可得矣。

1 注 先愼曰：謂不遺故舊。

2 注 先愼曰：剛材者，在下與上爭，故不行其令。

任人以事，存亡治亂之機也。無術以任人，無所任而不敗。人君之所任，非辯智則修潔也。任人者，使有勢也[1]。智士者未必信也，為多其智，因惑其信也，以智士之計，處乘勢之資而為其私急，則君必欺焉。為智者之不可信也[2]，故任修士者，使斷事也。修士者未必智，為潔其身，因惑其智，以愚人之所惛[3]，處治事之官而為其所然[4]，則事必亂矣。故無術以用人，任智則君欺，任修則君事亂[5]，此無術之患也。明君之道，賤德義貴，下必坐上，決誠以參，聽無門戶[6]，故智者不得詐欺。計功而行賞，程能而授事，察端而觀失，有過者罪，有能者得，故愚者不任事[7]。智者不敢欺，愚者不得斷[8]，則事無失矣。

1 注 先慎曰：「任人」，則必使其人有勢可憑藉。

2 注 先慎曰：「為」當作「惟」。

3 注 王先謙曰：「所」字當衍。

4 注 先慎曰：乾道本無「其」字。顧廣圻云：《藏》本、今本「為」下有「其」字。

▲先慎按：此與上「而為其私急」對文，明有「其」字是，今據補。

5 注 王先謙曰：承上文言，不當有「君」字，此「君」字緣上下文而誤衍。

6 **注** 人莫能測也。顧廣圻云：《藏》本同。「下必坐上決誠以」，今本作「法術倒言而詭使」。按：「德義」當作「得議」，形近之誤。〈七術篇〉云「夫不使賤議貴，下必坐上」云云，又〈經〉云「觀聽不參則誠不聞，聽有門戶則主壅塞」，即此文之證。「下必坐上」者，商君之告坐也。今本不能讀，輒加改易，謬甚。

▲先慎曰：顧說是。張榜本無「下必坐上決誠以」七字，亦非。〈七術篇〉不當有「必」字，說見彼。

7 **注** 先慎曰：「不」下當有「得」字，與上「故智者不得詐欺」文一律。

8 **注** 先慎曰：不任修士使斷事。

察士然後能知之，不可以為令[1]，夫民不盡察；賢者然後能行之[2]，不可以為法[3]，夫民不盡賢。楊朱、墨翟，天下之所察也，干世亂而卒不決，雖察而不可以為官職之令。鮑焦、華角，天下之所賢也，鮑焦木枯[4]，華角赴河[5]，雖賢不可以為耕戰之士[6]。故人主之所察[7]，智士盡其辯焉[8]；人主之所尊，能士盡其行焉[9]。今世主察無用之辯，尊遠功之行，索國之富強，不可得也。博習辯智如孔、墨[10]，孔、墨不耕耨，則國何得焉？修孝寡欲如曾、史，曾、史不戰攻，則國何利焉？匹夫有私便，人主有公利。不作而養足，不仕而名顯，此私便也；息文學而明法度，塞私便而一功勞，此公利也。錯法以道民也[11]，而又貴文學，則民之所師法也疑[12]。賞功以勸民也，而又尊行修，則民之產利也惰。夫貴文學以疑法，尊行修以貳功，索國之富強，不可得也。

1 注 先慎曰：「令」，即法也。

2 注 先慎曰：乾道本無「能」字。顧廣圻云：今本有「能」字。

▲ 先慎按：依上文當有，今據補。

3 注 顧廣圻曰：句絕。

4 注 立死，若木之枯也。

5 注 顧廣圻曰：未詳。

6 注 先慎曰：乾道本無「賢」字，顧廣圻云：「今本有『賢』字。按：依上文當有。」今據增。

7 注 先慎曰：乾道本無「所」字，《拾補》有，盧文弨云：「『所』字脫，依下文當有。」今據補。

8 注 顧廣圻曰：《藏》本同。今本「士」下有「能」字，誤。盧文弨曰：張本無「能」字。

9 注 先慎曰：乾道本「士」下有「能」字，盧文弨云：「張本又有『能』字，馮去之。」顧廣圻云：「今本無下『能』字。按：此衍。」今據刪。

10 注 先慎曰：趙本「博」下提行。

11 注 先慎曰：「錯」，施行也。

12 注 王先謙曰：「所」字衍。

搢笏干戚，不適有方鐵銛[1]；登降周旋，不逮日中奏百[2]；狸首射侯，不當強弩趨發[3]；干城距衝[4]，不若堙穴伏櫜[5]。古人亟於德，中世逐於智，當今爭於力。古者寡事而備簡，樸陋而不盡，故有珧銚而推車者[6]。古者人寡而相親，物多而輕利易讓，故有揖讓而傳天下者。然則行揖讓、高慈惠而道仁厚[7]，皆推政也[8]。處多事之時，用寡事之器，非智者之備也；當大爭之世，而循揖讓之軌，非聖人之治也[9]。故智者不乘推車，聖人不行推政也[10]。

1 注 言國軍異器。「方」，楯也。言「搢笏」之議，「干戚」之舞，與夫方楯鐵銛不相稱適也。顧廣圻曰：「適」讀為「敵」。「有方」，未詳。舊注全譌。孫詒讓曰：「有方」當為「酋矛」（「酋」、「有」音近，「矛」、「方」形近，因而致誤）。《墨子·備水篇》云「亓二十人，人擅酋矛」，今本亦譌作「有方」，與此正同（詳《墨子閒詁》）。

2 注 盧文弨曰：《荀子·議兵篇》：「魏之武卒，日中而趨百里。」顧廣圻曰：「奏」，讀為「湊」。

3 注 王先謙曰：「趨」與「趣」同。

4 注 先慎曰：乾道本「衡」上有「衡」字。顧廣圻云：今本無「衡」字。按：「衡」即「衡」字複衍耳。〈齊策〉云「百尺之衡，折之衽席之上」，即其義。

▲先慎按：《荀子．強國篇》楊注引無「衡」字，今據刪。「干」，《荀子注》引作「平」。

5 注 王渭曰：〈強國篇〉楊注引「櫜」作「橐」。按：「橐」字是，見《墨子》。

▲先慎曰：楊注引「穴」作「内」。盧文弨《荀子拾補》云：「『内』、『穴』古多通用。『櫜』、『橐』互異，疑此『橐』字是，與韻協。」

6 注 「珧」，壄。以為銚也，即推輪也。上古摩壄而耨也。盧文弨曰：「推」當作「椎」，下同。注「即椎輪也」四字，不應間在中，當云「椎車，即椎輪也」，移置於末，始得。今本注字譌且衍，不可從。顧廣圻曰：「推」當作「椎」。《淮南子》云：「古之所為不可更，則推車至今無蟬匷。」《鹽鐵論．非鞅》云：「椎車之蟬攫，負子之教也。」亦當作「椎」，又《鹽鐵論．遵道》、〈散不足〉、〈世務〉皆言「椎車」，則作「椎」字不誤可證。

▲先慎曰：「推」字不誤。《管子．禁藏篇》云「推引銚耨以當劍戟」，即此所本。「推車」，謂推引其車。盧、顧說非。

7 注 先慎曰：乾道本「道」下有「推」字，顧廣圻云：「今本無。按：此不當有。」今據刪。

8 注 盧文弨曰：「推」當作「椎」，下同。

▲先慎曰：盧說非。「推政」，與〈六反篇〉「推愛」句法正同，義見上。

9 注 顧廣圻曰：《藏》本同。今本「非」下有「也」字，誤。

10 注 先慎曰：趙本「也」作「難」。盧文弨云：「難」字衍，張本作「也」，亦可省。

法所以制事[1]，事所以名功也。法立而有難[2]，權其難而事成則立之[3]；事成而有害，權其害而功多則爲之[4]。無難之法，無害之功，天下無有也[5]。是以拔千丈之都，敗十萬之衆，死傷者軍之乘[6]，甲兵折挫，士卒死傷，而賀戰勝得地者，出其小害、計其大利也。夫沐者有棄髮，除者傷血肉[7]，爲人見其難，因釋其業，是無術之事也[8]。先聖有言曰：「規有摩而水有波，我欲更之，無奈之何！」此通權之言也。是以說有必立而曠於實者，言有辭拙而急於用者，故聖人不求無害之言，而務無易之事[9]。人之不事衡石者[10]，非貞廉而遠利也，石不能爲人多少，衡不能爲人輕重，求索不能得，故人不事也。明主之國，官不敢枉法，吏不敢爲私[11]，貨賂不行[12]，是境內之事盡如衡石也。此其臣有姦者必知，知者必誅。是以有道之主不求清潔之吏，而務必知之術也。

1 注 盧文弨曰：當分段。

2 注 先慎曰：乾道本「法」下有「有」字，顧廣圻云：「今本無『有』字。按：此不當有。」今據刪。

3 注 先慎曰：乾道本無「則立之」三字，顧廣圻云：「《藏》本、今本有。」今據補。

4 注 顧廣圻曰：《藏》本同。今本無「則」字，誤。

5 注 先慎曰：天下無不難之法，無不害之功，但權事之成否，功之多寡耳。乾道本「有」上無「無」字，則文不成義。顧廣圻云：「今本有。按：此當有。」今據補。

6 注 「乘」，謂其半也。

▲先慎曰：「乘」無「半」義。「乘」當作「垂」，形近之誤。說見〈內儲說篇〉。

7 注 先慎曰：見〈六反篇〉。《廣雅．釋詁》一：「除，瘉也。」欲病瘉者攻以藥石，藥石所達，血肉必傷。

8 注 先慎曰：「事」當作「士」。

9 注 顧廣圻曰：《藏》本同。今本「易」作「益」，誤。

10 注 盧文弨曰：當提行。

11 注 先慎曰：乾道本「私」下有「利」字。案：「利」即「私」之誤而複者。「官不敢枉法，吏不敢為私」二文相對，不當多一字。《御覽》八百三十引正無「利」字，今據刪。

12 注 顧廣圻曰：《藏》本同。今本「行」下有「者」字，誤。

▲先慎曰：「《御覽》引亦有。」

慈母之於弱子也，愛不可爲前[1]。然而弱子有僻行，使之隨師；有惡病，使之事醫。不隨師則陷於刑，不事醫則疑於死。慈母雖愛，無益於振刑救死，則存子者非愛也。子母之性，愛也；臣主之權，筴也。母不能以愛存家，君安能以愛持國？明主者，通於富強則可以得欲矣，故謹於聽治，富強之法也。明其法禁，察其謀計，法明則內無變亂之患，計得則外無死虜之禍[2]。故存國者，非仁義也。仁者，慈惠而輕財者也；暴者，心毅而易誅者也[3]。慈惠則不忍，輕財則好與，心毅則憎心見於下，易誅則妄殺加於人。不忍則罰多宥赦，好與則賞多無功，憎心見則下怨其上，妄誅則民將背叛。故仁人在位，下肆而輕犯禁法，偷幸而望於上；暴人在位，則法令妄而臣主乖，民怨而亂心生。故曰「仁暴者，皆亡國者也」。

1 注 不可先以愛養之也。俞樾曰：「愛不可為前」，猶言無前於此者，正見其愛之至也。舊注非是。

2 注 先愼曰：乾道本「則」作「於」，顧廣圻云：「今本『於』作『則』。」今據改。

3 注 顧廣圻曰：「暴」當作「義」。

▲先愼曰：顧說非。此以「仁」、「暴」對言。「心毅則憎心見於下，易誅則妄殺加於人」，即「暴」之實迹，若「義」則無「憎心」、「妄殺」之事。下「暴人在位」與「仁人在位」比勘，尤其證。此意謂仁人之

亡人國，無異於暴者之亡人國也。

不能具美食而勸餓人飯，不爲能活餓者也[1]；不能辟草生粟而勸貸施賞賜[2]，不爲能富民者也[3]。今學者之言也，不務本作而好末事，知道虛聖以說民[4]，此勸飯之說，明主不受也。

1 注 盧文弨曰：「為能」二字舊倒，今從《藏》本，下亦當同。

▲先慎曰：乾道本作「為能」，不誤。

2 注 先慎曰：「勸」字，淺人依上文誤加。

3 注 先慎曰：乾道本「為能」作「能為」。

4 注 顧廣圻曰：《藏》本同。今本無「知」字，「聖」作「惠」，皆誤。

書約而弟子辯，法省而民訟簡[1]。是以聖人之書必著論，明主之法必詳事[2]。盡思慮，揣得失，智者之所難也；無思無慮，挈前言而責後功，愚者之所易也。明主慮愚者之所易[3]，以責智者之所難[4]，故智慮不用而國治也[5]。

1 注 顧廣圻曰：「簡」當作「萌」，在「訟」字上。「萌」，氓也。「民萌訟」與「弟子辯」相對。「訟」猶「辯」也。

2 注 先愼曰：乾道本「詳」下有「盡」字，顧廣圻云：「今本無『盡』字。按：此不當有。」今據刪。

3 注 顧廣圻曰：《藏》本同。今本「慮」作「操」，誤。

4 注 顧廣圻曰：「以」，當作「不」。

5 注 先愼曰：乾道本「慮」下有「力勞」二字，盧文弨云：「『力勞』二字，凌本無。」今據刪。顧廣圻云：當作「故智不勞，力不用」，與原本不合，非是。

酸甘鹹淡，不以口斷而決於宰尹，則廚人輕君而重於宰尹矣[1]。上下清濁，不以耳斷而決於樂正，則瞽工輕君而重於樂正矣。治國是非，不以術斷而決於寵人，則臣下輕君而重於寵人矣。人主不親觀聽而制斷在下，託食於國者也[2]。

1 注 盧文弨曰：張本下兩句皆無「於」字，此亦當衍。

▲先愼曰：乾道本下兩句亦有「於」字，盧說非。

2 注 先愼曰：張榜本此下接「今生殺之柄」云云，不提行。

使人不衣不食而不飢不寒，又不惡死，則無事上之意。意欲不宰於君，則不可使也。今生殺之柄在大臣[1]，而主令得行者，未嘗有也。虎豹必不用其爪牙而與鼷鼠同威，萬金之家必不用其富厚而與監門同資[2]。有土之君[3]，說人不能利，惡人不能害，索人欲畏重己，不可得也。

1 注 先慎曰：乾道本「之」作「人」，今據張榜本、趙本改。

2 注 先慎曰：「而」猶「則」也。「而」、「則」古通用，見《經傳釋辭》。

3 注 先慎曰：趙本「土」誤作「上」，盧文弨云「上，張、凌本作『土』」，是也。

人臣肆意陳欲曰「俠」，人主肆意陳欲曰「亂」。人臣輕上曰「驕」，人主輕下曰「暴」[1]。行理同實，下以受譽，上以得非，人臣大得，人主大亡[2]。

1 注 孫詒讓曰：「驕」當作「撟」，謂撟君也。《荀子．臣道篇》云「有能比知同力，率群臣百吏而相與彊君撟君，君雖不安，不能不聽，遂以解國之大患，除國之大害，成於尊君安國，謂之輔」，即此所謂「人臣輕上曰撟」。此「俠」與「撟」皆美名，「亂」與「暴」皆惡名，故云「下以受譽，上以得非」，若作「驕」則不得為譽矣。「撟」字又作「矯」，《荀子》楊注：「撟，與『矯』同，屈也。」後〈忠孝篇〉云「故烈士內不為家，亂世絕嗣而外矯於君」，義亦同。

▲先慎曰：〈五蠹篇〉專詆「俠驕」之無益人主而為邦之蠹，則韓非不以「俠驕」為美名可知，此下以受譽指時人而言，孫說失本書之指。

2 注 先慎曰：張榜本自「有土之君」至此，皆刪去。

明主之國，有貴臣，無重臣。貴臣者[1]，爵尊而官大也；重臣者，言聽而力多者也。明主之國，遷官襲級，官爵受功[2]，故有貴臣。言不[3]度行而有僞必誅，故無重臣也。

1 注 先慎曰：乾道本「者」上無「臣」字。顧廣圻云：《藏》本、今本有「臣」字。

▲先慎按：有「臣」字是，今據補。依下文，「也」上當有「者」字。

2 注 顧廣圻曰：句有誤。

▲先慎曰：此言凡遷官襲級，必因其功而官爵之，「官爵受功」，與〈八經篇〉云「爵祿循功」語意正同。

3 注 先慎曰：「不」當作「必」。

八經第四十八[1]

1 注 先慎曰：趙本無下「八」字。盧文弨云：「十」下脫「八」字。顧廣圻云：此篇多不可通。

【一】凡治天下，必因人情。人情者，有好惡，故賞罰可用。賞罰可用，則禁令可立而治道具矣。君執柄以處勢，故令行禁止。柄者，殺生之制也；勢者，勝衆之資也。廢置無度則權瀆，賞罰下共則威分。是以明主不懷愛而聽，不留說而計。故聽言不參則權分乎姦，智力不用則君窮乎臣[1]。故明主之行制也天[2]，其用人也鬼[3]。天則不非[4]，鬼則不困[5]。勢行教嚴，逆而不違[6]，毀譽一行而不議[7]。故賞賢罰暴，舉善之至者也；賞暴罰賢，舉惡之至者也，是謂賞同罰異。賞莫如厚，使民利之；譽莫如美，使民榮之；誅莫如重，使民畏之；毀莫如惡，使民恥之。然後一行其法[8]，禁誅於私家[9]，不害[10]。功罪賞罰必知之[11]，知之，道盡矣。

因情12

1 注 顧廣圻曰：《藏》本同。今本「力」作「術」，誤。

2 注 不可測也。

3 注 如鬼之陰密。

4 注 既高不測，誰能非之？

5 注 既陰密，誰能困之？

6 注 雖逆天下不敢違，此勢之用也。

▲先慎曰：乾道本注「雖」誤作「誰」，據趙本改。

7 注 毀譽一行而天下不敢議。

8 注 顧廣圻曰：句絕。

9 注 顧廣圻曰：「禁誅」連文，〈姦劫弒臣篇〉云「以禁誅於己也」，〈外儲說右篇〉云「夫不處勢以禁誅擅愛之臣」，皆可證。

10 注 先慎曰：「不害」，即「無害」。

11 注 顧廣圻曰：《藏》本同。今本「功」作「公」。按：句有誤。

▲先愼曰：「不害」二字當連上為句，「功罪賞罰必知之」為句。知功罪賞罰，則治天下之道得矣。今本「功」誤「公」，顧氏又以「不害」屬下為句，故疑有誤。

12 注 一曰「收智」。

【二】力不敵衆，智不盡物[1]，與其用一人，不如用一國[2]。故智力敵而群物勝，揣中則私勞，不中則在過[3]。下君盡己之能，中君盡人之力[4]，上君盡人之智。是以事至而結智，一聽而公會。聽不一則後悖於前，後悖於前則愚智不分；不公會則猶豫而不斷，不斷則事留[5]。自取一聽，則毋墮壑之累[6]。故使之諷，諷定而怒[7]。是以言陳之日必有筴籍[8]，結智者事發而驗，結能者功見而謀[9]。成敗有徵[10]，賞罰隨之。事成則君收其功，規敗則臣任其罪。君人者合符猶不親，而況於力乎？事智猶不親[11]，而況於懸乎？故非用人也不取同，同則君怒。使人相用則君神，君神則下盡[12]，下盡下則臣上[13]不因君而主道畢矣。

主道14

1 注 先慎曰：此謂一人之力，一人之智也。

2 注 用君之一人之智力，不知任衆而用國也。盧文弨曰：注「用君」下「之」字衍。又「不知」當作「不如」。

3 注 顧廣圻曰：《藏》本同。今本「在」作「有」。

▲先慎曰：「在」當作「任」，形近而誤。今本以臆改也。

4 注 先慎曰：乾道本「人」下無「之」字，顧廣圻曰：「《藏》本、今本有『之』字。」今據增。

5 注 顧廣圻曰：句絕。

6 注 先慎曰：乾道本無「聽」字，「毋」下有「道」字。顧廣圻云：《藏》本、今本有「聽」字，無「道」字。按：「自取一」三字，下文〈聽法〉云「使君自取一以避罪」，即此句之義。下句有誤。

▲先慎按：顧讀誤。「自取一聽」句，上「一聽而公會」、「聽不一則後悖於前」兩見。此言君能「自取一聽」，即不為臣下所動，自毋墮入臣下谿壑之憂。乾道本錯誤不可讀，改從《藏》本、今本。

7 注 顧廣圻曰：《藏》本同。今本「而」下有「不」字。按：句有誤，未詳。

▲先慎曰：「諷」，諫也。「諷定而怒」，即下「揆伍必怒」意。

8 注 先慎曰：乾道本「日」作「曰」，趙本作「由」，盧文弨云：「由，《藏》本作『日』，是。」今據改。

8 注 先慎曰：「謀」當作「論」，字之誤也。

10 注 先慎曰：乾道本重「成敗」二字，顧廣圻云：「今本不重。」今據刪。

11 注 顧廣圻曰：「智」，當作「至」。

12 注 先慎曰：乾道本不重「君神」二字。顧廣圻云：今本重。按：句有誤。

▲先慎按：「君神」，即上文「其用人也鬼」義，取其不可測度也。「君神」二字當重，改從今本。

13 注 先慎曰：「則」上衍「下」字。

14 注 一曰「結智」。

【三】知臣主之異利者王，以爲同者劫[1]，與共事者殺。故明主審公私之分，審利害之地[2]，姦乃無所乘。亂之所生六也：主母、后姬、子姓、弟兄、大臣、顯賢[3]。任吏責臣，主母不放[4]。禮施異等，后姬不疑。分勢不貳，庶適不爭[5]。權籍不失[6]，兄弟不侵。下不一門，大臣不擁[7]。禁賞必行，顯賢不。亂臣有二因[8]，謂外內也，外曰「畏[9]」，內曰「愛」。所畏之求得，所愛之言聽，此亂臣之所因也。外國之置諸吏者，結誅親暱重帑[10]，則外不籍矣[11]；爵祿循功，請者俱罪，則內不因矣。外不籍，內不因，則姦宄塞矣[12]。官襲節而進，以至大任，智也。其位至而任大者，以三節持之[13]：曰「質」、曰「鎮」、曰「固」。親戚妻子，質也；爵祿厚而必，鎮也；參伍責帑[14]，固也。賢者止於質，貪饕化於鎮，姦邪窮於固。忍不制則下上[15]，小不除則大誅[16]，而名實當則徑之[17]。生害事，死傷名，則行飲食，不然，而與其讎，此謂除陰姦也。翳曰詭，詭曰易。見功而賞[18]，見罪而罰，而詭乃止。是非不泄，說諫不通，而易乃不用[19]。父兄賢良播出曰「遊禍」，其患鄰敵多資；僇辱之人近習曰「狎賊」，其患發忿疑辱之心生；藏怒持罪而不發曰「增亂」，其患徼幸妄舉之人起；大臣兩重、提衡而不踦[20]曰「卷禍[21]」，其患家隆劫殺之難作[22]；脫易不自神曰「彈威[23]」，其患賊夫酖毒之亂起——此五患者，人主之不知[24]，則有劫殺之事。廢置之事，生於內則治[25]，生於外則亂[26]。是以明主以功論之內，而以利資之外[27]，故其國治而敵亂[28]。即亂之道[29]，臣憎則起外若眩，臣愛則起內若藥[30]。

1 注 先慎曰：趙本「以」下有「異」字。盧文弨云：《藏》本無「異」字。

2 注 先慎曰：下「審」字衍。「公私之分」、「利害之地」，並蒙「故明主審」四字而言。

3 注 「主母」，君幼稱制，「后姬、子姓」，則強庶逼；「兄弟」，則公子擅國；「大臣」，代主執物者；「顯賢」，則虛名掩君。

▲先慎曰：「弟兄」倒，下文「兄弟不侵」，明此當作「兄弟」，舊注未譌。乾道本注「子姓」作「之姓」，「代王」作「代圭」，今據趙本改。

4 注 廢亂輙責於臣。

▲先慎曰：此謂以法任吏，以勢責臣，則主母有所畏憚，不敢放肆。

5 注 不令庶子貳適也。

6 注 權柄國籍不失於下也。盧文弨曰：「籍」，張本下作「藉」，此亦當同。顧廣圻曰：「籍」，讀為「藉」。

7 注 不令一門專制，則不得權。盧文弨曰：「擁」當從「土」旁。

▲先慎曰：注「權」當為「擁」之誤。

8 注 先愼曰：「不」下當有脫字。「亂臣有二因」為句，下文「此亂臣之所因也」，即其證。今以「亂」字屬上，非。

9 注 外臣行威，物皆畏。

▲先愼曰：「外」，謂敵國；「內」，謂近習。注非。

10 注 顧廣圻曰：《藏》本無「結」字，今本「結誅」作「誅其」，皆誤。按：「帑」讀為「孥」，下同。孫詒讓曰：「結」當作「詰」，同聲叚借字。「外國之置諸吏者」，謂鄰國之為內臣求官者，戰國時往往有之。「結誅」，謂詰其罪而誅之。王先謙曰：「結」，孫說是。「帑」，不誤。「重帑」，謂厚幣。敵所親暱重賂為反間者，則詰而誅之。

11 注 先愼曰：「籍」，讀為「藉」。下同。

12 注 先愼曰：乾道本「宂」作「充」。顧廣圻云：今本「充」作「宂」。

▲先愼按：作「宂」是也。「塞」訓為「閉」，《淮南・主術訓》、〈晉語〉注並云：「塞，閉也」。「外不藉，內不因」，則姦宂之途閉。後人誤以「塞」為充滿故改「宂」為「充」以就其義，非也。改從今本。孫詒讓云「充，疑作『兌』」，亦誤。

13 注 王先謙曰：「襲節」，猶上言「襲級」，「節」、「級」義同。以節持之，亦謂以上下之等治之。

14 注 先愼曰：「貴帑」當作「責怒」，形近而誤。下〈立道〉云「行參以發謀多，揆伍以責失，行參必折，揆伍必怒」，即其義。

15 注 顧廣圻曰：《藏》本「下上」作「上下」，今本作「下失」，皆誤。

▲先愼曰：當作「上不制則下忍」，與「小不除則大誅」文正相對。「忍」、「上」二字互譌也。

16 注 王先謙曰：即「毫末不拔，將尋斧柯」意。

17 注 顧廣圻曰：「而」上當更有「誅」字。「徑」者，謂顯誅也，下文乃隱誅之。「生」者，不誅也；「害事」者，實不當也；「死」者，誅之也；「傷名」者，名不當也；「則行飲食」者，以飲食行其誅也；「不然」者，不行飲食也；「而與其讎」者，以所誅與其讎也。故曰「此謂除陰姦也」。

18 注 先愼曰：乾道本「翳」作「醫」，「見功」作「易功」。《拾補》「翳」字下旁注「緊」字，「易功」作「見功」，旁注「易均」。盧文弨云：「緊」，秦本作「翳」；「詭」字，《藏》本不重。「易均」，張本作「易功」，亦譌。俞樾云：「翳」者，蔽也。下文「見功而賞，見罪而罰，而詭乃止矣」，「見功」、「見罰」是不翳也，不翳「而詭乃止」，可證「翳曰詭」之義。

▲先愼按：俞說是，改從《拾補》。

19 注 王先謙曰：不為臣下所輕易。

20 注 王先謙曰：若齊闞止、田常之比。

21 注 孫詒讓曰：「卷」當作「養」，謂養成禍亂也。「養」、「卷」形近誤。

22 注 孫詒讓曰：「隆」，讀為「鬨」。《呂氏春秋．察微篇》：「楚卑梁公舉兵攻吳之邊邑，吳王怒，使人舉兵侵楚之邊邑，吳、楚以此大隆。」「大隆」，即「大鬨」也。《孟子》云「鄒與魯鬨」，孫奭《音義》引劉熙注云：「鬨，構也，構兵以鬭也。」（《說文．鬥部》云：「鬨，鬭也。」）此云「家隆」，即「家鬨」，亦謂私家構兵爭鬭也。「隆」與「鬨」古音相近，得相通借，《古文苑》揚雄〈宗正箴〉云：「昔在夏時，太康不恭，有仍二女，五子家降。」「降」與「隆」聲類亦同，古字通用。彼「家降」與此「家隆」，事異而義同。

23 注 王先謙曰：「彈」疑「殫」，形近而誤。「脫易不自神」，則威竭盡於外。「彈威」無義。

24 注 先慎曰：「主」下「之」字當衍文。

25 注 顧廣圻曰：自此下皆未詳。王先謙曰：國事廢置，皆當自內主之，由人主權其利害則無不治。

26 注 先慎曰：「外」，謂敵國也，上文「外曰畏，所畏之求得，此亂臣之所因」，即其義。

27 注 王先謙曰：論功於朝廷，取利於敵國。

28 注 先慎曰：乾道本「故其」作「其故」。盧文弨曰：「張本作『故其』。」顧廣圻云：今本「其」作「是」。按：句有誤。

▲先慎按：作「故其」語已明顯，今據改。

29 注 顧廣圻曰：按：句有誤。王先謙曰：「即」，就也。「即亂」，猶《左傳》言「即死」，謂去安就危也。

▲先慎曰：《拾補》「亂」下有「亡」字。盧文弨云：「亡」，《藏》本作「之」，並非。

30 注 王先謙曰：不當憎而憎，則亂臣起外，若楚伍員之類；不當愛而愛，則亂臣起內，若吳宰嚭之類。眩不自持，形骸之疾；飲藥致斃，心腹之疾。

31 注 一曰「亂起」。

【四】參伍之道：行參以謀多，揆伍以責失[1]，行參必折[2]，揆伍必怒。不折則瀆上，不怒則相和[3]。折之徵足以知多寡[4]，怒之前不及其衆。觀聽之勢[5]，其徵在比周而賞異也[6]，誅毋謁而罪同[7]。言會衆端，必揆之以地，謀之以天，驗之以物，參之以人——四徵者符，乃可以觀矣。參言以知其誠，易視以改其澤[8]。執見以得非常，一用以務近習，重言以懼遠使[9]，舉往以悉其前，即邇以知其內，疏置以知其外[10]。握明以問所闇，詭使以絕黷泄，倒言以嘗所疑[11]，論反以得陰姦[12]，設諫以綱獨爲[13]，舉錯以觀姦動，明說以誘避過，卑適以觀直諂，宣聞以通未見，作鬬以散朋黨[14]，深一以警衆心[15]，泄異以易其慮。似類則合其參，陳過則明其固[16]，知辟罪以止威[17]，陰使時循以省衰[18]，漸更以離通比[19]，下約以侵其上，相室約其廷臣，廷臣約其官屬，兵士約其軍吏，遣使約其行介，縣令約其辟吏[20]，郎中約其左右，后姬約其宮媛——此之謂條達之道。言通事泄則術不行。

立道

1 注 王先謙曰：「多」，猶勝也，賢也，故行參以謀之。又揆之於伍，其衆以為失者，則加罪責。

2 注 王先謙曰：三人從二，不用者必折抑之。

▲先慎曰：乾道本「折」作「拆」，盧文弨云：「《藏》本、張本作『折』，下同。」今據改，下同。

3 注 王先謙曰：群下和同，非上之利，故必責以怒之。

4 注 先慎曰：乾道本「微」作「徵」，《拾補》作「微」。盧文弨云：「『微』，張本作『徵』。」顧廣圻云：今本「徵」作「微」。按：句有誤。

▲先慎按：此謂分別衆謀於極微，始知得失之多少。作「微」字是，改從今本。

5 注 王先謙曰：「折」、「怒」雙承，此句有誤。

6 注 盧文弨曰：「也」字衍。

▲先慎曰：臣下比周，則賞在立異。

7 注 顧廣圻曰：今本「毋謁」作「罰」，誤。

▲先慎曰：「毋」字衍。「誅謁」，即上文「爵祿循功請者俱罪」意。

8 注 先慎曰：「改」當作「攺」，形近而誤。「澤」，讀為「擇」，謂「擇守」也。參聽人言以審察其誠否，易地而觀以攷驗其擇守。《禮記．射義》：「澤者，所以擇士也。」「澤」有「擇」義，其字又相通。〈曲禮上〉鄭注「澤，或為『擇』」，是其證。

9 注 先慎曰：乾道本「言」作「官」，顧廣圻云：「《藏》本、今本『官』作『言』。」今據改。王先謙云：重其禁令，則遠使知懼。

10 注 俞樾曰：「疏置」當作「置疏」。「疏」與「邇」對，令作「疏置」則不對矣。

11 注 先慎曰：「詭使」、「倒言」，並見〈七術篇〉。

12 注 俞樾曰：「論反」當作「反論」。「反論」與「倒言」相對，傳寫誤也。

13 注 王渭曰：「諫」讀為「間」。王先謙曰：「為」，讀為「偽」。

14 注 王先謙曰：即上文「不怒則相和」意。

15 注 王先謙曰：深藏於一心，則衆莫測喜怒。

▲先慎曰：乾道本「警」作「敬」，顧廣圻云：「《藏》本、今本『敬』作『警』。」今據改。

16 注 先慎曰：「固」，猶「故」也。

17 注 顧廣圻曰：《藏》本、今本「知」下有「罪」字。王渭曰：「按：句有誤。」

▲先慎曰：「辟」即「避」字。既知避罪，則上可以止威。

18 注 顧廣圻曰：《藏》本同。今本「衰」作「衷」，誤。王先謙曰：陰遣使循視敵國，省其衰敝之釁。

19 注 王先謙曰：慮我使與外國通比，又逐漸更易以離其交，故下申之云：「言通事泄，則術不行。」

20 注 盧文弨曰：「令」，張本作「吏」非。

【五】明主，其務在周密，是以喜見則德償[1]，怒見則威分[2]。故明主之言隔塞而不通，周密而不見。故以一得十者下道也，以十得一者上道也[3]，明主兼行上下，故姦無所失。伍、官、連、縣而鄰，謁過賞，失過誅[4]，上之於下，下之於上亦然。是故上下貴賤相畏以法，相誨以和[5]。民之性，有生之實，有生之名。爲君者有賢知之名，有賞罰之實。名實俱至，故福善必聞矣。

參言

1 注 顧廣圻曰：「償」當作「瀆」。

2 注 盧文弨曰：「則」，《藏》本作「其」。

▲先慎曰：作「則」是。

3 注 先慎曰：「上下」二字互誤。

4 注 先慎曰：「失」字衍。

5 注 顧廣圻曰：句有誤。

▲先慎曰：「和」當作「利」。

【六】聽不參則無以責下，言不督乎用則邪說當上[1]。言之爲物也以多信[2]，不然之物，十人云疑，百人然乎，千人不可解也[3]。吶者言之疑，辯者言之信[4]。姦之食上也，取資乎衆，籍信乎辯[5]，而以類飾其私[6]。人主不饜忿而待合參，其勢資下也。有道之主，聽言督其用、課其功，功課而賞罰生焉[7]，故無用之辯不留朝，任事者知不足以治職，則放官收[8]。說大而誇則窮端[9]，故姦得而怒[10]。無故而不當爲誣，誣而罪臣[11]，言必有報，說必責用也，故朋黨之言不上聞。凡聽之道，人臣忠論以聞姦[12]，博論以內一，人[13]主不智則姦得資。明主之道，己喜則求其所納，己怒則察其所構；論於已變之後，以得毀譽、公私之徵[14]。衆諫以效智，使君自取一以避罪[15]，故衆之諫也，敗，君之取也[16]。無副言於上以設將然，今符言於後以知謾誠語[17]。明主之道，臣不得兩諫，必任其一；語不得擅行，必合其參。故姦無道進矣。

聽法

1 注 先慎曰：不督其用，徒聽其言，則姦邪之說當於人主之心矣。

2 注 王先謙曰：言以多而易信，即「三人成市虎」義。

3 注 顧廣圻曰：句有誤。

▲先慎曰：凡不然之物，十人以為然，則疑信已半；若百人言之，愈不能決；至於千人之言，則已以為不然者亦已為然矣。此足上文「言之為物也以多信」義，顧以為誤，非也。

4 注 先慎曰：吶者言之，方以為疑；辨者言之，心無不信矣。

5 注 先慎曰：「籍」，讀為「藉」。「藉」，助也。

6 注 先慎曰：「信」，讀曰「伸」。謂辨士以相類之事文飾其私也。

7 注 先慎曰：張榜本「生」作「上」，誤。

8 注 顧廣圻曰：「官收」當作「收官」。「放」字當衍，即「收」字之誤耳。王渭曰：「句絕。」

▲先慎曰：顧、王說是。張榜本無「任事」至下「說」十四字，而以「大而誇」為句，非。

9 注 先慎曰：句。

10 注 先慎曰：「而」，猶「則」也，下「誣而罪臣」同。既得其誇大之姦情，則入主必怒。

11 注 顧廣圻曰：以上皆有誤。

▲先慎曰：謂非為他事所阻，而功不當其言為誣，誣則罪其臣。

12 注 先慎曰：「聞姦」，使姦得上聞。張榜本「聞」作「文」，非。

13 注 王先謙曰：「內」，與下「納」同。「一人」，謂「君」。

14 注 王先謙曰：聞辨言而喜，必求其所納之虛實；聞訐言而怒，必察其所搆之是非。又於已變之後考論之，則毀、譽、公、私皆得其徵驗矣。

15 注 先慎曰：乾道本「使」上有「故」字，顧廣圻云：「今本無『故』字。」今據刪。

16 注 先慎曰：防衆諫敗取也。

17 注 盧文弨曰：「今」疑「令」。顧廣圻云：「《藏》本同。今本無『語』字。按：句有誤，未詳。」

▲先慎曰：「今」當作「令」，「語」字衍。言能符於後則為誠，不符則為謾。「符」，猶「合」也。

【七】官之重也，毋法也；法之息也，上闇也。上闇無度則官擅爲，官擅爲故奉重無前，奉重無前則徵多[1]，徵多故富。官之富重也，亂功之所生也[2]。明主之道，取於任[3]，賢於官[4]，賞於功。言程，主喜俱必利，不當，主怒俱必害，則人不私父兄而進其仇讎。勢足以行法，奉足以給事，而私無所生，故民勞苦而輕官[5]。任事者毋重[6]，使其寵必在爵；處官者毋私，使其利必在祿——故民尊爵而重祿。爵祿所以賞也，民重所以賞也，則國治[7]。刑之煩也，名之繆也，賞譽不當則民疑。民之重名與其重賞也均。賞者有誹焉，不足以勸；罰者有譽焉，不足以禁。明主之道，賞必出乎公利，名必在乎爲上。賞譽同軌，非誅俱行[8]，然則民無榮於賞之內[9]。有重罰者必有惡名，故民畏。罰所以禁也，民畏所以禁，則國治矣。

類柄

1 注 先愼曰：乾道本不重「奉重無前」四字，顧廣圻云：「今本重。」今據增。

2 注 王先謙曰：「亂功」無義，「功」字當衍。

3 注 能任事則取之。

4 注 能守官則贊揚之。

5 注 王先謙曰：民皆力耕，故勞苦；不為官擾，故輕官。

6 注 先慎曰：乾道本「者」作「也」，顧廣圻曰：「今本『也』作『者』。按：依下文當作『者』。」今據改。

7 注 先慎曰：官輕則民重。

8 注 先慎曰：「非」、「誹」字同。此即蒙上「賞者有誹焉不足以勸」句。

9 注 王渭曰：句有誤脫。

【八】行義示則主威分，慈仁聽則法制毀。民以制畏上而上以勢卑下，故下肆很[1]觸而榮於輕君之俗，則主威分。民以法難犯上，而上以法撓慈仁，故下明愛施而務賕紋之政[2]，是以法令隳。尊私行以貳主威，行賕紋以疑法[3]，聽之則亂治，不聽則謗主[4]，故君輕乎位而法亂乎官，此之謂「無常之國」。明主之道，臣不得以行義成榮，不得以家利為功。功名所生，必出於官法，法之所外，雖有難行，不以顯焉，故民無以私名。設法度以齊民，信賞罰以盡民能[5]，明誹譽以勸沮，名號、賞罰、法令三隅[6]，故大臣有行則尊君，百姓有功則利上，此之謂「有道之國」也。

主威[7]

1 注 盧文弨曰：「很」，凌本作「狼」。

2 注 務為貨賕。顧廣圻曰：「紋」字有誤，未詳所當作，下同。孫詒讓曰：「紋」當作「納」，篆文「納」作「」馴，「紋」作「」，二形相近而誤。「納」，謂納貨財子女也。《國語．鄭語》說褒似云：「褒人有獄而以為入。」「入」、「納」義同。

3 注 先慎曰：「法」下當有「令」字。

4 注 顧廣圻曰：「主」當作「生」。王先謙曰：「謗主」與「亂治」對文，句義本通，不煩改字。

5 注 先慎曰：乾道本「盡」下有「民」字，顧廣圻云：「今本無『民』字。按：不當有。」今據刪。

6 注 先慎曰：此下當有脫文。

7 注 先慎曰：乾道本脫此二字，今依《拾補》增。盧文弨云：末一行脫「主威」二字。

卷第十九

思想議題

〈五蠹〉：法治與德治、賢治／反儒、墨，非俠、辯／法與賞罰／勢與權位／論六國從橫。

〈顯學〉：反儒、墨，非俠、辯／法治與德治、賢治／法與賞罰。

五蠹第四十九

上古之世，人民少而禽獸衆，人民不勝禽獸蟲蛇[1]，有聖人作，構木為巢以避群害，而民悅之，使王天下，號之[2]曰「有巢氏」。民食果蓏蚌蛤，腥臊惡臭而傷害腹胃，民多疾病，有聖人作，鑽燧取火以化腥臊，而民說之，使王天下，號之曰「燧人氏」。中古之世，天下大水，而鯀、禹決瀆。近古之世，桀、紂暴亂，而湯、武征伐。今有構木、鑽燧於夏后氏之世者，必為鯀、禹笑矣；有決瀆於殷、周之世者，必為湯、武笑矣；然則今有美堯、舜、湯、武、禹之道於當今之世者[3]，必爲新聖笑矣。是以聖人不期脩古[4]，不法常可[5]，論世之事，因爲之備。宋人有耕者[6]，田中有株，兔走，觸株折頸而死，因釋其耒而守株，冀復得兔，兔不可復得，而身爲宋國笑[7]。今欲以先王之政治當世之民，皆守株之類也。

1 注 先慎曰：《御覽》七十八引「衆」作「多」，「蟲蛇」作「虵虺」。

2 注 先慎曰：各本「號」下無「之」字，《御覽》有，依下文當有，今據補。

3 注 先慎曰：「舜」下脫「鯀」字，「湯、武、禹」當作「禹、湯、武」。

4 注 在扶世急也。

5 注 顧廣圻曰：《藏》本同。今本「可」作「行」誤。

6 注 先慎曰：舊本「耕」下有「田」字，《藝文類聚》九十五、《御覽》四百九十九及八百二十二、九百七、《事類賦》二十三引「耕」下無「田」字，今據刪。

7 注 先慎曰：《藝文類聚》引「笑」上有「所」字。

古者[1]丈夫不耕，草木之實足食也；婦人不織[2]，禽獸之皮足衣也。不事力而養足，人民少而財有餘，故民不爭，是以厚賞不行、重罰不用而民自治。今人有五子不爲多，子又有五子，大父未死而有二十五孫，是以人民衆而貨財寡，事力勞而供養薄，故民爭，雖倍賞累罰而不免於亂。

1 注 盧文弨曰：「古」下似當分段。

2 注 先慎曰：張榜本、趙本「婦人」作「婦女」。

堯之王天下也[1]，茅茨不翦，采椽不斲[2]，糲粢之食，藜藿之羹，冬日麑裘[3]，夏日葛衣，雖監門之服養不虧於此矣[4]。禹之王天下也，身執耒臿以爲民先[5]，股無胈[6]，脛不生毛，雖臣虜之勞不苦於此矣。以是言之[7]，夫古之讓天子者，是去監門之養而離臣虜之勞也，古傳天下而不足多也[8]。今之縣令，一日身死，子孫累世絜駕，故人重之。是以人之於讓也，輕辭古之天子，難去今之縣令者，薄厚之實異也。夫山居而谷汲者，膢臘而相遺以水[9]；澤居苦水者，買庸而決竇[10]。故饑歲之春，幼弟不饟[11]；穰歲之秋，疏客必食[12]——非疏骨肉、愛過客也[13]，多少之心異也[14]。是以古之易財[15]，非仁也，財多也；今之爭奪，非鄙也，財寡也。輕辭天子，非高也，勢薄也；重爭土橐[16]，非下也，權重也。故聖人議多少、論薄厚爲之政，故罰薄不爲慈，誅嚴不爲戾，稱俗而行也。故事因於世，而備適於事。

1 注 盧文弨曰：「堯」下亦當分段。

▲先愼曰：乾道本「也」下有「有」字。顧廣圻云：今本無「有」字。按：當云「堯之有天下也」，〈李斯列傳〉可證。

▲先愼案：「有」字係後人用《史記》校記于「王」下失刪耳。《北堂書鈔》一百四十三、《御覽》八十、《初學記》九引並無「有」字，今據刪。

2 注 先愼曰：《御覽》一百八十八引「斲」作「刮」。案：〈李斯傳〉、《淮南・主術訓》亦作「斲」。此下〈李斯傳〉有「雖逆旅之宿不勤於此矣」，似非《韓子》原文。此下云「古之讓天下者，是去監門之養而離臣虜之勞」，不言「逆旅之宿」，明《韓子》無此十字。餘亦煩省不同，當各依本書。

3 注 先愼曰：《御覽》二十七、又八十、又六百九十四引並作「鹿裘」，〈李斯傳〉亦作「鹿」。

4 注 先愼曰：《御覽》八十引「虧」作「敵」，八百四十九及《北堂書鈔》一百四十三引作「厭」，並誤。「虧」，損也。

5 注 先愼曰：《御覽》八十二引「耒臿」作「木畚」。

6 注 先愼曰：乾道本「胈」作「肢」，據張榜本改。〈李斯傳〉亦作「胈」，《御覽》引作「股無完胈」。

7 注 先愼曰：「以」，張榜本作「又」，誤。

8 注 先慎曰：「古」，張榜本、趙本作「故」。「古」、「故」字通。

9 注 谷水難得，故節以水相遺也。

▲先慎曰：《說文》：「膢，楚俗以二月祭飲食也。」「臘，冬至後三戌臘祭百神。」《風俗通》引「相遺以水」作「買水」。

10 注 澤者苦水，故買人功使決竇也。

▲先慎曰：「庸」，張榜本作「傭」。

11 注 幼弟可惜，猶不饟之也。

▲先慎曰：《意林》、《御覽》八百四十九引「幼」作「從」，《意林》「饟」作「讓」。

12 注 先慎曰：乾道本「穰」作「饟」，涉上文而誤，據《拾補》改。盧文弨云：「饟」，張本作「穰」。「疏」，《意林》作「過」。

13 注 先慎曰：乾道本無「客」字。顧廣圻云：今本「過」下有「客」字。按：「疏」下當有「客」字。

▲先慎按：顧說非。「非疏骨肉」逗，《御覽》、《意林》引同，無下「愛過客也」四字，改從今本。「愛過客」蒙上「疏客必食」言，「過客」即「疏客」。

14 注 先慎曰：乾道本「心」作「實」。盧文弨云：《意林》「實」作「心」。

▲先慎按：《御覽》亦引作「心」，今據改。

15 注 盧文弨云：張本「之」作「人」。

16 注 先慎曰：乾道本無「重」字。顧廣圻云：今本「爭」上有「重」字。按：未詳。

▲先慎按：「爭」上有「重」字是。「輕辭天子」、「重爭士橐」相對為文。「土」當作「士」，形近而誤。「士」與「仕」同。「橐」與「託」通。《淮南．修務》、〈說林〉「項託」，《漢書．董仲舒傳》孟康注作「項橐」，是「橐」、「託」通用之證。「士橐」即「仕託」，古今字。〈外儲說左上篇〉「晉國之辭仕託者國之錘」，又云「晉國之辭仕託慕叔向者國之錘」，彼云「辭仕託」，此云「爭仕託」，可見「仕託」之義。

古者文王處豐、鎬之間1，地方百里，行仁義而懷西戎，遂王天下。徐偃王處漢東，地方五百里，行仁義，割地而朝者三十有六國2，荊文王恐其害己也，舉兵伐徐，遂滅之3。故文王行仁義而王天下，偃王行仁義而喪其國，是仁義用於古不用於今也。故曰「世異則事異」。當舜之時，有苗不服，禹將伐之，舜曰：「不可。上德不厚而行武，非道也。」乃修教三年，執干戚舞，有苗乃服。共工之戰，鐵銛短者及乎敵4，鎧甲不堅者傷乎體，是干戚用於古不用於今也。故曰「事異則備變」。上古競於道德，中世逐於智謀，當今爭於氣力。齊將攻魯，魯使子貢說之，齊人曰：「子言非不辯也，吾所欲者土地也，非斯言所謂也。」遂舉兵伐魯，去門十里以爲界。故偃王仁義而徐亡，子貢辯智而魯削。以是言之，夫仁義辯智，非所以持國也。去偃王之仁，息子貢之智，循徐、魯之力使敵萬乘，則齊、荊之欲不得行於二國矣。

1 注 先慎曰：乾道本「文」作「大」，據《拾補》改。盧文弨云：「古」下似當分段。

2 注 先慎曰：《論衡．非韓篇》：「三十二國」。

3 注 盧文弨曰：徐偃王當周穆王時，與楚文王相去遠，譙周據此以駁史，失之不考。

4 注 先慎曰：乾道本「短」作「矩」。盧文弨云：「『矩』，張本作『短』。」顧廣圻云：「今本『矩』作『距』誤。案：當作『短』。」今據改。

夫古今異俗，新故異備，如欲以寬緩之政治急世之民，猶無轡策而御馯馬[1]，此不知之患也。今儒、墨皆稱先王兼愛天下[2]，則視民如父母[3]。何以明其然也？曰：「司寇行刑，君爲之不舉樂；聞死刑之報，君爲流涕。」此所舉先王也。夫以君臣爲如父子則必治，推是言之，是無亂父子也。人之情性，莫先於父母，父母皆見愛而未必治也，君雖厚愛[4]，奚遽不亂？今先王之愛民，不過父母之愛子，子未必不亂也[5]，則民奚遽治哉！且夫以法行刑而君爲之流涕，此以效仁，非以爲治也。夫垂泣不欲刑者，仁也，然而不可不刑者，法也，先王勝其法不聽其泣，則仁之不可以爲治亦明矣。且民者固服於勢，寡能懷於義。仲尼，天下聖人也，修行明道以遊海內，海內說其仁，美其義，而爲服役者七十人，蓋貴仁者寡，能義者難也。故以天下之大，而爲服役者七十人，而仁義者一人[6]。魯哀公，下主也，南面君國，境內之民莫敢不臣，民者固服於勢。勢誠易以服人[7]，故仲尼反爲臣，而哀公顧爲君，仲尼非懷其義，服其勢也。故以義則仲尼不服於哀公，乘勢則哀公臣仲尼。今學者之說人主也，不乘必勝之勢，而務行仁義[8]則可以王，是求人主之必及仲尼，而以世之凡民皆如列徒[9]，此必不得之數也。

1 注 先愼曰：《淮南．氾論訓》高注：「馯馬，突馬也。」

2 注 先愼曰：乾道本無「稱」字。顧廣圻云：今本「皆」下有「稱」字。按：句有誤。

▲先愼按：有「稱」字其義已明，乾道本脫「稱」字。〈顯學篇〉云「孔子、墨子俱道堯、舜」，此即儒、墨皆稱先王兼愛之證。

3 注 先愼曰：《拾補》「視民」作「民視君」三字。盧文弨云：「民視」二字舊倒，「君」字脫，俱依張本補正。顧廣圻云：句有誤。

▲先慎按：「視民」當作「民視」，盧說「舊倒」是也。「君」字不當有。「先王兼愛天下，則民視之如父母」，此即指先王之民而言，張本增「君」字，非也。

4 **注** 先慎曰：乾道本不重「父母」二字，無「君」字，「愛」下有「矣」字，據《拾補》改增。盧文弨云：「父母」、「君」三字脫。

5 **注** 先慎曰：乾道本「子」下無「未」字，顧廣圻云：「今本『子』下有『未』字。」王渭云：「當有。」今據補。

6 **注** 先慎曰：《拾補》「而」下有「為」字。盧文弨云：「張本無。」顧廣圻云：《藏》本同。今本「而」下有「為」字，誤。按：「一人」，仲尼也。

7 **注** 先慎曰：乾道本不重「勢」字。顧廣圻云：《藏》本、今本「誠」上有「勢」字。按：句有誤。

▲先慎按：有「勢」字是也，今據補。「固服於勢」句，文義屬上；「勢誠易以服人」句，文義屬下。

8 **注** 先慎曰：乾道本「務」上有「勝」字。顧廣圻云：《藏》本、今本無「勝」字。按：句有誤。

▲先慎按：「勝」字衍，今據刪。「務行仁義」四字當重。

9 **注** 則七十子也。

▲先慎曰：乾道本「世」作「勢」。顧廣圻云：「《藏》本、今本『勢』作『世』，誤。按：『勢』上當脫

『服』字。」王先謙云：「作『世』文義自明，無庸增『服』字。」今據《藏》本、今本改。

今有不才之子，父母怒之弗爲改，鄉人譙之弗爲動，師長教之弗爲變。夫以父母之愛、鄉人之行、師長之智三美加焉而終不動，其脛毛不改[1]，州部之吏，操官兵、推公法而求索姦人，然後恐懼，變其節、易其行矣。故父母之愛不足以教子，必待州部之嚴刑者，民固驕於愛、聽於威矣。故十仞之城，樓季弗能踰者，峭也；千仞之山，跛牂易牧者，夷也。故明王峭其法而嚴其刑也。布帛尋常，庸人不釋[2]；鑠金百溢，盜跖不掇[3]。不必害則不釋尋常，必害手則不掇百溢[4]，故明主必其誅也。是以賞莫如厚而信，使民利之；罰莫如重而必，使民畏之；法莫如一而固[5]，使民知之。故主施賞不遷，行誅無赦。譽輔其賞，毀隨其罰，則賢、不肖俱盡其力矣。

1 注　顧廣圻曰：下有脫文。

2 注　先愼曰：八尺曰「尋」，倍尋曰「常」。《論衡．非韓篇》「釋」誤「擇」。

3 注　金銷爛，雖多，跖棄而不掇。

▲先愼曰：《論衡》「溢」作「鎰」，「掇」作「摶」，〈李斯列傳〉引與《論衡》同。案：此當各依本書。

4 注 顧廣圻曰：《藏》本同。今本「手則」作「則手」，誤。

5 注 先慎曰：乾道本「固」作「故」。盧文弨云：「『故』，張本作『固』，二字古通。」顧廣圻云：「今本『故』作『固』，誤。」王先謙云：「下文云『明主之道，一法而不求智，固術而不慕信』，即此所謂『一而固』也，作『固』是。」改從今本。

今則不然[1]，其有功也爵之，而卑其士官也；以其耕作也賞之，而少其家業也；以其不收也外之，而高其輕世也；以其犯禁也罪之[2]，而多其有勇也。毀譽、賞罰之所加者相與悖繆也，故法禁壞而民愈亂。今兄弟被侵必攻者廉也[3]，知友被辱隨仇者貞也[4]，廉貞之行成，而君上之法犯矣。人主尊貞廉之行而忘犯禁之罪，故民程於勇而吏不能勝也[5]。不事力而衣食則謂之「能」，不戰功而尊則[6]謂之「賢」，賢能之行成而兵弱而地荒矣。人主說賢能之行[7]而忘兵弱、地荒之禍[8]，則私行立而公利滅矣[9]。

1 注 盧文弨曰：「然」下當有「以」字，與下同。

2 注 先慎曰：乾道本「禁」下無「也」字，盧文弨云：「『也』字脫，張、凌本有，與上二句同。」今據補。

3 注 世謂之有廉隅之人。

4 注 先慎曰：乾道本無「被」字。顧廣圻云：今本「友」下有「被」字，誤。
▲先慎按：「知友被辱」句，與上「兄弟被侵」相對為文，不當少一字，改從今本。

5 注 先慎曰：《禮記·儒行》「不程勇」，注：「程，猶『量』也」。

6 注 先慎曰：乾道本無下「則」字。顧廣圻云：《藏》本、今本有「則」字，誤。
▲先慎案：上「則謂之能」與此句法一律，有「則」字為是，今據補。

7 注 先慎曰：乾道本無「成而兵弱而地荒矣人主說賢能之行」十五字，顧廣圻云：「《藏》本、今本有。」今據補。

8 注 先慎曰：乾道本「荒」作「弱」，顧廣圻云：「《藏》本、今本下『弱』字作『荒』。」今據改。

9 注 先慎曰：乾道本「公」上有「功」字，顧廣圻云：「《藏》本、今本無『功』字。」今據刪。

儒以文亂法[1]，俠以武犯禁，而人主兼禮之，此所以亂也。夫離法者罪，而諸先生以文學取[2]；犯禁者誅，而群俠以私劍養。故法之所非，君之所取；吏之所誅，上之所養也。法趣上下四相反也，而無所定，雖有十黃帝不能治也。故行仁義者非所譽[3]，譽之則害功[4]；工文學者非所用[5]，用之則亂法。楚之有直躬，其父竊羊而謁之吏，令尹曰：

「殺之。」以爲直於君而曲於父，報而罪之。以是觀之，夫君之直臣，父之暴子也。魯人從君戰，三戰三北，仲尼問其故，對曰：「吾有老父，身死莫之養也。」仲尼以爲孝，舉而上之。以是觀之，夫父之孝子，君之背臣也[6]。故令尹誅而楚姦不上聞，仲尼賞而魯民易降北。上下之利若是其異也，而人主兼舉匹夫之行[7]，而求致社稷之福，必不幾矣。古者蒼頡之作書也，自環者謂之「私」，背私謂之「公」[8]，公、私之相背也，乃蒼頡固以知之矣。今以爲同利者，不察之患也。然則爲匹夫計者，莫如脩行義而習文學[9]。行義脩則見信，見信則受事；文學習則爲明師，爲明師則顯榮——此匹夫之美也。然則無功而受事，無爵而顯榮，有政如此[10]，則國必亂，主必危矣。故不相容之事不兩立也：斬敵者受賞，而高慈惠之行；拔城者受爵祿，而信廉愛之說；堅甲厲兵以備難，而美薦紳之飾；富國以農，距敵恃卒，而貴文學之士；廢敬上畏法之民，而養遊俠私劍之屬——舉行如此，治強不可得也。國平養儒俠，難至用介士，所利非所用，所用非所利。是故服事者簡其業，而游學者日衆[11]，是世之所以亂也。

1 注 盧文弨曰：「儒」下似當分段。

2 注 先愼曰：乾道本「生」作「王」，無「取」字，《拾補》「王」作「生」，有「取」字。盧文弨云：

「『王』，張本作『生』。」顧廣圻云：「王」，當作「生」。今本「學」下有「取」字，依下文當有。

▲先慎按：盧、顧說是，今據改。張榜本「諸」誤「誅」。

3 注 王渭曰：句絕。

4 注 王渭曰：為一句，下文「非所用」句絕。「用之」屬下，同此例。

5 注 先慎曰：乾道本「文」上無「工」字。顧廣圻云：今本「文」上有「工」字。按：句有誤，未詳。

▲先慎按：有「工」字是。上文「行仁義者非所譽」，與「工文學者非所用」句法一律，明此不當少一字，改從今本。

6 注 先慎曰：兩「父」字，皆當作「母」，涉上文而誤，《御覽》四百九十六引《尸子》：「魯人有孝者，三為母北，魯人稱之。」汪繼培云：「此即卞莊子事。《韓詩外傳》十及《新序・義勇篇》並云『養母』，與《尸子》同。《韓子》以為養父，非也。」

7 注 先慎曰：乾道本「兼」下有「也」字。顧廣圻云：《藏》本、今本無「也」字。

▲先慎按：此不當有「也」字，今據刪。

8 注 盧文弨曰：《說文》引作「自營為厶」，「營」、「環」本通用。「私」當作「厶」，下同。顧廣圻曰：《說文》又云：「公，从八，从厶。八，猶背也。」引此曰「背厶為公」。

▲先慎曰：據《說文》所引，則本書本多古字，今盡改之，不一存焉，惜哉！

9 注 先慎曰：「行」當作「仁」。上文云「行仁義，工文學」，此云「修仁義，習文學」，「仁義」、「文學」篇內對舉，明「行」為「仁」之誤，下同。

10 注 先慎曰：乾道本「有」上有「為」字。盧文弨云：「為」字，凌本無。

▲先慎按：「為」字衍，今依凌本刪。顧廣圻謂「有」字衍，非。

11 注 先慎曰：乾道本「游」上有「於」字，顧廣圻云：「《藏》本、今本無『於』字。」今據刪。

且世之所謂賢者[1]，貞信之行也；所謂智者，微妙之言也。微妙之言，上智之所難知也，今爲衆人法，而以上智之所難知，則民無從識之矣。故糟糠不飽者不務梁肉[2]，短褐不完者不待文繡[3]。夫治世之事，急者不得，則緩者非所務也。今所治之政，民閒之事，夫婦所明知者不用，而慕上知之論，則其於治反矣。故微妙之言，非民務也。若夫賢良貞信之行者[4]，必將貴不欺之士[5]，貴不欺之士者[6]，亦無不欺之術也[7]。布衣相與交，無富厚以相利，無威勢以相懼也，故求不欺之士。今人主處制人之勢，有一國之厚，重賞嚴誅得操其柄，以修明術之所燭[8]，雖有田常、子罕之臣，不敢欺也，奚待於不欺之士？今貞信之士不盈於十，而境內之官以百數，必任貞信之士，則人不足官，人不足官，則治者寡而亂者衆矣。故明主之道，一法而不求智，固術而不慕信，故法不敗，而群官無姦詐矣。

1 注 盧文弨曰：「且」下似當分段。
2 注 先慎曰：「梁」當作「粱」。
3 注 先慎曰：《御覽》八百五十四引「飽」作「厭」，「務」作「待」，「肉」下有「而飽」二字，「待」作「須」，「繡」下有「而好」二字。
4 注 顧廣圻曰：「良」字當衍，上文云：「且世之所謂賢者，貞信之行也。」
5 注 先慎曰：張榜本「將」作「待」。
6 注 先慎曰：乾道本無「貴」字，顧廣圻云：「今本『不』上有『貴』字。」今據補。
7 注 顧廣圻曰：「不」下當有「可」字。
8 注 先慎曰：張榜本無「所」字。

今人主之於言也，說其辯而不求其當焉；其用於行也，美其聲而不責其功焉[1]。是以天下之衆，其談言者務爲辯而不周於用，故舉先王言仁義者盈廷，而政不免於亂；行身者競於爲高而不合於功，故智士退處巖穴、歸祿不受，而兵不免於弱。政不免於亂，此其故何也？民之所譽，上之所禮，亂國之術也。今境內之民皆言治，藏商、管之法者家有之，而國愈貧[2]，言耕者衆[3]，執耒者寡也；境內皆言兵，藏孫、吳之書者家有之，而兵愈弱，言戰者多，被甲者少也。故明主用其力不聽其言，賞其功必禁無用[4]，故民盡死力以從其上。夫耕之用力也勞，而民爲之者，曰「可得以富也」。戰之爲事也危[5]，而民爲之者，曰「可得以貴也」。今修文學、習言談[6]，則無耕之勞而有富之實，無戰之危而有貴之尊，則人孰不爲也？是以百人事智而一人用力，事智者衆則法敗，用力者寡則國貧，此世之所以亂也。故明主之國，無書簡之文，以法爲教；無先王之語[7]，以吏爲師；無私劒之捍，以斬首爲勇。是境內之民，其言談者必軌於法，動作者歸之於功，爲勇者盡之於軍。是故無事則國富，有事則兵強，此之謂王資。既畜王資而承敵國之釁，超五帝、侔三王者，必此法也。

1 注 先慎曰：乾道本無「焉」字，顧廣圻云：「今本『功』下有『焉』字。按：依上句當有。」今據補。

2 注 先慎曰：乾道本無「愈」字。顧廣圻云：《藏》本、今本「國」下有「愈」字。

▲先慎按：依下文當有，今據補。

3 注 先慎曰：乾道本「言」作「民」。顧廣圻云：「今本『民』作『言』。按：依下文當作『言』。」今據改。

4 注 先愼曰：乾道本「必」作「伐」。顧廣圻云：今本「伐」作「必」。按：句有誤。

▲先愼按：「無用」即上「不周於用」，故明主必禁之。乾道本作「伐」，誤。改從今本。

5 注 先愼曰：舊本無「為」字，《藝文類聚》五十五、《御覽》六百七引並有「為」字，是也。「戰之為事也危」與「耕之用力也勞」相對，不應少一字，今據補。

6 注 先愼曰：《藝文類聚》、《御覽》引「言談」並作「談論」。

7 注 顧廣圻曰：「王」當作「生」，此與下文「吏」對。

今則不然，士民縱恣於內，言談者爲勢於外，外內稱惡以待強敵，不亦殆乎！故群臣之言外事者，非有分於從衡之黨，則有仇讐之忠[1]，而借力於國也。從者，合衆弱以攻一強也[2]；而衡者，事一強以攻衆弱也——皆非所以持國也。今人臣之言衡者，皆曰：「不事大則遇敵受禍矣。」事大未必有實，則舉圖而委，效璽而請兵矣[3]。獻圖則地削，效璽則名卑，地削則國削，名卑則政亂矣。事大爲衡未見其利也，而亡地亂政矣。人臣之言從者，皆曰：「不救小而伐大則失天下，失天下則國危，國危而主卑。」救小未必有實[4]，則起兵而敵大矣。救小未必能存，而交大未必不有疏[5]，有疏則爲強國制矣。出兵則軍敗，退守則城拔，救小爲從未見其利，而亡地敗軍矣。是故事強則以外權士官於內[6]，救小則以內重求利於外。國利未立[7]，封土厚祿至矣；主上雖卑，人臣尊矣；國地雖削，私家富矣。事成則以權長重，事敗則以富退處。人主之聽說於其臣[8]，事未成則爵祿已尊矣，事敗而弗誅，則游說之士，孰不爲用矰繳之說而徼倖其後？故破國亡主以聽言談者之浮說，此其故何也？是人君不明乎公私之利[9]，不察當否之言，而誅罰不必其後也。皆曰：「外事，大可以王，小可以安。」夫王者，能攻人者也，而安則不可攻也。強，則能攻人者也；治，則不可攻也。治強不可責於外[10]，內政之有也[11]。今不行法術於內，而事智於外，則不至於治強矣。鄙諺曰：「長袖善舞，多錢善賈」，此言多資之易爲工也。故治強易爲謀，弱亂難爲計。故用於秦者十變而謀希失，用於燕者一變而計希得，非用於秦者必智，用於燕者必愚也，蓋治亂之資異也。故周去秦爲從，期年而舉[12]；衛離魏爲衡[13]，半歲而亡[14]。是周滅於從，衛亡於衡也。使周、衛緩其從、衡之計，而嚴其境內之治[15]，明其法禁，必其賞罰，盡其地力以多其積，致其民死以堅其城守，天下得其地則其利少，攻其國則其傷大，萬乘之國、莫敢自頓於堅城之下，而使強敵裁其弊也，此必不亡之術也。舍必不亡之術而道必滅之事，治國者之過也。智困於內而政亂於外[16]，則亡不可振也。

1 注 顧廣圻曰：《藏》本同。今本「忠」作「患」，誤。

2 注 先慎曰：乾道本強弱互易，今據《拾補》改。

3 注 先慎曰：乾道本「則舉」作「舉則」。顧廣圻云：「《藏》本『舉則』作『則舉』，今本『委』下有『地』字。按：句有誤。」俞樾云：「舉則」二字誤倒，當從《道藏》本。《韓子》原文本作「事大必有實，則舉圖而委，效璽而請矣」，「未」字、「兵」字皆衍文也。言事大必有事大之實，非空言事大而已，「舉圖而委，效璽而請」，皆其實也。所謂「舉圖而委」者，謂舉地圖而委之大國，故下文云「獻圖則地削」也。所謂「效璽而請」者，謂收百官之璽，效之大國而請大國發之也，故下文云「效璽則名卑」也。〈外儲說右〉云：「王因收吏璽自三百石以上，皆效之子之，子之大重。」此雖非以小事大，然效璽之事則同。效璽非請兵，淺人不得其解，於「請」下增入「兵」字，殊失本旨。趙用賢本乃於上句「委」字之下增「地」字以配之，謬矣。下文「救小未必有實，則起兵而敵大矣」，「未」字亦衍文，謂救小必有救小之實，起兵敵大，是其實也。與此文正相對，因涉下文「救小未必能存」句而衍「未」字，遂於「事大必有實」句亦增「未」字。淺人不詳文義，率意增益，往往如此。

4 注 俞樾曰：「未」字衍文。

5 注 顧廣圻曰：《藏》本同。今本無「有」字，誤。盧文弨曰：「『有』字似不必增。」王渭曰：「交」當作

「敵」。

▲先慎曰：顧、王說是。

6 注 顧廣圻曰：《藏》本同。今本「士」作「市」，誤。上文云「而卑其士官也」。

7 注 顧廣圻曰：四字為一句。

8 注 先慎曰：乾道本作「人主之於其聽說也於其臣」，盧文弨云：「『之』下『於其』二字，『說』下『也』字，皆衍，凌本無。」今據刪。

9 注 盧文弨曰：「乎」，張本作「於」。

10 注 先慎曰：句。

11 注 顧廣圻曰：《藏》本同。今本「有」作「脩」，誤。

12 注 顧廣圻曰：句絕。

13 注 顧廣圻曰：五字為一句。

14 注 先慎曰：全祖望云：「六國盡亡而衛尚存，韓子之言謬矣。」案〈六國表〉：「秦莊襄王六年，五國共擊秦，拔魏朝歌，衛從濮陽徙野王。」衛故屬魏，或因衛而不救。此韓子當時事，聞見有真，當不謬也。

15 注 先慎曰：乾道本無「嚴」字。顧廣圻云：今本「而」下有「嚴」字。按：句有誤。

▲先慎按：有「嚴」字是，今據增。

16 注 顧廣圻曰：「內」、「外」當互易，上文云：「而事智於外。」

民之政計，皆就安利如辟危窮[1]。今爲之攻戰，進則死於敵，退則死於誅，則危矣；棄私家之事而必汗馬之勞，家困而上弗論，則窮矣——窮、危之所在也，民安得勿避？故事私門而完解舍，解舍完則遠戰，遠戰則安。行貨賂而襲當塗者則求得，求得則私安，私安則利之所在，安得勿就[2]？是以公民少而私人衆矣。夫明王治國之政，使其商工游食之民少而名卑，以寡趣本務而趨末作[3]。今世近習之請行則官爵可買，官爵可買，則商工不卑也矣[4]；姦財貨賈得用於市，則商人不少矣。聚斂倍農而致尊過耕戰之士[5]，則耿介之士寡而高價之民多矣。

1 注 顧廣圻曰：《拾補》「政」作「故」，「如」下旁注「皆」字。盧文弨云：「故」，張本作「政」。「皆」，張本作「如」，與「而」同。當分段。顧廣圻云：今本「政」作「故」。按：句有誤。

▲先慎按：趙本改「如」為「皆」，非也。「政」當作「自」。

2 注 顧廣圻曰：「解」、「廨」同字也。俞樾曰：「解舍完」三字，衍文也。「事私門而完解舍則遠戰」與「行貨賂而襲當塗者則求得」兩文相對，不當衍此三字也。「求得則私」，「私」乃「利」字之誤。「遠戰則安」、「求得則利」與上文「窮危」相對。「安」對「危」言；「利」對「窮」言也。「安私安則利之所在」，當作「安利之所在」。上文「窮危之所在也，民安得勿避」，此云「安利之所在，安得勿就」，兩文亦相對。

▲先慎曰：「解舍完」三字不當有，應增一「者」字。下「行貨賂而襲當塗者則求得」，正有「者」字，此不當少一字。

3 注 先慎曰：《拾補》「趨」作「外」。盧文弨云：「趨」譌，舊人改。

▲先慎按：張榜本作「減」，較舊義為近。

4 注 先慎曰：張榜本無「也」字。

5 注 盧文弨曰：「致尊過」三字，舊作「不貴」，今從張本。顧廣圻曰：「《藏》本同。今本作『不貴』，誤。」

是故亂國之俗，其學者則稱先王之道，以籍仁義，盛容服而飾辯說，以疑當世之法而貳人主之心。其言古者[1]，爲設詐稱，借於外力，以成其私而遺社稷之利。其帶劍者，聚徒屬，立節操，以顯其名而犯五官之禁[2]。其患御者[3]，積於私門，盡貨賂而用重人之謁，退汗馬之勞。其商工之民，修治苦窳之器，聚弗靡之財[4]，蓄積待時而侔農夫之利[5]。

此五者，邦之蠹也。人主不除此五蠹之民，不養耿介之士，則海內雖有破亡之國，削滅之朝，亦勿怪矣。

1 注 顧廣圻曰：「古」當作「談」，上文云：「言談者為勢於外」。

2 注 先慎曰：「五官」，謂司徒、司馬、司空、司士、司寇，典司五衆者。

3 注 盧文弨曰：「患」，疑是「串」字。《爾雅》：「串，習也。」此猶言近習。俞樾曰：「患」讀為「串」。《詩．皇矣篇》：「串夷載路」，毛《傳》：「串，習也」，《釋文》云「串，本作『患』」，是其證也。

▲先慎曰：「盧、俞說是。張榜本、趙本改作『近』，非。」

4 注 顧廣圻曰：《藏》本同。今本「弗」作「沸」，誤。

5 注 顧廣圻曰：「牟」、「侔」同字也。

顯學第五十

世之顯學，儒、墨也。儒之所至，孔丘也；墨之所至，墨翟也。自孔子之死也，有子張之儒，有子思之儒，有顏氏之儒，有孟氏之儒，有漆雕氏之儒，有仲良氏之儒[1]，有孫氏之儒[2]，有樂正氏之儒。自墨子之死也，有相里氏之墨，有相夫氏之墨[3]，有鄧陵氏之墨。故孔、墨之後，儒分爲八，墨離爲三，取舍相反、不同[4]，而皆自謂眞孔、墨——孔、墨不可復生[5]，將誰使定後世之學乎[6]？孔子、墨子俱道堯、舜而取舍不同，皆自謂眞堯、舜——堯、舜不復生，將誰使定儒、墨之誠乎？殷、周七百餘歲，虞、夏二千餘歲，而不能定儒、墨之眞，今乃欲審堯、舜之道於三千歲之前，意者其不可必乎！無參驗而必之者，愚也；弗能必而據之者，誣也。故明據先王，必定堯、舜者，非愚則誣也。愚誣之學，雜反之行[7]，明主弗受也。

1 注 盧文弨曰：「良」，張本作「梁」。顧廣圻曰：《藏》本「良」作「梁」。按：「梁」、「良」同字也。

2 注 顧廣圻曰：「孫」，孫卿也。〈難三篇〉云：「燕子噲賢子之而非孫卿。」

3 注 先愼曰：《意林》「夫」作「芬」。孫詒讓云：蒲阪圓引山仲質云：「相夫，一本作『祖夫』。」案：《廣韻》二十「陌伯」字注云：「《韓子》有伯夫氏，墨家流。」則古本「相」或作「伯」，山氏所見本作「祖夫」，疑即「伯夫」之誤。「相」，或當為「柏」之誤，古「柏」、「伯」聲同字通。

4 注 先愼曰：「相反不同」，語意重複。蓋一本作「相反」，一本作「不同」，校者旁注於下，刊時失刪耳。

5 注 先慎曰：乾道本不重「孔墨」二字。顧廣圻云：今本「不」上更有「孔墨」二字。按：當有。
▲先慎按：《北堂書鈔》九十六引重「孔墨」二字，今據增。

6 注 先慎曰：乾道本無「後」字，據張榜本、趙本補。

7 注 先慎曰：乾道本「反」下無「之」字，顧廣圻云：「今本有『之』字。按：當有。」今據增。

墨者之葬也，冬日冬服，夏日夏服，桐棺三寸，服喪三月[1]，世主以爲儉而禮之[2]。儒者破家而葬[3]，服喪三年[4]，大毀扶杖，世主以爲孝而禮之。夫是墨子之儉，將非孔子之侈也；是孔子之孝，將非墨子之戾也。今孝、戾、侈、儉俱在儒、墨，而上兼禮之。漆雕之議[5]，不色撓，不目逃，行曲則違於臧獲，行直則怒於諸侯，世主以爲廉而禮之。宋榮子之議[6]，設不鬭爭[7]，取不隨仇，不羞囹圄，見侮不辱，世主以爲寬而禮之。夫是漆雕之廉，將非宋榮之恕也；是宋榮之寬，將非漆雕之暴也。今寬、廉、恕、暴俱在二子，人主兼而禮之。自愚誣之學、雜反之辭爭，而人主俱聽之，故海內之士言無定術，行無常議[8]。夫冰炭不同器而久，寒暑不兼時而至，雜反之學，不兩立而治，今兼聽雜學繆行、同異之辭，安得無亂乎？聽行如此，其於治人，又必然矣。

1 **注** 盧文弨曰：《墨子・公孟篇》作「三日」，《淮南・齊俗篇》與此同。

▲先慎曰：《北堂書鈔》九十二，《御覽》五百五十五引此作「三日」，「服」作「執」。

2 **注** 先慎曰：乾道本「世」下無「主」字。盧文弨云：「主」字脫，據下文補。

▲先慎按：《北堂書鈔》、《御覽》引有「主」字，今據補。

3 **注** 先慎曰：《北堂書鈔》、《御覽》引有「債子而償」四字。

4 **注** 先慎曰：《北堂書鈔》、《御覽》引「服」均作「執」。

5 **注** 先慎曰：上有「漆雕之儒」，此別一人。

6 **注** 顧廣圻曰：《荀子・正論篇》云：「子宋子曰：『見侮人之不辱，使人不鬬。』」又〈天論〉、〈解蔽〉皆云「宋子」。《漢書・藝文志》《宋子》十八篇，在小說家，云：「孫卿道宋子，其言黃、老意。」

▲先慎曰：《莊子・逍遙遊》：「宋榮子猶然笑之，且舉世譽之而不加勸，舉世非之而不加沮，定乎內外之分，辯乎榮辱之竟。」《釋文》：「宋榮子，司馬、李云：『宋國人也。』崔云：『賢者也。』」「宋榮」即宋銒，「榮」、「銒」偏旁相通，〈月令〉「腐草為螢」，《呂覽・淮南》作「蚈」。「榮」之為「銒」，猶「螢」之為「蚈」也。

7 **注** 先慎曰：「設」，疑「語」譌。

8 **注** 顧廣圻曰：《藏》本同。今李本「議」作「儀」，誤。

今世之學士[1]語治者多曰：「與貧窮地以實無資。」今夫與人相若也[2]，無豐年旁入之利，而獨以完給者，非力則儉也；與人相若也，無饑饉疾疚禍罪之殃[3]，獨以貧窮者，非侈則惰也[4]。侈而惰者貧，而力而儉者富。今上徵斂於富人以布施於貧家，是奪力、儉而與侈、惰也，而欲索民之疾作而節用，不可得也。

1 注 盧文弨曰：「今」下當分段。

2 注 先慎曰：乾道本「若」作「善」，下同。俞樾曰：「善」字皆「若」字之誤。「與人相若也」，猶曰「鈞是人也」。俗書「若」字作「若」，「善」字作「善」，兩形相似而誤。

▲先慎按：張榜本「善」字作「若」，不誤，今據改。

3 注 先慎曰：《拾補》「疚」作「疫」。盧文弨云：「疚」，舊人改「疫」。

4 注 先慎曰：乾道本「惰」作「墮」，張榜本作「惰」，下同，今據改。

今有人於此，義不入危城，不處軍旅，不以天下大利易其脛一毛，世主必從而禮之，貴其智而高其行，以爲輕物重生之士也。夫上所以陳良田大宅[1]、設爵祿，所以易民死命也，今上尊貴輕物重生之士，而索民之出死而重殉上事，不可得也。藏書策、習談論、聚徒役、服文學而議說，世主必從而禮之，曰：「敬賢士，先王之道也。」夫吏之所稅，耕者也，而上之所養，學士也。耕者則重稅，學士則多賞，而索民之疾作而少言談，不可得也。立節參民[2]，執操不侵，怨言過於耳必隨之以劍，世主必從而禮之，以爲自好之士。夫斬首之勞不賞，而家鬬之勇尊顯，而索民之疾戰距敵而無私鬬，不可得也。國平則養儒俠，難至則用介士，所養者非所用，所用者非所養，此所以亂也。且夫人主於聽學也[3]，若是其言，宜布之官而用其身[4]；若非其言，宜去其身而息其端。今以爲是也而弗布於官，以爲非也而不息其端，是而不用，非而不息，亂亡之道也。

1 注 先慎曰：乾道本「宅」作「澤」。顧廣圻云：《藏》本、今本「澤」作「宅」。
▲先慎按：作「宅」是，今據改。〈內儲說上篇〉云「賜之上田上宅」，是其證。

2 注 顧廣圻曰：《藏》本、今本「民」作「明」。

3 注 顧廣圻曰：《藏》本、今本「主」下有「之」字，今本「於聽」作「聽於」，皆誤。

4 注 先慎曰：「官而」，張榜本、趙本作「而官」，誤倒。

澹臺子羽[1]，君子之容也，仲尼幾而取之，與處久而行不稱其貌[2]。宰予之辭，雅而文也，仲尼幾而取之，與處而智不充其辯[3]。故孔子曰：「以容取人乎，失之子羽；以言取人乎，失之宰予。」故以仲尼之智而有失實之聲。今之新辯濫乎宰予，而世主之聽眩乎仲尼，爲悅其言，因任其身，則焉得無失乎？是以魏任孟卯之辯而有華下之患[4]，趙任馬服之辯而有長平之禍[5]——此二者，任辯之失也。夫視鍛錫而察青黃，區治不能以必劍[6]；水擊鵠雁，陸斷駒馬，則臧獲不疑鈍利。發齒吻形容[7]，伯樂不能以必馬；授車就駕而觀其末塗，則臧獲不疑駑良。觀容服，聽辭言，仲尼不能以必士；試之官職，課其功伐，則庸人不疑於愚智。故明主之吏，宰相必起於州部，猛將必發於卒伍。夫有功者必賞，則爵祿厚而愈勸；遷官襲級，則官職大而愈治。夫爵祿大而官職治，王之道也。

1 注 盧文弨曰：「澹」下當分段。

2 注 盧文弨曰：「久」字，《藏》本無，下同。

3 注 顧廣圻曰：《藏》本同。今本「處」下有「久」字。

4 注 先慎曰：「華下」，即華陽。事在秦武王三十四年，魏安釐王四年。

5 注 先慎曰：一本「平」誤「年」。

6 注 顧廣圻曰：「區」，他書又作「歐」。

▲先愼曰：「區」、「歐」古通。《周禮》司桓氏職文云：「凡金多錫則刃白。」《考工記》：「六齊，視錫之品數以為上下。」故治劍必鍛以錫，然色之青黃仍不能決其劍之利鈍。

7 注 王先謙曰：按：五字不成句。形容在外，不待發也。「吻」下當有二字，與「視鍛錫」句相配，而今奪之。

磐石千里[1]，不可謂富；象人百萬[2]，不可謂強。石非不大、數非不衆也[3]，而不可謂富強者，磐不生粟[4]，象人不可使距敵也。今商官技藝之士亦不墾而食，是地不墾與磐石一貫也。儒、俠毋軍勞、顯而榮者[5]，則民不使，與象人同事也。夫禍知磐石、象人[6]，而不知禍商官、儒俠爲不墾之地、不使之民，不知事類者也。

1 注 盧文弨曰：「磐」下當分段。

2 注 盧文弨曰：「象人」，或作「俑言」，《韓詩外傳》四作「愚民」。

▲先愼曰：「象人」，即俑人也。《孟子》曰：「始作俑者，其無後乎」，謂其象人而用之也。作「象人」是。

3 注 先愼曰：「數」，當作「象人」二字，上下文可證。

4 注 顧廣圻曰：「磐」下當有「石」字。

5 注 王先謙曰：「顯而」當作「而顯」。

6 注 顧廣圻曰：「禍知」當作「知禍」。此以「知禍」與下句「不知禍」相對也。

故敵國之君王[1]，雖說吾義，吾弗入貢而臣；關內之侯，雖非吾行，吾必使執禽而朝。是故力多則人朝，力寡則朝於人，故明君務力。夫嚴家無悍虜[2]而慈母有敗子，吾以此知威勢之可以禁暴，而德厚之不足以止亂也。

1 注 盧文弨曰：「故」下似當分段。

2 注 顧廣圻曰：〈李斯列傳〉引「悍」作「格」。

夫聖人之治國[1]，不恃人之爲吾善也，而用其不得爲非也。恃人之爲吾善也，境內不什數；用人不得爲非[2]，一國可使齊[3]。爲治者用衆而舍寡[4]，故不務德而務法。夫必恃自直之箭，百世無矢[5]；恃自圜之木，千世無輪矣[6]。自直之箭、自圜之木，百世無有一，然而世皆乘車射禽者，何也？隱栝之道用也[7]。雖有[8]不恃隱栝而有[9]自直之箭、自圜之木，良工弗貴也，何則？乘者非一人，射者非一發也。不恃賞罰而恃自善之民，明主弗貴也，何則？國法不可失，而所治非一人也。故有術之君，不隨適然之善[10]，而行必然之道。

1 注 盧文弨曰：「夫」下當分段。

2 注 王先謙曰：乾道本無「為」字，顧廣圻云：「今本『得』下有『為』字。」今據補。

3 注 顧廣圻曰：五字為一句。

4 注 顧廣圻曰：《藏》本同。今本「者」作「也」，誤。

5 注 先慎曰：《意林》、《御覽》九百五十二引「恃」作「待」，下同。「矢」下有「矣」字。案：《困學紀聞》卷十引作「恃」，與此合。

6 注 盧文弨曰：「世」，張本作「歲」。

▲先慎曰：《意林》、《御覽》引亦作「歲」。《困學紀聞》引仍作「世」，與此合。

7 注 先慎曰：「栝」，張榜本、趙本作「括」，說見前〈難勢篇〉。

8 注 先慎曰：「雖有」二字衍。

9 注 先慎曰：「有」當作「恃」。

10 注 「適然」，謂偶然也。

今或謂人曰[1]：「使子必智而壽」，則世必以爲狂[2]。夫智，性也；壽，命也。性命者，非所學於人也，而以人之所不能爲說人，此世之所以謂之爲狂也。謂之不能，然則是諭也。夫諭，性也[3]。以仁義教人[4]，是以智與壽說人也[5]，有度之主弗受也。故善毛嗇[6]、西施之美，無益吾面，用脂澤粉黛則倍其初。言先王之仁義，無益於治，明吾法度、必吾賞罰者，亦國之脂澤粉黛也。故明主急其助而緩其頌，故不道仁義。

1 **注** 盧文弨曰：「今」下當分段。

2 **注** 張榜曰：「狂」與「誑」同。

3 **注** 王渭曰：「句有誤。」

▲先慎曰：張榜本、趙本「諭」皆作「喻」。

4 **注** 先慎曰：乾道本無「義」字，顧廣圻云：「今本『仁』下有『義』字。按：依下文當有。」今據補。

5 **注** 先慎曰：乾道本無「人」字，盧文弨云：「『人』字脫，一本有。」今據補。

6 **注** 先慎曰：《拾補》「嗇」作「嬙」。盧文弨云：《藏》本作「廧」。顧廣圻云：《藏》本作「廧」。是也。今本作「嬙」，誤。按：《左．昭三年傳》釋文：「嬪廧，本又作『嬙』。」哀元年：「妃嬙，本又作『廧』。」「嬙」在《說文．新附》。

▲先慎按：《藝文類聚》五十二、《御覽》六百二十四、七百一十九引並作「嬙」。

今巫祝之祝人曰：「使若千秋萬歲。」「千秋萬歲」之聲聒耳[1]，而一日之壽無徵於人，此人所以簡巫祝也。今世儒者之說人主，不言今之所以爲治[2]，而語已治之功；不審官法之事，不察姦邪之情，而皆道上古之傳，譽先王之成功。儒者飾辭曰[3]：「聽吾言則可以霸王。」此說者之巫祝，有度之主不受也。故明主舉實事，去無用，不道仁義者故[4]，不聽學者之言。

1 **注** 先慎曰：乾道本上「歲」字與下「秋」字互易，「聒」作「括」。盧文弨云：「千歲」譌，下同。「括」，《藏》本作「聒」。顧廣圻云：《藏》本下「秋」字與上「歲」字互易，是也。今本二「秋」字皆作「歲」，誤。《戰國策》云：「犀首跪行為儀千秋之祝。」《藏》本「括」作「栝」，案：當作「聒」。

▲先慎按：此當讀「使若千秋萬歲」句，「千秋萬歲之聲聒耳」句。「括」，張榜本作「聒」，是，今據改。

2 **注** 先慎曰：乾道本「言」作「善」，今據張榜本、趙本改。

3 **注** 先慎曰：乾道本無「者」字，「飾」作「釋」。顧廣圻云：《藏》本、今本「釋」作「飾」，今本「儒」下有「者」字。按：句有誤。

▲先慎按：有「者」字是，「釋」當作「飾」，今據增改。

4 **注** 盧文弨曰：「者」字，舊人刪。顧廣圻曰：「者」字當衍。俞樾曰：「者」字，與古「諸」通。《禮記·

郊特牲》云「或諸遠人乎」，《儀禮．士虞禮》注引作「或者遠人乎」，是其證。《廣雅．釋言》：「諸，之也。」「不道仁義諸故」，即「不道仁義之故」，與「不聽學者之言」兩句相對。「諸」、「之」互用，古書多有。《禮記．少儀篇》「申之面，拖諸帞」，《孟子．滕文公篇》注「諸海注之江」，皆是也。《大戴記．將軍文子篇》「道者孝弟，說之以義，而觀諸體者與」，「諸」並猶「之」也。顧氏以「者」為衍，而以「故」字屬下讀，失其義矣。

今不知治者[1]必曰：「得民之心。」欲得民之心而可以為治，則是伊尹、管仲無所用也，將聽民而已矣。民智之不可用，猶嬰兒之心也。夫嬰兒不剔首則腹痛[2]，不搵痤則寖益[3]，剔首、搵痤必一人抱之，慈母治之，然猶啼呼不止，嬰兒子不知犯其所小苦，致其所大利也。今上急耕田墾草以厚民產也，而以上為酷；修刑重罰以為禁邪也，而以上為嚴；徵賦錢粟以實倉庫，且以救饑饉、備軍旅也，而以上為貪[4]；境內必知介而無私解[5]，并力疾鬭所以禽虜也，而以上為暴——此四者所以治安也，而民不知悅也[6]。夫求聖通之士者，為民知之不足師用。昔禹決江濬河而民聚瓦石，子產開畝樹桑，鄭人謗訾。禹利天下，子產存鄭，皆以受謗，夫民智之不足用亦明矣。故舉士而求賢智，為政而期適民，皆亂之端，未可與爲治也7。

1 注 盧文弨曰：「今」下當分段。

2 注 首病不治，則加痛也。

▲先慎曰：「腹」乃「復」字之譌。《素問·瘧論》：「病極則復。」「復」與「復」通，《說文》：「復，重也。」今皆以「複」為之。注訓為加，是所見本作「復」不誤。

3 注 謂癰也。疈威而潰之，披疈也。

▲先慎曰：「⿰扌副」字不見於字書。下作「揊」，亦後起之字。注作「疈」，是也。《說文》：「副，判也。《周禮》曰：『副，辜祭。』籀文作『疈』。」今《周禮》「副」亦作「疈」，「副」、「疈」同。古本《韓子》作「疈」，或改作「副」，寫者又誤加「手」旁，校者又於下文去「刀」旁，展轉譌誤，遂不成字，幸注文猶存真。又案：注「威」字，當為「痤」之譌。「披疈」二字亦倒。下「揊」，張榜本、趙本作「⿰扌副」，非。

4 注 先慎曰：乾道本無「上」字。顧廣圻云：今本「以」下有「上」字。

▲先慎按：有「上」字是，上下文皆有，乾道本脫，從今本增。

5 注 顧廣圻曰：《藏》本同。今本作「境內教戰陣閱士卒」，誤。按：「境內必知」者，〈八說篇〉云「此其臣有姦者必知」，又云「而務必知之術也」，是其義。「介」當作「分」。「分而無私」者，〈制分篇〉云

「宜務分刑賞為急」，又云「亡者其制刑賞不分也」云云，是其義。「解」字上下當有脫文。

6 注 盧文弨曰：凌本作「知之而不悅也」，并注云：「謂民不悅也」。

7 注 先慎曰：乾道本無「士者」至「治也」七十六字。顧廣圻云：《藏》本、今本有，未詳所出。

▲先慎按：《御覽》九百五十五、《事類賦》二十五引並有「子產開畝樹桑，鄭人謗訾」二句，是宋本不盡脫也。今據《藏》本補。趙本「而民聚瓦石」下并有注云「有以擊禹也」五字。張榜本末句「可與」作「可以」。

卷第二十

思想議題

〈忠孝〉：反儒、墨，非俠、辯／君臣之道／法治優於德治、賢治。

〈人主〉：法與賞罰／勢與權位／術不欲見：察姦與考核。

〈飭令〉：法與賞罰。

〈心度〉：法與賞罰。

〈制分〉：法與賞罰。

忠孝第五十一

天下皆以孝悌忠順之道爲是也，而莫知察孝悌忠順之道而審行之，是以天下亂。皆以堯、舜之道爲是而法之，是以有弒君[1]，有曲父[2]。堯、舜、湯、武或反君臣之義，亂後世之教者也：堯爲人君而君其臣，舜爲人臣而臣其君[3]，湯、武爲人臣而弑其主、刑其尸[4]，而天下譽之，此天下所以至今不治者也。夫所謂「明君」者，能畜其臣者也；所謂「賢臣」者，能明法辟、治官職以戴其君者也。今堯自以爲明而不能以畜舜，舜自以爲賢而不能以戴堯，湯、武自以爲義而弑其君長，此明君且常與而賢臣且常取也，故至今爲人子者有取其父之家，爲人臣者有取其君之國者矣。父而讓子，君而讓臣，此非所以定位一教之道也。臣之所聞曰：「臣事君，子事父，妻事夫，三者順則天下治，三者逆則天下亂。此天下之常道也，明王賢臣而弗易也。」則人主雖不肖，臣不敢侵也。今夫上賢任智無常[5]，逆道也；而天下常以爲治，是故田氏奪呂氏於齊，戴氏奪子氏於宋，此皆賢且智也，豈愚且不肖乎？是廢常、上賢則亂，舍法、任智則危。故曰：「上法而不上賢。」

1 注 先愼曰：一本「弑」作「亂」。盧文弨云：「亂」，《藏》本作「弑」。

2 注 先愼曰：乾道本「父」上有「於」字。顧廣圻云：今本無「於」字，誤。

▲先愼案：「弑君」、「曲父」相對，「於」字不當有，據今本刪。下「舜見瞽瞍，其容造焉」，即承「曲父」言。

3 注 王先謙曰：此為燕子之事而發。

4 注 先慎曰：乾道本無「為」字，盧文弨云：「『為』字脫，《藏》本有。」今據補。

5 注 王先謙曰：「常」，上文所謂「常道」也。

記曰：「舜見瞽瞍，其容造焉[1]。孔子曰：當是時也，危哉！天下岌岌，有道者父固不得而子，君固不得而臣也。」臣曰[2]：孔子本未知孝悌忠順之道也[3]。然則有道者，進不得為臣主，退不得為父子耶[4]？父之所以欲有賢子者，家貧則富之，父苦則樂之；君之所以欲有賢臣者，國亂則治之，主卑則尊之。今有賢子而不為父，則父之處家也苦；有賢臣而不為君，則君之處位也危。然則父有賢子，君有賢臣，適足以為害耳，豈得利焉哉[5]！所謂忠臣不危其君，孝子不非其親，今舜以賢取君之國，而湯、武以義放弒其君，此皆以賢而危主者也，而天下賢之。古之烈士，進不臣君，退不為家，是進則非其君，退則非其親者也。且夫進不臣君，退不為家，亂世絕嗣之道也。是故賢堯、舜、湯、武而是烈士，天下之亂術也。瞽瞍為舜父而舜放之，象為舜弟而殺之[6]。放父殺弟，不可謂仁；妻帝二女而取天下，不可謂義。仁義無有，不可謂明。《詩》云：「普天之下，莫非王土，率土之濱，莫非王臣。」信若《詩》之言也，是舜出則臣其君，入則臣其父、妾其母、妻其主女也。故烈士內不爲家，亂世絕嗣，而外矯於君，朽骨爛肉，施於土地[7]，流於川谷，不避蹈水火，使天下從而效之，是天下徧死而願夭也，此皆釋世而不治是也。世之所爲烈士者，雖衆獨行[8]，取異於人，爲恬淡之學而理恍惚之言。臣以爲恬淡，無用之教也；恍惚，無法之言也。言出於無法，教出於無用者[9]，天下謂之察。臣以爲人生必事君養親，事君養親不可以恬淡；之人[10]必以言論忠信法術[11]，言論忠信法術不可以恍惚——恍惚之言，恬淡之學，天下之惑術也。孝子之事父也，非競取父之家也；忠臣之事君也，非競取君之國也。夫爲人子而常譽他人之親曰：「某子之親，夜寢早起，強力生財以養子孫臣妾」，是誹謗其親者也。爲人臣常譽先王之德厚而願之，是誹謗其君者也[12]。非其親者知謂之不孝[13]，而非其君者天下賢之[14]，此所以亂也。故人臣毋稱堯、舜之賢，毋譽湯、武之伐，毋言烈士之高，盡力守法，專心於事主者爲忠臣。

1 **注** 「造」，愁貌也。

▲先慎曰：「造」與「慼」通，見《孟子．萬章篇》。

2 **注** 先慎曰：「臣」，韓非自謂。

3 **注** 先慎曰：《拾補》「未」下旁注「末」字。盧文弨云：「未」，張本作「末」。

4 注 先慎曰：乾道本兩「不」字下皆無「得」字。盧文弨云：「得」字脫，張、凌本有。

▲先慎按：有「得」字是，今據補。「臣主」當作「主臣」。言進不得為主之臣，退不得為父之子也。

5 注 盧文弨曰：「焉哉」二字舊倒，張本作「焉哉」。顧廣圻云：《藏》本同。今本「焉哉」作「哉焉」，誤。

▲先慎曰：趙本無「焉」字，據誤本而刪之也。「焉哉」當作「哉焉」，「哉」字句絕，「焉」字屬下讀，盧、顧說非。

6 注 先慎曰：依上文，「殺」上當有「舜」字。

7 注 先慎曰：施，陳也。

8 注 王渭曰：「雖」當作「離」。四字為一句。

9 注 先慎曰：乾道本「教」作「數」，盧文弨云：「『數』，張本作『教』。」顧廣圻云：「《藏》本『數』作『教』。案：依上文是也。」今據改。

10 注 顧廣圻曰：《藏》本同。今本無「之人」二字。按：此不當有。

▲先慎曰：「之人」當作「人生」，屬下讀。上文「人生必事君養親」，此作「人生必言論忠信法術」。「人生」誤作「之人」，趙本不思其誤，從而刪之，非也。

11 注 先慎曰：依上文不當有「以」字。

12 注 先慎曰：乾道本無「是」字，顧廣圻云：「今本『誹』上有『是』字。按：依上文當有。」今據補。

13 注 先慎曰：乾道本無「之」字，顧廣圻云：「《藏》本有『之』字，是。今本『謂』作『其』，誤。」今據補。

14 注 先慎曰：乾道本「天下」下有「此」字，顧廣圻云：「《藏》本、今本無『此』字。」今據刪。

古者黔首悗密惷愚[1]，故可以虛名取也。今民儇詗智慧[2]，欲自用，不聽上，上必且勸之以賞，然後可進，又且畏之以罰，然後不敢退。而世皆曰：「許由讓天下，賞不足以勸；盜跖犯刑赴難，罰不足以禁[3]。」臣曰：未有天下而無以天下爲者，許由是也；已有天下而無以天下爲者，堯、舜是也；毀廉求財、犯刑趨利，忘身之死者，盜跖是也。此二者[4]，殆物也，治國用民之道也不以此二者爲量。治也者，治常者也；道也者，道常者也。殆物妙言，治之害也。天下太平之士[5]，不可以賞勸也；天下太平之士[6]，不可以刑禁也[7]。然爲太上士不設賞，爲太下士不設刑，則治國用民之道失矣。故世人多不言國法而言從橫。諸侯言從者曰[8]「從成必霸」，而言橫者曰「橫成必王」，山東之言從橫，未嘗一日而止也，然而功名不成、霸王不立者，虛言非所以成治也。王者獨行謂之王，是以三王不務離合[9]，而止五霸不待從橫[10]，察治內以裁外而已矣[11]。

1 注「悗」，忘情貌。盧文弨曰：「古」下當分段。孫詒讓曰：《爾雅・釋詁》：「密，靜也。」「悗密」，謂忘情而靜謐也。《莊子・大宗師篇》云：「悗乎忘其言也。」

2 注 先慎曰：「詷」，音「朽政反」，反間也，見《漢書・淮南王安傳》注。近人謂「詷」當作「譎」，非。

3 注 先慎曰：乾道本無「罰」字，顧廣圻云：「今本『不』上有『罰』字。按：依上文當補。」今據增。

4 注 先慎曰：《拾補》「二」字下旁注「三」字。盧文弨云：「三」，《藏》本作「二」，蓋唯指許由、盜跖言。

5 注 先慎曰：乾道本「士」上無「之」字，依下文當有，據《藏》本、今本增。顧廣圻云：「平」當作「上」，見下文。

▲先慎按：「二」，趙本譌作「三」，下仍作「二」，不誤。

6 注 顧廣圻曰：「平」當作「下」，見下文。

7 注 先慎曰：乾道本「以」下有「為」字，盧文弨云：「『以』下『為』字，張本無。」顧廣圻云：「『為』字當衍。」今據刪。

8 注 顧廣圻曰：「侯」字當衍。

9 注 顧廣圻曰：句絕。

10 注 顧廣圻曰：句絕。「止」字當衍，即「王」之形近而複誤耳。

▲先慎曰：趙本「止」作「正」，「橫」下有「而」字，句讀亦異。蓋趙用賢改增以成其義也。

11 注 顧廣圻曰：九字為一句。

人主第五十二

人主之所以身危國亡者，大臣太貴，左右太威也[1]。所謂貴者，無法而擅行，操國柄而便私者也；所謂威者，擅權勢而輕重者也——此二者，不可不察也。夫馬之所以能任重引車致遠道者，以筋力也。萬乘之主、千乘之君所以制天下而征諸侯者，以其威勢也。威勢者，人主之筋力也。今大臣得威，左右擅勢，是人主失力，人主失力而能有國者，千無一人。虎豹之所以能勝人執百獸者，以其爪牙也，當使虎豹失其爪牙[2]，則人必制之矣。今勢重者，人主之爪牙也，君人而失其爪牙，虎豹之類也。宋君失其爪牙於子罕，簡公失其爪牙於田常，而不蚤奪之，故身死國亡。今無術之主，皆明知宋、簡之過也，而不悟其失，不察其事類者也。

1 注 先慎曰：《拾補》「威」下旁注「戚」字。盧文弨云：「『戚』，張本作『威』。」顧廣圻云：《藏》本同。今本「威」作「戚」，誤。

2 注 先慎曰：趙本「當」作「而」。盧文弨云：「而」，張本作「當」。顧廣圻云：《藏》本同。今本「當」作「而」，誤。

且法術之士與當途之臣不相容也。何以明之？主有術士，則大臣不得制斷，近習不敢賣重，大臣、左右權勢息，則人主之道明矣。今則不然，其當途之臣得勢擅事以環其私[1]，左右近習朋黨比周以制疏遠，則法術之士奚時得進用，人主奚時得論裁？故有術不必用而勢不兩立，法術之士焉得無危？故君人者非能退大臣之議而背左右之訟，獨合乎道言也，則法術之士安能蒙死亡之危而進說乎？此世之所以不治也。明主者[2]，推功而爵祿，稱能而官事，所舉者必有賢，所用者必有能，賢能之士進[3]，則私門之請止矣。夫有功者受重祿，有能者處大官，則私劍之士安得無離於私勇而疾距敵[4]，游宦之士焉得無撓於私門而務於清潔矣？此所以聚賢能之士而散私門之屬也。今近習者不必智，人主之於人也或有所知而聽之[5]，入因與近習論其言，聽近習而不計其智，是與愚論智也。其當途者不必賢，人主之於人或有所賢而禮之，入因與當途者論其行，聽其言而不用賢，是與不肖論賢也。故智者決策於愚人，賢士程行於不肖[6]，則賢智之士奚時得用，而主之明塞矣[7]。昔關龍逢說桀而傷其四肢[8]，王子比干諫紂而剖其心，子胥忠直夫差而誅於屬鏤。此三子者，爲人臣非不忠，而說非不當也，然不免於死亡之患者，主不察賢智之言，而蔽於愚不肖之患也[9]。今人主非肯用法術之士，聽愚不肖之臣，則賢智之士孰敢當三子之危而進其智能者乎？此世之所以亂也。

1 注 先慎曰：「環」讀為「營」。《說文》引本書「自營為私」，〈五蠹篇〉作「自環為私」，與此同，即其證。

2 注 先慎曰：趙本「主」作「王」。

3 注 先慎曰：乾道本「賢」下有「用」字，顧廣圻云：「《藏》本、今本無『用』字。」今據刪。

4 注 先慎曰：「疾」下當有「於」字，此與下「務於清潔」文正相對。

5 注 先慎曰：「知」讀為「智」。與下「或有所賢」句相對。〈孤憤篇〉正作「智」。

6 注 先慎曰：「程」，量也。

7 注 先慎曰：乾道本「而」作「以」，改從趙本。

8 注 盧文弨曰：「肢」，張本作「支」。

9 注 先慎曰：乾道本無「於」字，顧廣圻云：「今本『蔽』下有『於』字。」今據補。

飭令第五十三[1]

1 注 盧文弨曰：「飭」，張本作「飾」，古通用。顧廣圻曰：「此篇皆《商子・靳令篇》文。」

▲先慎曰：秦本《商子》作「飭」，與此同。

飭令則法不遷[1]，法平則吏無姦。法已定矣，不以善言售法[2]。任功則民少言，任善則民多言。行法曲斷[3]，以五里斷者王[4]，以九里斷者強[5]，宿治者削[6]。

1 注 先慎曰：《商子》「法不遷」作「治不留」。

2 注 先慎曰：「售」當作「害」，形近而誤。《商子》作「害」，是其證。

3 注 顧廣圻曰：「曲」當作「由」。

▲先慎曰：《商子》亦誤作「曲」。

4 注 能參驗五里，然後斷定其罪，如此者王也。

▲先慎曰：此謂行法之速也。「五里斷」、「九里斷」，皆對「宿治」言，舊注非。

5 注 既王且強。

▲先慎曰：行九里而斷，校五里為遲矣，然亦能斷，則其國必強。舊注并王而言，誤。《商子》「九」作「十」。

6 注 「宿」，置也。若委置其法，則必削。

以刑治，以賞戰[1]，厚祿以周術[2]，國無姦民[3]則都無姦市[4]。物多末眾[5]，農弛姦勝，則國必削。民有餘食，使以粟出爵，必以其力，則震不怠[6]。三寸之管毋當，不可滿也[7]。授官爵、出利祿不以功，是無當也。國以功授官與爵，此謂以成智謀，以威勇戰[8]，其國無敵。國以功授官與爵，則治見者省，言有塞[9]，此謂以治去治，以言去言。以功與爵者也，故國多力，而天下莫之能侵也。兵出必取，取必能有之，案兵不攻必當[10]。朝廷之事，小者不毀[11]，效功取官爵，廷雖有辟言[12]，不得以相干也，是謂以數治。以力攻者，出一取十；以言攻者，出十喪百。國好力，此謂以難攻；國好言，此謂以易攻。其能勝其害[13]，輕其任，而道壞餘力於心[14]，莫負乘宮之責於君[15]，內無伏怨。使明者不相干[16]，故莫訟；使士不兼官，故技長；使人不同功，故莫爭[17]。言此謂易攻[18]。

1 **注** 顧廣圻曰：三字為一句，見《商子》。

2 **注** 顧廣圻曰：《藏》本、今本「周」作「用」。按：句有誤。

▲先慎曰：「周術」，《商子》作「自伐」。

3 **注** 先慎曰：乾道本作「行都之過」。顧廣圻云：今本作「國無姦民」。

▲先慎按：《商子》正作「國無姦民」，今據改。

4 **注** 先慎曰：「市」，《商子》作「示」。

5 **注** 先慎曰：乾道本「末」作「者」，顧廣圻云：「今本『者』作『末』。案：依《商子》是也。」今據改。

6 **注** 顧廣圻曰：「震」當作「農」，見《商子》。

▲先慎曰：上「爵」字當重，《商子》作「官爵」，亦重，是其證。

7 **注** 雖受不多，然當無則不可滿也。

▲先慎曰：《意林》「毋」作「無」。《商子》「三寸」作「四寸」，「毋」亦作「無」。注「當無」二字誤。

8 **注** 顧廣圻曰：「成」，讀為「盛」。「威」當作「成」，亦讀為「盛」。《商子·靳令篇》作「盛」，〈去強篇〉作「成」。

9 注 顧廣圻曰：「見」字當衍，「有」當作「者」。《商子》作「則治省言寡」。

10 注 顧廣圻曰：「當」當作「富」，見《商子》。

11 注 先慎曰：《商子》「小」作「少」。下有「多者不損」句，疑此脫。

12 注 先慎曰：「辟言」，即上「善言」也。《商子》「辟」作「辯」。

13 注 王渭曰：此以下皆當依本書〈用人篇〉改正。顧廣圻曰：〈用人篇〉云：「人臣皆宜其能勝其官。」

14 注 顧廣圻曰：「道壞」，〈用人〉云「莫懷」。

15 注 顧廣圻曰：「乘宮」，〈用人〉云「兼官」。

16 注 顧廣圻曰：〈用人〉云「明君使事不相干」。

17 注 顧廣圻曰：句絕。

18 注 顧廣圻曰：此五字涉上文而衍。

重刑少賞，上愛民[1]，民死賞；多賞輕刑，上不愛民，民不死賞[2]。利出一空者[3]，其國無敵；利出二空者，其兵半用；利出十空者，民不守。重刑明民，大制使人，則上利[4]。行刑重其輕者，輕者不至[5]，重者不來，此謂「以刑去刑[6]」。罪重而刑輕[7]，刑輕則事生，此謂「以刑致刑」，其國必削。

1 注 先慎曰：「上愛民」，即下「以刑去刑」義。

2 注 先慎曰：乾道本「民」下無「不」字，顧廣圻云：「今本『民』下有『不』字。按：此當有。」改從今本。

3 注 顧廣圻曰：「空」，讀為「孔」。

4 注 王先謙曰：平日重刑，俾民知上恉，臨事又大為禁制以使之。

5 注 先慎曰：乾道本「至」下重「至」字。顧廣圻云：今本不重「至」字。按：此不當有。

▲先慎案：《商子》亦不重，今據刪。

6 注 先慎曰：此下當有「其國必強」四字，與下「其國必削」對文。

7 注 盧文弨曰：「刑輕」二字，張本倒，下同。

心度第五十四

聖人之治民，度於本，不從其欲，期於利民而已。故其與之刑，非所以惡民，愛之本也。刑勝而民靜，賞繁而姦生，故治民者，刑勝，治之首也；賞繁，亂之本也。夫民之性，喜其亂而不親其法[1]，故明主之治國也，明賞則民勸功，嚴刑則民親法。勸功則公事不犯，親法則姦無所萌。故治民者，禁姦於未萌；而用兵者，服戰於民心。禁先其本者治，兵戰其心者勝。聖人之治民也，先治者強，先戰者勝。夫國事務先而一民心，專舉公而私不從，賞告而姦不生，明法而治不煩，能用四者強，不能用四者弱。夫國之所以強者，政也；主之所以尊者，權也。故明君有權有政，亂君亦有權有政，積而不同，其所以立異也。故明君操權而上重，一政而國治。故法者，王之者也[2]；刑者，愛之自也。

1 注　顧廣圻曰：「喜其亂」，《藏》本同。今本無「其」字，誤。

2 注　顧廣圻曰：《藏》本、今本「者」作「本」。按：當作「自」。

夫民之性，惡勞而樂佚，佚則荒，荒則不治，不治則亂，而賞刑不行於天下者必塞[1]。故欲舉大功而難致而力者[2]，大功不可幾而舉也；欲治其法而難變其故者，民亂不可幾而治也[3]。故治民無常，唯治爲法[4]。法與時轉則治，治與世宜則有功[5]。故民樸，而禁之以名則治，世知，維之以刑[6]則從[7]，時移而治不易者亂，能治衆而禁不變者削[8]。故聖人之治民治[9]，法與時移而禁與能變[10]。

1 注 王渭曰：「亂」字當更有。「賞」字衍。顧廣圻曰：「天」字當衍。「塞」字有誤，未詳。

2 注 顧廣圻曰：《藏》本、今本「致」下無「而」字。按：當作「其」。

3 注 先慎曰：「欲治其法」當作「欲治民亂」。上言「欲舉大功而難致其力者，大功不可幾而舉也」，此言「欲治民亂而難變其故者，民亂不可幾而治也」。「舉大功」、「治民亂」相對為文。

4 注 王先謙曰：當作「唯法為治」，文誤倒。

5 注 先慎曰：乾道本「治與」作「與世」，顧廣圻云：「《藏》本、今本『與世』作『治與』。」今據改。

6 注 盧文弨曰：「世知」二字舊無，張本有。顧廣圻曰：《藏》本同。今本無「世知」二字，誤。按：「知」讀為「智」，下當有「而」字。

▲先慎曰：趙本有「世」字，無「知」字，亦非。

7 注 王先謙曰：二字上屬，顧讀誤。

8 注 顧廣圻曰：「治眾」二字誤，未詳所當作。王先謙曰：「治不易」當作「法不易」。「能治眾」，「治」字當衍。「能眾」，即下「能耕」、「能戰」是也。

9 注 顧廣圻曰：《藏》本同。今本下「治」字作「也」。按：此字衍。

10 注 顧廣圻曰：《藏》本同。今本「能」作「治」，誤。

能越力於地者富[1]，能起力於敵者強，強不塞者王。故王道在所聞[2]，在所塞，塞其姦者必王。故王術不恃外之不亂也，恃其不可亂也。恃外不亂而治立者削[3]，恃其不可亂而行法者興。故賢君之治國也，適於不亂之術[4]。貴爵則上重，故賞功爵任而邪無所關[5]。好力者其爵貴，爵貴則上尊，上尊則必王。國不事力而恃私學者，其爵賤，爵賤則上卑，上卑者必削。故立國用民之道也[6]，能閉外塞私而上自恃者，王可致也。

1 注 顧廣圻曰：「越」當作「趨」。下句「能起力」，「起」亦當作「趨」。

2 注 顧廣圻曰：《藏》本同。今本「聞」作「開」。按：當作「閉」，下文云「能閉外塞私」。

3 注 顧廣圻曰：「治」當作「始」。

4 注 先慎曰：乾道本「適」上有「敵」字。顧廣圻云：《藏》本、今本無「敵」字。按：當云「道於不可亂之術」。

▲先慎按：「敵」即「適」之誤而衍者，據《藏》本、今本刪。

5 注 先慎曰：〈飭令篇〉「辟言不得以相干」，即其義。

6 注 先慎曰：「也」字衍。

制分第五十五

夫凡國博君尊者[1]，未嘗非法重，而可以至乎令行禁止於天下者也[2]。是以君人者分爵制祿[3]，則法必嚴以重之。夫國治則民安，事亂則邦危。法重者得人情，禁輕者失事實。且夫死力者，民之所有者也，情莫不出其死力以致其所欲[4]。而好惡者，上之所制也，民者好利祿而惡刑罰。上掌好惡以御民力[5]，事實不宜失矣[6]。然而禁輕事失者，刑、賞失也。其治民不秉法為善也，如是，則是無法也。故治亂之理，宜務分刑、賞為急。治國者莫不有法，然而有存有亡——亡者，其制刑、賞不分也。治國者，其刑賞莫不有分。有持異以為分[7]，不可謂分。至於察君之分，獨分也。是以其民重法而畏禁，願毋抵罪而不敢胥賞[8]。故曰「不待刑賞而民從事矣」。

1 注 顧廣圻曰：「夫」字當作「大」。

2 注 顧廣圻曰：「天」字當衍。

3 注 顧廣圻曰：《藏》本、今本「制祿」作「祿制」。

4 注 顧廣圻曰：《藏》本同。今本「情」上有「人」字，誤。

5 注 先愼曰：乾道本「掌」作「賞」，顧廣圻云：「《藏》本、今本『賞』作『掌』。」今據改。

6 注 王先謙曰：「不宜」乃「宜不」倒文。

7 注 先愼曰：乾道本「異以」作「以異」。盧文弨云：「異以」二字舊倒，今從張本。

8 注 先愼曰：「胥」與「須」古今字。「須」，俟也。

是故夫至治之國，善以止姦爲務。是何也[1]？其法通乎人情，關乎治理也。然則去微姦之奈何[2]？其務令之相規其情者也[3]。則使相闚奈何[4]？曰：蓋里相坐而已[5]。禁尚有連於己者，理不得相闚[6]，惟恐不得免。有姦心者不令得忘，闚者多也。如此，則愼己而闚彼。發姦之密，告過者免罪受賞，失姦者必誅連刑[7]，如此，則姦類發矣。姦不容細[8]，私告任坐使然也[9]。

1 注 先愼曰：乾道本無「也」字，顧廣圻云：「今本『何』下有『也』字。」今據補。

2 注 顧廣圻曰：《藏》本、今本「之」下有「道」字。按：非也，此當衍「之」字。孫詒讓曰：此當云「然則微姦之法奈何」。此篇首以「法重」發端，以下至篇末，「法」字凡十五見。此「去」亦即「法」之壞字，校者不知其誤，因移著「微姦」之上，遂不可通矣。「微」者，「瞰」之借字。《說文．見部》云：「瞰，司也。」《墨子·迎敵祠篇》云「謹微察之」，亦以「微」為「覹」，與此正同。「微姦之法」，謂司察姦人之法也，「之」非衍字。《藏》本、今本「道」字固後人肊增，顧校亦未允。

3 **注** 盧文弨曰：「規」，張本作「闚」。顧廣圻曰：「規」，讀為「闚」，與下文互見。「其情者也」句有誤。

▲先慎曰：「微姦」之法，務令人彼此闚察其隱情也。「其務令之相規其情者也」十字為一句。顧氏句讀未明，故疑誤。

4 **注** 先慎曰：「則」上當有「然」字，此與上「然則微姦之法奈何」句法一律。

5 **注** 同里有罪，罪必相坐。

6 **注** 顧廣圻曰：「理」當作「里」。

7 **注** 王先謙曰：誅則必，刑則連。

8 **注** 顧廣圻曰：句絕。

9 **注** 「任」，保也。同里相保之人則坐之，故曰「任坐」。顧廣圻曰：七字為一句。

▲先慎曰：乾道本注「故曰」作「人則」，改從趙本。

夫治法之至明者，任數不任人。是以有術之國，不用譽則毋過[1]，境內必治，任數也，亡國使兵公行乎其地而弗能圉禁者，任人而無數也。自攻者人也，攻人者數也，故有術之國，去言而任法。凡畸功之循約者難知[2]，過刑之於言者難見也[3]，是以刑賞惑乎貳。所謂循約難知者，姦功也；臣過之難見者[4]，失根也。循理不見虛功，度情詭乎姦根，則二者安得無兩失也？是以虛士立名於內，而談者爲略於外，故愚怯、勇慧相連而以虛道屬俗而容乎世，故其法不用，而刑罰不加乎僇人。如此，則刑、賞安得不容其二？實故有所至[5]而理失其量，量之失，非法使然也，法定而任慧也[6]。釋法而任慧者，則受事者安得其務？務不與事相得，則法安得無失，而刑安得無煩？是以賞罰擾亂，邦道差誤，刑賞之不分白也[7]。

1 **注** 先慎曰：乾道本「過」作「適」。盧文弨云：張本作「過」。
▲先慎按：張本作「過」是也。謂有術之國，不用人之譽則毋過。「過」即下「過形之於言者難見」之「過」。「過」與「適」形相近，乾道本因誤為「適」。趙用賢改「則毋過」三字為「得人之情」，誤。顧廣圻謂「適」、「敵」同字，亦未見作「過」之本，從而為之辭也。

2 **注** 王先謙曰：「畸功」，謂偏畸不當理者，如攘奪增級之類。「循約」，謂與立功之約相依循，故曰「姦功」、「虛功」也。
▲先慎曰：乾道本「難」作「雖」。顧廣圻云：《藏》本、今本「雖」作「難」。

▲先慎按：「難」字是。下文所謂「循約難知」即承此而言，今據改。

3 注 盧文弨曰：「刑」，舊校改「形」，本通用。

4 注 王先謙曰：「之」字當衍。

5 注 盧文弨曰：「實故」舊倒，《藏》本作「實故」。顧廣圻曰：《藏》本「二」作「貳」，是也，上文云「刑賞惑乎貳」。今本「實故」作「故實」。按：句有誤。王先謙曰：「容其」二字當衍，「故實」是也，「至」字誤。

6 注 先慎曰：「法定」當作「釋法」。

7 注 顧廣圻曰：「不分」當作「分不」。

▲先慎曰：顧說非。「白」下脫「黑」字，〈用人篇〉「如此則白黑分矣」，〈說疑篇〉「為人主者誠明於臣之所言，則別賢不肖於黑白矣」，皆有「黑」字，是其證。

韓非年表

年代	生平紀事
西元前二八〇？	出生。
前二五五？～前二四七？	與李斯同師事荀卿。
前二四七？～前二三四？	多次上書諫韓王，始終不受重用。
西元前二三四？	出使秦國。
西元前二三三年	為李斯、姚賈所害，服李斯所遺藥，自殺。

註：本表所據，為今常見說法，部分年代事跡或有不同記載，請讀者自行參擇。

精進書目

國立臺灣師範大學國文學系教授　陳麗桂

一、考據（校、注、譯）

1. 清・王先愼《韓非子集解》，光緒二十一年成書，臺北：世界書局，二〇一八年十月一版二十一刷。
　這是今傳《韓非子》考校版本中，較爲詳贍的古本。作者自稱，以宋乾道本（即明代周孔教所刊較爲精楷的大字本）爲主，對校趙用賢本，又旁採諸說，間附己見，其有訛脫者，據它本訂正。前有王先謙序文，及自己的簡短〈弁言〉，並有詳細的〈考證〉與〈佚文〉。〈考證〉部分詳細論述歷代《韓非子》版本的沿革，〈佚文〉部分則就其所蒐羅到百餘條《韓非子》佚文中，無法補入正文或注文者，合爲一卷。
2. 邵增樺《韓非子今註今譯》，（「古籍今註今譯」叢書），臺北：臺灣商務印書館，一九八二年九月。

這是臺灣較早「古籍今註今譯」叢書中的《韓非子》註譯本。

3. 陳奇猷《韓非子新校注》，上海：上海古籍出版社，二〇〇〇年十月。

近代考校《韓非子》者，陳奇猷《韓非子集釋》是權威代表。然陳奇猷於集釋出版後十餘年，重新考研《韓非子》體系，又蒐羅許多新資料，如各類書、經、史、子、《昭明文選》等舊注所引《韓非子》文，以及近年出土，若馬王堆帛書《老子》、《黃帝四經》、《戰國策》及包山簡等古佚文獻，幾近重撰地，大事增補改易原集釋內容及書名，成《韓非子新校注》，詳贍爲歷來諸家之冠。

4. 張素貞《新編韓非子》（上、下）（全註全譯），（國立編譯館「新編諸子叢書」），臺北：鼎文書局，二〇〇一年三月。

「新編諸子叢書」中的《韓非子》，該叢書對所譯註的諸子做全注全譯，內容包含「導論」、「校注與語譯」、「附錄」三部分；「導論」包含作者傳略、思想介紹，「附錄」包含該書之資料彙編、作者簡明年譜、重要參考書目等。

5. 張覺《韓非子校疏》（上、下），（《中國要籍叢書》），上海：上海古籍出版社，二〇一〇年三月。

前此作者曾有《韓非子全譯》、《韓非子校注譯》、《韓非子校釋譯》（上、中、下），本書不論內容印刷，都是其增修後之較完善本。

二、綜述與義理

1. 張素貞《韓非子思想體系》，臺北：黎明文化事業公司，一九七四年五月。
本書除概述韓非的生平、學術思想內因及外緣之淵源外，並探討其哲學、政治、國防、教育思想，終以得失及價值評判作結。

2. 王邦雄《韓非子的哲學》，臺北：東大圖書有限公司（三民書局），一九七七年八月。
本書主要探討《韓非子》的政治哲學。全書三分之一綜述其時代背景、思想淵源、哲學特質；其餘三分之二探討《韓非子》政治哲學的理論基礎、勢術法的實際發用、價值評價及現代意義。

3. 張純、王曉波《韓非子思想的歷史研究》，臺北：聯經出版事業公司，一九八三年。
全書雖分六章，六個議題，事實上其所聚焦的，仍是以韓非爲主的法家政治哲學在先秦的崛起、其所展現的專制思維，及其在漢代先道後儒政治上的實踐。

4. 蔡榮桐《韓非子思想管窺》，臺北：臺灣書店，一九八八年六月。

本書簡述韓非生平、《韓非子》一書思想淵源、哲學思想、政治思想、科學思想、教育思想、經濟思想與領導統御術（法、術、勢），檢討其創見與價值，並附後代評論。一般學者公認爲《韓非子》政治思想核心的法、術、勢三要項，本書卻只以二十頁左右的篇幅去述說。

5. 孫實明《韓非思想新探》，武漢：湖北人民出版社，一九九〇年七月。
本書除概述韓非的生平與思想淵源外，並分由勢、術、法三論及歷史觀、倫理思想、辯證法思想、唯物認識等議題，論述韓非子的思想，並以評論其歷史地位作結。

6. 鄭良樹《韓非之著述及思想》，臺北：學生書局，一九九三年七月。
本書分前編、後編、餘編三部分，前、後編又各分緒論、分論、結論三部分，核心重點都在分論。「前編」的「分論」逐篇述說《韓非子》五十五篇中四十一篇之要旨；「後編」的「分論」則分三期論述韓非的著述及思想，包括韓非的生平與學術思想，重要政術探討、對傳統文化道德、歷史觀及現實社會的否定與批判，是全書的主體；餘編分兩章，論述韓非的遇害與遺作——《韓非子》的編纂與流傳。

7. 姚蒸民《韓非子通論》，臺北：東大圖書公司，一九九九年三月。
本書除概述先秦諸子思想的本質、概況，《韓非子》一書相關問題與研究法考證、韓非的時代背景、學說淵源外，並分由基礎、勢論、法論、術論四大議題，探討其哲學思想，及其在後世的迴響與評價。

8. 施覺懷《韓非評傳》，（匡亞明主編《中國思想家評傳叢書》），南京：南京大學出版社，二〇〇二年二月。
本書分「綜論」與「分論」兩部分。「綜論」敘述韓非子的時代、生平事跡與著作、哲學思想、經濟觀、歷史觀；「分論」分別探討《韓非子》的君道、臣道、民論、臣民關係、法論、術論、勢論、刑賞論、毀譽觀，與外交、內政。

9. 陳惠娟《韓非子哲學新探》，臺北：文史哲出版社，二〇〇四年五月。
本書應是作者博士論文修訂後的正式出版。全書對《韓非子》大量徵引史事的情況，有相當大比重的考證，這在一般《韓非子》研究中，是少有的現象，在全書七章中就佔了四章，外加「附錄」近三十頁與前此史書《春秋》、《左傳》、《國語》的關係考證。直至五、六兩章才探討其哲學基礎與體系，第七章檢討其現代意義。內容與篇名不大一致；然其以史證狀況理解《韓非子》哲學，考證也仔細用心，能補他人之所忽略，亦可取。

10. 彭鴻程《秦漢韓非子學研究》，長沙：岳麓書社，二〇一四年六月。
本書探討《韓非子》一書的淵源、產生背景、在先秦的發展狀況、在《呂氏春秋》中的揚棄狀況，以迄在漢代制度與諸子思想中所呈現的吸收與批判狀況。

三、專論

1. 張素貞《韓非子喻老篇析論》，臺北：巨人出版社，一九七五年四月。
該書就〈喻老〉篇的例證，分由權謀、棄智、無爲、見微、自持、儉欲六大議題，論述其所表現的道法思想。

2. 張素貞《韓非子難篇研究》，臺北：學生書局，一九八七年三月。
該書就四〈難〉篇的豐富史例，循勢、術、法三議題，析論其所呈現的政論。結論並就其辯難體裁、寫作章法、參考比較其相同史例在先秦他籍中的載述情況，以呈顯四篇的價值。

3. 黃信彰《專制帝王的德行論——韓非子君德思想研究》，臺北：秀威（資訊），二〇〇六年六月。
本書專論《韓非子》一書的「君德」觀對法家各派與荀子、老子思想的淵源，及其以修身修家、護民爲國、抱法爲內容的「君德」，並檢討其影響與限制。

4. 王威威《韓非子思想研究——以黃老爲本》，南京：南京大學出版社，二〇一二年四月。
本書應是作者博士論文修訂後的正式出版。主要探討《韓非子》中所呈現的虛靜無爲，與道法相融的黃老思想。

四、其他

1. 謝雲飛著：《韓非子析論》（臺北：大林書店，一九七三年）
2. 趙海金著：《韓非子研究》（臺北：正中書局，一九八二年）
3. 張素貞著：《韓非子的實用哲學》（臺北：中央日報，一九八九年）
4. 高柏園著：《韓非哲學研究》（臺北：文津出版社，一九九四年）
5. 阮忠著：《韓非：權術人生》（武漢：長江文藝出版社，一九九四年）
6. 屈小強著：《強者哲學——韓非的智慧》（成都：四川教育出版社，一九九六年）
7. 李宗桂主編：《韓非與中國文化》（貴州：貴州人民出版社，一九九六年）
8. 蘇南著：《法家文化面面觀》（山東：齊魯書社，二〇〇〇年）

【筆記頁】

思想的・睿智的・獨見的

經典名著文庫

經典名著文庫 163

韓非子（下）

原　　著 — 韓　非
集　　解 — 王先慎
導　　讀 — 陳麗桂
題　　解 — 陳麗桂
發 行 人 — 楊榮川
總 經 理 — 楊士清
總 編 輯 — 楊秀麗
文庫策劃 — 楊榮川
副總編輯 — 黃文瓊
責任編輯 — 吳雨潔
特約編輯 — 盧文心
封面設計 — 姚孝慈
著者繪像 — 莊河源
出 版 者 — 五南圖書出版股份有限公司
地　　址 — 臺北市大安區 106 和平東路二段 339 號 4 樓
電　　話 — 02-27055066（代表號）
傳　　眞 — 02-27066100
劃撥帳號 — 01068953
戶　　名 — 五南圖書出版股份有限公司
網　　址 — https://www.wunan.com.tw
電子郵件 — wunan@wunan.com.tw
法律顧問 — 林勝安律師事務所　林勝安律師
出版日期 — 2022 年 4 月初版一刷
定　　價 — 580 元

國家圖書館出版品預行編目資料

韓非子 / 韓非原著；王先慎集解；陳麗桂導讀、題解．
-- 初版．-- 臺北市：五南圖書出版股份有限公司，
2022.04
冊；公分．--（經典名著文庫：162-163）
ISBN 978-626-317-689-8（上冊：平裝）.--
ISBN 978-626-317-690-4（下冊：平裝）

1.CST：韓非子　2.CST：注釋

121.671　　111002761